LEADERSHIP DEVELOPMENT

리더십 개발론

이진 · 윤소겸 지음

박영story

서문

오늘날 리더십은 조직의 지속 가능한 성장을 넘어, 우리 시대의 가장 중요한 화두이자 핵심적인 담론으로 자리 잡았다. 리더와 그들의 육성에 관심을 두지 않는 조직은 없다고 해도 과언이 아니며, 리더십의 확보와 개발은 조직의 현재와 미래를 위한 필수불가결한 과제가 되었다.

이러한 시대적 요구에 따라 수많은 리더십 이론과 현장의 성공 사례들이 쏟아져 나오는 것과는 대조적으로, 정작 그 리더십의 본질을 '어떻게' 개발하고 내면화할 것인가에 대한 체계적인 연구와 지침은 여전히 부재하다. 리더십에 대한 과학적 연구는 20세기에 본격화되어 100년이 넘는 역사를 지녔음에도, 리더십 '개발'에 대한 학계의 관심과 이론적 성취는 아직 걸음마 단계에 머물러 있다. 리더십 연구자이자 동시에 현장 실무자들을 만나는 교수로서, 현장의 실천을 안내하고 이론과 실제의 가교가 되어줄 지적 토대가 없다는 것은 한편으로 아쉽고 또 부끄러운 일이었다. 또한 이 책의 출간을 기대하며 같은 고민을 나누었던 동료 연구자들과 수강생들의 바람은, 이 지적 갈증이 비단 개인적인 것이 아님을 확인하는 계기가 되기도 하였다.

지난 수년간 대학에서 리더십 개발론을 강의하며 이러한 지식의 공백을 해소하고자 깊이 고민하였다. 이 책은 그 고민의 결과물로, 현장의 실천가는 물론, 리더십에 관심을 갖는 경영진과 학문적 탐구를 추구하는 연구자 모두에게 길잡이가 되어줄 기초적인 가이드이다. 특히, 오랜 시간 국내 리더십 개발을 선도해 온 최고의 전문가인 윤소겸 박사와의 공동 집필은 리더십 개발 지식의 체계화와 현장의 실천적 통찰을 아울러 담아내는 시도를 가능하게 했다. 이 책을 통해 우리는 리더십과 리더십 개발에 대한 고전적 연구부터 최신의 연구결과까지 폭넓게 아우르며 현장의 시선까지 담아냄으로써 이론과 실제의 균형을 맞추고자 했다.

물론, 리더십 개발이라는 방대하고 심오한 영역의 모든 것을 이 한 권에 담아내는 것은 불가능한 일이다. 따라서 이 책의 목적은 모든 것을 아우르는 완결된 지식을 제공하는 것이 아니다. 그보다는, 파편화된 채 흩어져 있던 다양한 연구와 실천적 관행들을 하나의 체계로 엮어, 리더십 개발에 대한 뿌리 깊은 오해를 줄이고 이해를 높이는 데 중점을 두고자 하였다.

부디 이 책이 리더십의 세계로 진입하려는 모든 이들에게 첫걸음을 제공하는 마중물이 되어, 더 넓고 깊은 지식의 세계로 나아갈 수 있는 단단한 토대를 마련해 주기를 바란다.

2025년 9월

이 진

서문

리더십 개발은 언제나 조직에서 가장 중요한 과제로 여겨지지만, 동시에 가장 풀기 어려운 숙제이기도 하다. 수많은 리더십 개발 프로그램이 실행되었지만, 현장에서 체감한 것은 이론적으로 완벽해 보이는 방법론이 실제로는 기대만큼 효과를 내지 못한다는 현실이었다. 리더 개인의 성장과 조직 성과를 어떻게 연결할 것인가는 HRD 담당자가 매일 직면하는 근본적인 과제이다.

그동안 효성, KIA, 그리고 SK텔레콤에서 1,000명 이상의 리더들과 함께 호흡하며 리더십 개발을 실험하고 실행해 왔다. 그 과정에서 확인한 중요한 교훈은, 리더십이 리더 개인의 역량에 국한되지 않고 리더와 팔로워가 공동의 목표를 향해 상호작용하며 형성되는 과정이라는 점이었다. 그러나 여전히 많은 조직에서 리더십을 개인의 특성과 능력에만 환원해 바라보는 경우가 많고, 그로 인해 개발의 효과가 제한되곤 한다.

이 책은 이러한 한계를 넘어 프로세스 리더십 모형을 중심으로 리더십을 새롭게 조망하고자 한다. 우리는 리더십을 리더와 팔로워, 그리고 공동의 목표가 역동적으로 상호작용하며 만들어 가는 과정으로 정의한다. 따라서 효과적인 리더십 개발은 리더뿐 아니라 팔로워십을 함께 고려해야 하며, 조직 차원에서 이를 조율할 수 있는 체계가 필요하다.

무엇보다 이 책이 나오기까지는 이진 교수님의 학문적 통찰과 연구적 기여가 큰 힘이 되었다. 학계에서 같은 문제의식을 가진 분을 만난 것은 큰 행운이었다. 덕분에 현장의 고민을 학문적 틀 속에서 다시 성찰할 수 있었고, 실무 경험을 체계적 지식으로 정리할 수 있었다. 이러한 협업은 학문과 실무를 연결하는 든든한 다리가 되었다.

이 책이 리더십 개발을 직접 담당하는 HRD 전문가뿐만 아니라, 조직의 전략과 인재 육성을 고민하는 HR 임원, 그리고 이론과 실제의 접점을 탐구하는 대학원생과 연구자들에게도 의미 있는 길잡이가 되기를 바란다. 리더십 개발은 단순한 프로그램의 문제가 아니라 조직의 방향성과 문화를 좌우하는 핵심 과제이기 때문이다.

이 책이 리더십과 팔로워십을 균형 있게 이해하고자 하는 다양한 독자들에게 새로운 통찰을 제공하고, 프로세스 리더십 모형이 조직의 학습과 성장을 이끄는 실질적 도구로 자리 잡기를 기대한다.

2025년 9월

윤소겸

차례

CHAPTER

01

리더와 리더십

1. 리더십의 정의
2. 리더십에 관한 주요 관점
3. 리더와 관리자

CHAPTER 01

리더와 리더십

리더십이란 무엇인가?

이 책의 첫 장은 리더십을 개발하기 위해 필요한 몇 가지 필수적인 요소를 다룬다. 리더십이 무엇인지 모르는 상태에서 리더십을 개발한다는 것은 불가능하다. 따라서 우리는 '리더십이란 무엇인가?'에 대한 기존의 관점들을 정리하고, 각각의 관점이 리더십 개발에 미치는 영향과 의미를 논의할 것이다. 또한 이러한 논의를 토대로 리더십 개발을 위해 이 책에서 강조하고 있는 관점이 무엇인지를 밝히고자 한다.

1 리더십의 정의

리더십은 동서고금을 막론하고 하나의 조직, 사회, 국가의 흥망성쇠에 영향을 미치는 가장 큰 요인으로서 언급되어왔다. 대중들은 누가 지휘봉을 잡는가에 따라 조직이나 국가의 운명이 정해진다고 믿는다. 많은 전문가들 역시 사회 시스템의 효과적인 작동은 리더십의 질에 따라 달라진다고 가정하곤 한다. 리더십 연구의 선구자 중 한명으로, 예일대(Yale University) 교수로 재직했던 빅터 브룸(Victor H. Vroom)은 사회적 문제의 해결을 위해서는 리더십이 매우 중요하며, 사회 시스템의 효율성 역시 리더십의 질에 달려 있다고 주장하였다. 브룸에 따르면, 리더는 자신이 이끄는 조직에서 일어나는 일의 결과에 궁극적인 책임을 지는 사람이다. 따라서, 조직이나 국가의 성공과 실패에 대한 찬양과 비난이 리더 개인에게 향하는 것은 자연스러운 현상이라고 설명하였다. 브룸은 리더를 바라보는 대중들의 이러한 시선이 군대 혹은 프로스포츠 세계에서 극명하게 드러난다고 보았다. 가령 특정한 축구팀의 시즌 성적이 좋거나 좋지 않은 경우, 경기를 뛴 것은 선수들이지만 사람들이 감독에게 가장 큰 공을 돌리거나 노골적으로 경질을 요구하는 것을 쉽게 볼 수 있다.

오늘날 리더십 연구의 세계적인 권위자인 안토나키스(Antonakis)와 데이(Day)는 브룸의 이 같은 주장에 대해 동의하면서, 대중들은 결과에 대한 책임이 정말로 리더에게 있는가는 그다지 관심이 없다고 설명했다. 그는 실제로 리더가 어떻게 행동했는지와 상관없이 결과가 좋으면 리더를 긍정적으로, 반대로 결과가 좋지 않으면 부정적으로 평가하는 인지적 편향을 보인다고 주장하였다. 즉, 많은 사람들은 리더가 결과를 만들어 낸다는 확고한 믿음을 갖고 있기 때문에, 어떠한 결과의 책임이 리더에게 있는지 혹은 리더가 통제할 수 없는 예측 불가능한 사건으로 인한 것인지의 여부와 관계없이 리더에게 책임을 돌리는 경향이 있다. 리더의 인격이 아무리 훌륭하고 구성원을 위한 정책이나 제도의 도입을 많이 실행했다 하더라도 결과가 좋지 않다면 이는 좋은 리더가 아니라는 것이다(성과와 리더, 리더십의 더 깊은 관계는 이 책에서 지속적으로 언급될 것이다). 이처럼 효과적인 조직 운영과 사회의 원활한 기능에 있어 훌륭한 리더십은 필수 불가결한 요소로 여겨진다. 따라서 성공적인 조직의 지속적인 발전을 위해서는 조직을 이끌어 나갈 리더를 확보하고 육성하는 것, 즉 '리더십개발'이 모든 조직의 최우선 과제라 할 수 있다.

그렇다면 리더십개발은 어떻게 해야 할까? 어떠한 대상을 개발하기 위해서는 그 대상이 무엇인지 알아야 한다. 우리는 우리가 모르는 것을 만들어낼 수 없기 때문이다. 예컨대, 자동차를 만들고자 한다면 먼저 '자동차'가 무엇이며 어떠한 부품으로 구성되는지를 알아야 할 것이다. 이와 마찬가지로, 리더십 개발이 무엇이며 어떻게 해야 하는가를 논하기에 앞서 가장 먼저 해야 할 작업은 리더십이란 무엇이며, 어떠한 요소로 이루어져 있는지 살펴보는 것이다.

여기서 한 가지 문제는 리더십의 단일한 정의를 찾는 것이 불가능에 가깝다는 점이다. 리더십에 조금이라도 관심이 있는 연구자나 실무자라면 리더십에 대한 셀 수 없을 만큼의 다양한 정의가 존재한다는 것을 쉽게 알 수 있을 것이다. 일찍이 리더의 특성(trait)에 대한 연구로 유명한 스토그딜(Stogdill)[1)]이나, 상황이론(Contingency Theory)을 주장한 피들러(Fiedler)[2)]와 같은 학자들은 공통적으로 "리더십을 연구하는 사람의 숫자와 같은 수의 리더십이론과 정의가 존재한다"고 언급하였다. 이후, 조셉 로스트(Joseph Rost)[3)]는 샌디에이고 대학에서 교수로 재직하던 당시 수행한 연구를 통해 1900년부터 1990년까지 10년 사이에 출판된 연구물에서 리더십에 관한 정의가 200개 이상 존재한다고 보고하였다. 이는 리더십이 얼마나 복잡하고 복합적인 현상인가를 잘 드러내는 단적인 예라 할 수 있다.

왜 리더십은 정의하기 어려울까? 여러가지 이유가 있겠지만, 무엇보다 리더와 리더십을 바라보는 관점이 사람마다 차이가 있기 때문이다. 가령, 리더십을 개인이 타고나는 특성으로 바라보는 사람과, 후천적으로 습득이 가능한 스킬로 바라보는 사람 간에는 메울 수 없는 간극이 존재한다. 또한 리더십이 발휘되는 방식, 과정, 그리고 결과와 범위에서도 전문가마다 차이가 존재한다. 따라서, 복잡한 리더십을 하나의 요소에만 초점을 맞추어 정의하는 것은 코끼리를 만지는 4명의 장님과 다르지 않다. 게다가 이를 더욱 어렵게 만드는 것은 이 코끼리(리더십)가 성장하고 움직인다는 사실이다.

이는 사회과학에서 다루는 개념의 근본적인 특징이라 할 수 있다. 사회과학은 사회현상을 다루는 학문이며, 사회현상은 시간과 장소(국가, 지역) 및 맥락에 따라 그 발현과 해석에서 많은 차이가 있다. 인간이 어떠한 개념을 창조하고, 사용함으로써 그 개념을 통해 타인에게, 혹은 사회적 차원의 영향을 주거나 받고 있음에도, 해당 개념이 무엇인지 정확히 정의하는 것은 굉장히 어려운 일이다.

가령, 우리 모두는 사랑을 하며 사랑을 받고 있다고 이야기할 수 있다. 그러나 이때 사랑이란 무엇이며 어떻게 확인할 수 있는가? 이는 결코 쉽지 않은 일이다. 부모의 사랑과 자식의 사랑, 연인 간의 사랑, 형제간의 사랑, 종교적 사랑은 모두 형태와 의미가 다르다. 부모가 자식을 사랑하는 방식이 다 다른데, 이를 어떻게 측정할 수 있겠는가? 만약 특정한 소수의 경험을 토대로 부모의 사랑을 측정하기 위한 설문지를 만든다면 많은 사람들의 동의를 얻어 내기는 어려울 것이다.

리더십은 사회적 현상이다. 따라서, 사회적 가치, 이념, 시스템, 이슈 등 리더십이 작동하는 맥락이 지속적으로 변화하면서 사회구성원의 요구도 이에 따라 달라지며, 결과적으로 효과적인 리더십에 대한 관점 또한 계속 변화한다. 안토나키스와 데이[4] 역시 리더십이 사회과학의 모든 분야를 통틀어 가장 많이 연구되어 온 현상(most examined phenomena)임에도 리더십에 대한 단일하며 고정적인 정의를 내리는 것은 불가능한 일에 가깝다고 말한다. 이처럼 최근까지 수많은 논의와 연구를 거치면서 많은 리더십 전문가들의 의견은 '리더십의 단일한 정의는 존재하지 않는다'로 귀결되고 있다.

비록 리더십에 대한 단일한 정의는 없으나, 다행히도 시대에 따라 다수의 학자들이 지지하는 주요한 관점들이 존재해 왔으며, 리더십의 개발 또한 이러한 관점을 토대로 이루어져 왔다. 우리는 그러한 정의 중에서 리더십 개발에 가장 적합한 정의를 토대로 리더십과 리더십 개발에 관한 과학적 지식과 실천적 경험을 엮어낼 것이다.

이 책은 광범위한 리더십의 영역을 모두 다루는 개론서가 아닌 리더십의 개발에 초점을 맞추고 있기 때문에 여기서 리더십의 모든 정의와 역사적 배경을 거론하는 것은 불필요한 작업일 것이다. 그럼에도 리더십에 관한 주요한 관점과 정의를 논하고 그러한 정의들 중, 이 책의 접근법과 궤를 같이하는 정의를 선택하고, 왜 이것이 적절한 대안일 수밖에 없는 가를 논의하는 작업은 필요하다.

2 리더십에 관한 주요 관점

리더십에 대한 관심은 인류가 무리를 지어 살기 시작한 역사와 함께 시작되었다고 할 수 있을 정도로 오래되었다. 그러나 리더십을 정의하려는 학술적인 시도, 즉 현존하는 리더십의 학술적 정의들은 비교적 최근인 1900년대 초에 이르러서야 등장하기 시작했다. 일례로, 앞서 언급한 로스트(Rost)의 연구와 관련하여 또 한 가지 흥미로운 사실이 있다. 로스트는 587개의 리더십 관련 연구를 분석하여 200개 이상의 리더십 정의가 존재함을 밝혀냈다. 그러나 동시에 리더십에 대한 정의를 명확히 제시하지 않은 연구 또한 360개 이상이라는 것도 발견하였다. 이처럼 '리더십이란 무엇인가'라는 질문의 답은 오랫동안 추측의 영역에 머물러 있었다.

리더십에 관한 수많은 질문에 답하기 위한 체계적이고 과학적인 접근은 20세기에 이르러서야 본격적으로 논의되기 시작했다. 비록 리더십의 단일한 정의란 존재하지 않지만, 리더십 전문가와 연구자들은 다양한 정의들에서 공통적으로 발견되는 요소들에 주목하여 리더십과 그 구성요소를 파악하고자 했다. 이러한 시도의 결과로써 특정 요소들에 따라 리더십에 관한 주요 관점들이 정리되어 왔다.[i]

먼저 『리더십 이론과 실천(Leadership Theory and Practice)』이란 책으로 유명한 피터 노스하우스(Peter Northouse)[4]는 시대의 흐름에 따른 리더십 연구의 발전을 정리했다. 그에 따르면, 1차 세계대전이 영향을 미친 20세기 초반에는 지배를 위한 통제와 권력이 리더십의 핵심이었다. 이후, 미국의 경제 대공황과 2차 세계 대전이 발발하는 1930년대에는 권력보다는 영향력으로 관점이 이동하며, 이때 리더십에 관한 주된 관점은 개인의 성격적 특성(traits)으로 여겨졌다. 1940년대부터 1960년대까지는 사회심리학의 발달과 함께 집단에 대한 연구가 활발해졌으며, 이에 따라 리더십은 집단에게 효과적으로 지시하는 행동(behavior) 혹은 조직을 효과적으로 기능하도록 영향력을 발휘하는 능력(ability)으로 정의되어 왔다. 리더십에 관한 정의는 70년대를 거치며 큰 전환점을 맞게 된다. 오늘날까지도 큰 영향력을 미치는 번즈(Burns)[6]의 변혁적 리더십의 등장과 함께, 리더십은 리더의 일방적 권한과 영향력의 행사가 아닌, 리더와 조직 구성원들이 상호 간의 이익을 도모하는 과정(reciprocal process)으로 정의되었다. 이러한 프로세스 중심 관점은 80년대 들어 강압적이지 않은 영향력(noncoercive influence)의 관점을 더했고, 이는 리더와 관리자(manager)를 구분 짓는 기준의 하나로 제시되기도 하였다(리더와 관리자의 관계는 뒤에서 보다 자세히 다룬다).

리더십 이론의 대가인 유클(Yukl)과 가드너(Gardner)[5]는 그들의 저작 『Leadership in organizations』에서 지난 50년간 사용되어온 대표적인 리더십의 정의들을 정리하여 다음 표 1-1과 같이 제시하였다.

---

i 이 책은 리더십 개발을 위한 전제조건으로서 리더십에 대해 간단히 정리하고자 하며, 리더십에 관한 깊이 있는 이해와 탐구를 원한다면 인용된 자료들의 원본을 참고할 것.

표 1-1 리더십의 대표적 정의

- 리더십은 "공유된 목표를 향해 그룹의 활동을 이끌어 가는 개인의 행동." (Hemphill & Coons, 1957, p. 7).
- 리더십은 "조직원들이 조직의 일상적인 지침을 기계적으로 준수하는 것 이상을 해내도록 영향력을 점진적으로 높여가는 것." (Katz & Kahn, 1978, p. 528).
- 리더십은 "목표 달성을 위해 조직화된 그룹의 활동에 영향을 미치는 과정." (Rauch & Behling, 1984, p. 46).
- "리더십은 비전을 명확히 하고, 가치를 구현하며, 일을 성취할 수 있는 환경을 조성하는 것." (Richards & Engle, 1986, p. 206).
- "리더십은 집단적 노력에 목적(의미 있는 방향)을 부여하고, 목적을 달성하기 위해 기꺼이 노력을 기울이게 하는 과정." (Jacobs & Jaques, 1990, p. 281).
- 리더십은 "문화를 벗어나 … 보다 적응력 있는 진화적 변화 과정(evolutionary change processes)을 시작할 수 있는 능력."(Schein,1992, p. 2).
- "리더십은 사람들이 함께 하는 일을 인식하고 파악하여(making sense) 사람들이 이해하고 헌신할 수 있도록 하는 과정." (Drath & Palus, 1994, p. 4).
- 리더십은 "다른 사람들에게 영향을 미치고 동기를 부여하며 조직의 효율성과 성공에 기여할 수 있도록 하는 개인의 능력." (House et al., 1999, p. 184).
- "리더십은 리더와 팔로워, 그룹, 팔로워 또는 기관 간에 발생하는 공식적 또는 비공식적 맥락에 뿌리를 두고 목표에 영향을 미치는 과정." (Antonakis & Day, 2018, p. 5).

리더십을 보는 관점이 시대의 흐름에 따라 변화해 왔다고 해서 현대를 살아가는 모든 사람이 리더십에 대한 동일한 관점을 공유한다고 할 수는 없다. 리더십에 대한 연구들은 여전히 진행 중이며 더욱 많은 것들이 밝혀져야 하기 때문에, 리더십에 관한 특성, 행동, 역량 등의 관점들이 더 이상 유효하지 않은 것은 아니다. 그 중에서도 프로세스 중심의 리더십은 1990년대에서 오늘날에 이르기까지 학자와 전문가들에게 가장 많은 지지를 받고 있다. 리더십을 바라보는 관점들은 일반적으로 1) 개인의 특성, 2) 행동, 3) 스킬 혹은 역량, 4) 영향력, 마지막으로 5) 상호작용적 프로세스의 5가지 관점에서 다루어지고 있다.

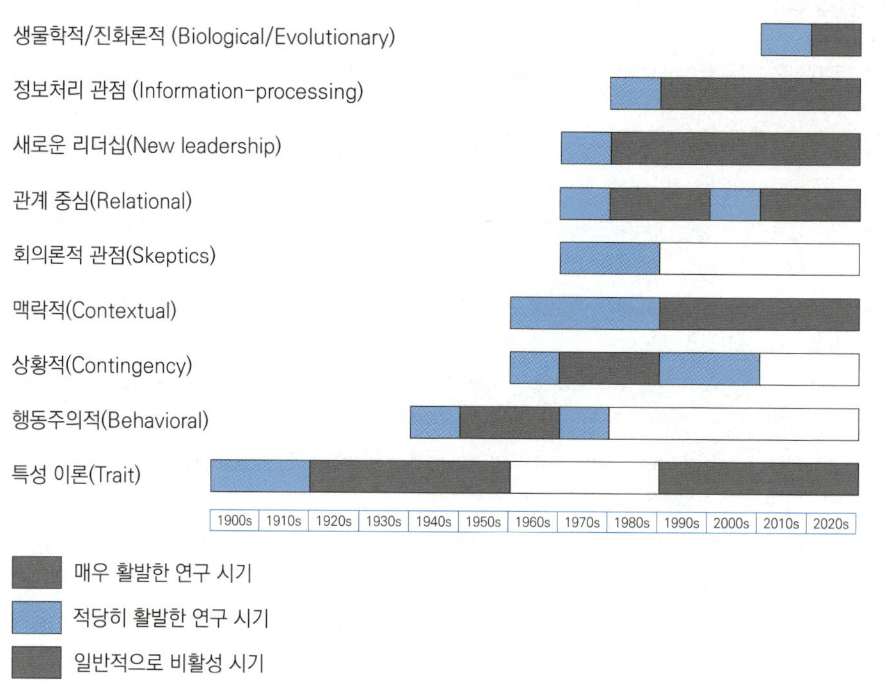

그림 1-1 리더십 관점의 변화

1) 특성(Personal Traits)

리더십 특성이론은 한마디로 '리더는 타고나는 것'이라 요약할 수 있다. 이 관점에서 리더란 다른 사람과 구별되는 비범한 존재로서, 리더가 될 수 있는 고유한 개인적 자질 및 성향을 가지고 태어난다. 여기서 특성은 키, 지능, 성격(외향성), 언어적 유창함 등 천부적으로 타고난 자질을 포함한다. 과거 왕권 통치 시대에는 왕의 출생이 매우 특별하거나 신의 자손임을 내세우는 경우가 많았다. 이는 국가의 리더인 왕을 일반 백성이나 경쟁자인 귀족 계층과 차별화하고, 그들의 타고난 자격을 정당화하기 위함이었다. 즉, 이러한 신화적 출생을 통해 왕은 자신의 통치 자격에 대한 타당함을 주장하고자 했다.

일반인과 차별화되는 '위대한 인물(Great person)'로서의 리더십은 여전히 강력한 영향력을 발휘하기도 한다. 저널리스트이자 세계적 베스트셀러 작가인 말콤 글

래드웰(Malcolm T. Gladwell)은 2005년 출판한 저서 『블링크(Blink)』에서 포춘 500대 기업의 CEO 중 58%가 미국 남성의 평균 키보다 6.4cm만큼 더 큰 182cm의 신장임을 밝혔다. 사람들은 무의식적으로 키가 큰 사람을 능력이 더 뛰어나고, 위기에 강하며, 지배적이고 특별한 재능과 카리스마를 지닌 존재로 생각하는 경향이 있기 때문에, 이는 키가 큰 남성이 리더로 뽑힐 가능성이 더 크다는 주장을 뒷받침하기도 한다.

특성이론은 리더가 되는 공통적인 특성을 밝혀내는 것을 목표로 해 왔으며, 특히 성공적인 리더의 특성과 효과적이지 못한 리더를 구분하는 데 집중하였다. 이러한 특성이론은 사회적 맥락과 다양한 요인에 대한 연구가 행해짐에 따라 그 보편성을 비판 받아 왔고, 21세기에 이르러서는 그 입지가 매우 줄어들었다. 그러나, 최근 뇌과학과 생명공학적 지식의 증가와 함께 다시금 주목을 받고 있다. 예컨대, 리더의 자리에 오르는 것은 유전적인 요인과 환경의 복합적 상호작용이며, 특정한 유전자가 이 과정에서 영향력을 발휘한다는 주장이 제기되기도 한다.

같은 선상에서 리더의 '갑질' 혹은 비인격적 감독(abusive supervision) 등의 원인으로 지목되는 나르시즘, 사이코패스 등 반사회적성향(Psycho-pathy), 마키아벨리즘, 혹은 리더의 오만 혹은 휴브리스(Hubris)처럼 리더십이 가질 수 있는 부정적이거나 해로운 특성들을 통칭하는 리더십의 어두운 면(Darkside of Leadership)과 관련된 연구도 활발히 진행되고 있다. 이처럼, 리더의 특성에 관한 연구는 여전히 진행 중이며, 과학기술이 발달함에 따라 새로운 접근이 이뤄지고 있다.

2) 행동(Behaviors)

특성이론 이후 학자들은 행동주의(Behaviorism)의 흐름과 함께 리더십을 리더 개인이 보여주는 특정한 행동(act or a behavior), 특히 집단과 조직에 변화를 불러 일으키는 행동으로 정의하기 시작한다. 행동주의 심리학은 특정한 자극에 대한 인간의 반응을 주로 연구하였는데, 밥을 줄 때마다 종을 쳤더니 나중에는 종만 쳐도 침을 흘린다는 파블로프의 개 실험 등이 그 대표적인 사례이다.

앞서 특성이론에서는 리더는 일반인과 다르다는 전제하에 리더와 리더가 아닌 개인을 구분하려는 시도가 이뤄졌고, 이를 리더가 타고난 특별한 성격이나 기질, 외모 등 심리적·신체적 특성 등에서 찾으려고 하였다. 그러나 행동주의 심리학의 영향으로 리더십 학자들은 리더들이 보이는 보편적인 행동에 관심을 갖기 시작했다. 즉, 리더의 특성보다는 리더들이 보여주는 독특한 행동이 있을 것이며 이러한 행동들은 리더들 사이에서 일반적으로 발견할 수 있는 보편적인 행동들일 것이라는 가정이었다.

그러나 이 같은 가정은 오래지 않아 허물어졌고, 1940년대 후반 수행된 오하이오 주립대(Ohio State University)와 미시건 대학(University of Michigan)의 유명한 연구를 기점으로 리더를 둘러싼 상황적 요인에 관심이 옮겨 가기 시작하였다. 먼저 랄프 스토그딜(Ralph M. Stogdill)을 주축으로 한 오하이오 주립대 연구팀은 리더의 행동을 과업 지향적 행동을 의미하는 구조 주도(initiating structure)와 관계를 중시하는 배려(consideration)의 두 가지 독립적인 차원으로 분류하였으며, 이 두 가지 행동은 상호 배타적이지 않고 독립적으로 존재할 수 있다고 보았다. 즉, 리더는 과업 지향적이면서 동시에 관계 지향적일 수 있다는 것이다. 이들 연구의 결론은 모든 상황에서 가장 효과적인 단일한 리더십 스타일은 없다는 것이다. 대신, 리더의 '과업지향' 행동과 '관계지향' 행동 조합이 상황에 따라 다르게 작용하며, 어떤 상황에서는 두 가지 행동 모두 높게 나타나는 것이 가장 효과적일 수 있다는 점을 제시하였다. 즉, 리더들만이 보여주는 특별한 행동이 있는 것이 아니라, 특정한 상황적 요인들이 리더들의 행동에 영향을 미친다는 것이다.

비슷한 시기, 랜시스 리커트(Rensis Likert)를 필두로한 미시건 대학교에서도 유사한 연구가 수행되었다. 이들은 생산성이 높은 집단과 낮은 집단의 리더 행동을 비교하여 어떤 리더십 스타일이 조직의 성과와 구성원 만족에 더 효과적인지를 파악하기 위해 리더의 행동을 직무 중심적(Job-Centered) 행동과 구성원 중심적(Employee-Centered) 행동으로 나누었다. 이 두 행동은 오하이오 연구팀의 분류와 유사했으나, 리커트와 동료들은 이 둘을 배타적으로 보았고, 구성원 중심 리더십이 조직 성과와 구성원 만족에 더 긍정적인 영향을 미친다는 결론을 내렸다.

상황에 따른 리더의 스타일과 행동에 대한 관심은 이후 조직의 문화와 맥락에 대한 관심과 맞물려 프레드 피들러(Fred Fiedler)의 상황적합성이론(Contingency

Theory)으로 발전했는데, 이는 성공적인 리더와 그렇지 못한 리더들의 차이를 상황에 따른 행동유형의 차이로 설명하고자 한 폴 허시(Paul Hersey)와 켄 블랜차드(Ken Blanchard)의 상황적 리더십 이론(Situational Leadership Theory)으로 이어졌다.

상황적합성이론에서는 리더의 스타일이 비교적 고정되어 있다고 가정하며, 특정한 상황에 맞는 리더의 스타일과 가장 효과적인 상황적 요인들을 찾아 매칭하거나, 상황 자체가 리더의 스타일에 맞게 조정될 때 효과적인 리더십이 발휘된다고 보았다. 반면 상황적 리더십 이론은 구성원의 성숙도(maturity) 혹은 발달 수준(Development level)에 따라 리더가 자신의 행동을 유연하게 변화시킬 때 리더십을 효과적으로 발휘할 수 있다고 강조하였다.

이러한 리더십과 행동을 연결하려 했던 시도들은 리더의 관찰 가능한 행동에 초점을 맞춰 리더십 연구의 방향을 전환하고, 리더 행동 기술 설문지(Leader Behavior Description Questionnaire, LBDQ) 등을 개발하여 리더십 연구의 과학화에 기여하였다. 이는 리더들이 실제 현장에서 자신의 리더십 스타일을 진단하고 특정 상황에 맞는 적절한 접근 방식을 취하도록 구체적인 지침을 제공함으로써 리더십 훈련 및 개발에 널리 활용되었다. 교육이나 학습과 같은 후천적인 노력을 통한 행동 수정으로 좋은 리더십 달성이 가능하다는 리더십 개발 계기를 마련했다고 볼 수 있으며, 이후 리더십을 스킬 및 역량으로 이해하는 방식에도 영향을 미치게 된다.

3) 스킬 혹은 역량(Skills or Competency)

'리더십은 리더의 스킬이나 역량'이라는 정의는 아마도 리더십에 대해 기업의 리더나 인사 및 교육 담당자들이 가장 많이 공유하고 있는 개념일 것이다. 흔히 역량(competency)은 지식, 기술, 태도의 복합체(Knowledge, Skill, Attitude, KSA) 혹은 복합적 기술(Complex skills)로 여겨지며 현대 경영환경에서 필수로 여겨지는 개인의 문제해결 능력이다. 이 관점에서 리더십은 역량, 능력(ability), 스킬 등 여러 가지 용어로 지칭되나, 이들은 공통적으로 타고난 기술이나 능력, 혹은 후천적 능력을 모두 포함하며, 개인에게 속한 요소로 상당 부분 개발이 가능하다는 것을 전제로 한다.

리더십을 역량으로 보는 관점은 2차 세계대전 이후, 지식 노동자가 늘어나면서 본격적으로 태동한다. 산업이 복잡해지며 능력 있는 관리자가 더 많이 필요해지고, 이들의 선발에 있어 지능(intelligence)이 큰 역할을 하게 되면서 흔히 말하는 지능검사인 IQ 테스트 등이 널리 유행하였고, 이후 하버드 대학의 심리학자 하워드 가드너(Howard Gardner) 등의 다중지능이론을 거쳐 보다 뛰어난 성과를 보이는 인재들의 능력을 정의한 역량의 개념으로 진화하였다.

이러한 역량기반 리더십의 정의는 리더십 개발 활동을 기업의 일상적 경영활동의 하나로 인식하게 하는 데 큰 역할을 하였다. 즉, 뛰어난 리더들의 역량을 분석하고 이를 모델로 리더 후보들을 훈련시키는 것이 기업의 전형적인 방법으로 자리잡은 것이다. 또한 리더십을 개발이 가능한 역량으로 치환함에 따라 리더십 개발 시장은 기하급수적으로 확대되기 시작하였다. 스킬 혹은 역량 기반의 리더십 관점은 리더십이 타고나는 것이 아니라 학습과 훈련을 통해 습득되고 발전될 수 있다는 믿음을 공고히 했으며, 조직 내에서 리더십 잠재력을 가진 인재를 발굴하고 체계적으로 성장시키는 데 중요한 이론적·실무적 기반을 제공하였다. 그 결과 리더십 코칭, 교육 프로그램, 평가 도구 등 다양한 형태의 리더십 개발 산업이 크게 성장하였고, 수많은 조직의 리더십 개발 프로그램 설계, 채용 및 핵심인재의 선발과 보상 등에 적용되는 주요 기준으로 공고히 자리잡았다.

이렇듯 리더십의 역량기반 관점은 리더십 개발의 확대에 기여했으나, 한편으로는 리더십 개발에 대한 많은 오해를 만들고, 또 많은 자원의 비효율적인 소모를 야기하기도 하였다. 특히 리더십을 리더의 역량으로 환원하는 과정에서 리더십의 중요한 다른 한 축인 팔로워의 중요성이 누락되었으며, 이는 결과적으로 지금까지의 리더십 개발이 갖는 한계점을 낳았다. 이는 2장에서 보다 깊게 다룰 것이다.

4) 영향력(Influence)

리더십에 대한 네 번째 정의는 리더십을 리더가 발휘하는 영향력으로 보는 관점이다. 노스하우스에 따르면 1980년대가 되면서 본격적으로 리더 중심의 사고에서 팔로워와의 관계를 고려하는 방향으로 시야가 확장된다. 영향력 관점의 리더십에 대한 정의에서도, (물론, 여전히) 리더 중심의 관점은 유지된다. 즉, 리더십이란 리더가 의도하는 방향에 따라 팔로워가 행동하도록 영향을 끼치는 것으로 정의된다. 리더십 학자들은 80년대를 관통하는 단어인 영향력을 통해서, 리더십이란 조직의 목적을 달성하기 위해 리더가 발휘하는 비강압적 영향력(non-coercive influence)이라 주장하였으며, 이것이 바로 관리(management)나 감독(supervision) 같은 개념들과 리더십을 구분하는 핵심이라 하였다.

이러한 영향력 관점의 리더십 정의는 오늘날까지도 매우 인기있으며, 특히 국내에서는 대표적인 리더십의 유형으로 인식되기도 하는 제임스 번즈(James M. Burns)와 버나드 배스(Bernard Bass)의 변혁적 리더십(Transformational Leadership) 이론의 등장으로 더욱 가속화되었다. 번즈는 1978년에 발표한 그의 저작에서 리더십이란 "리더와 팔로워가 서로를 더 높은 수준의 동기 부여와 도덕성으로 끌어올리는 방식으로 교류할 때 발생하는 변혁적 과정"으로 설명하였다. 이론이 발표될 당시인 70년대는 리더와 팔로워의 관계를 서로의 이익을 주고받는 거래적인 관계(Transactional Process)로 보는 관점이 우세했다. 리더와 팔로워의 관계를 거래적으로 해석하는 것은 일상적인 업무에서는 큰 문제가 없었으나, 조직이 더욱 크게 변화하고 성장하는 방향으로는 이끌지 못한다는 한계가 있었다.

이에 번즈는 이러한 한계점을 극복하고 기대 이상의 성과를 창출하기 위한 대안적 관점으로 변혁적 리더십 이론을 제시하였다. 번즈는 역사적으로 훌륭했던 정치적 리더들을 통해 리더십을 연구했으며, 특히 리더십의 도덕적·윤리적인 면을 매우 중요시했다. 그는 리더십을 리더와 팔로워가 서로의 도덕적·윤리적인 수준과 동기 부여 수준을 높여 궁극적으로 서로를 변화시키는 과정(Transformational Process)으로 바라보았다. 배스는 번즈의 뒤를 이어 변혁적 리더십 개념을 이상적인 영향력(Idealized Influence), 영감적 동기 부여(Inspirational Motivation), 지적 자극(Intellectual Stimulation) 및 개별적 배려(Individualized Consideration)의 4가지 요소로 구체화하고, 이를 측정하기 위해 다중요인 리더십 측정도구(Multifactor Leadership Questionnaire, MLQ)를 개발하여 이론의 실증과 확산에 기여하였다.

리더십이 리더가 발휘하는 긍정적이고 비강압적인 영향력이라는 관점은 새로운 시각을 제시하고 팔로워의 성장을 이끌어 내는 리더십 모델을 구축하는 데 기여했다. 그러나 영향력 자체는 사실 결과적인 개념으로, 리더십을 설명하는 데는 유용하나, 리더십을 개발하는 데 있어서는 구체적인 가이드를 주지 못한다는 한계점이 있다. 또한 영향력이라는 것은 팔로워가 리더의 행동을 어떻게 받아들이는가에 따라 다르기 때문에 리더십 효과성을 측정하기에도 어려움이 있다. 그러나 이러한 번즈와 배스의 변혁적 리더십을 포함한 영향력의 관점은 리더십 개발에 의미 있는 기여를 하는데, 첫째, 팔로워가 본격적으로 리더십의 개념에 포함되기 시작했다는 것과 둘째, 리더십에서 프로세스 관점이 언급되기 시작했다는 점이다.

5) 프로세스(Process)

서두에 언급한 것처럼 리더십에 대한 보편적인, 혹은 단일한 정의는 존재하지 않는다. 그러나 리더십 연구의 역사가 보여주듯, 특정한 시기의 사조에 따라 리더십에 관한 주요한 관점이 존재한 것도 사실이다. 앞서 언급한 리더십의 특성, 행동, 역량, 영향력 등의 정의들은 현재에도 유효하며 이 관점을 바탕으로 한 연구와 실천 등은 현재에도 활발하게 이루어지고 있다. 그러나 현재 학계를 비롯하여 리더십에 대한 대부분의 정의는 그룹이나 조직의 활동 및 구성원들 간의 관계를 가이드하고, 조직하며, 또는 촉진하기 위해 다른 사람들에게 의도적인 영향력을 행사하는 과정을 포함한다는 것에 많은 학자들이 동의하고 있다. 리더십 연구를 망라한 저서로 유명한 피터 노스하우스(2019) 역시 리더십을 한 개인이 공동의 목표를 달성하기 위해 여러 개인에게 영향을 미치는 과정으로 정의하고 있다.

리더십을 프로세스, 즉 과정으로 정의한다는 것은 리더십이 리더의 특성이나 행동 및 역량이 아니라 리더와 팔로워 사이에서 발생하는 상호작용적 사건이라는 것을 의미한다. 여기서 프로세스는 리더십이 단선적이고 일방적인 사건이 아니라 리더-팔로워 간 상호 작용하는 사건이라는 점을 강조한다. 즉, 리더가 팔로워에게 비강압적인 영향을 미치고, 리더 또한 팔로워로부터 영향을 받는다는 것을 의미한다. 리더십을 프로세스로 바라보는 몇 가지 대표적인 정의 중에서도 우리가 특히 공감하는 정의는 리더십과 리더십 개발의 대가인 안토나키스와 데이가 2018년에 제시한 아래의 정의이다.

"리더십은 리더와 팔로워, 팔로워 그룹 또는 기관 간에 발생하는 공식적 또는 비공식적 맥락에 뿌리를 두고 목표에 영향을 미치는 프로세스이다."
(Leadership is a formal or informal contextually rooted and goal-influencing process that occurs between a leader and a follower, groups of followers, or institutions.) Antonakis & Day (2018, p. 5)

안토나키스와 데이는 리더십이란 프로세스, 즉 리더가 팔로워의 동의를 바탕으로 성과를 창출하는 전체적인 과정이라고 설명한다. 이들의 정의는 첫째, 팔로워를 명시적으로 언급함으로써 리더십의 하위 요소로 리더와 팔로워를 언급했으며, 둘째, 이러한 리더와 팔로워가 한 명 혹은 그 이상이 될 수 있음을 전제하였고, 셋째, 공동의 목표를 달성하는 과정으로 결과와 과정을 모두 포함하며, 넷째, 그러한 과정이 맥락적·상황적으로 올바른 방식을 취해야 함을 의미한다. 이들의 정의는 공통적으로 리더십의 중요한 요소를 가장 잘 드러내고 있다. 리더십을 프로세스로 보는 정의는 리더, 팔로워 그리고 공통의 목표(Common Goal)라는 세 가지 요소로 구성된다.

최근 주목받는 리더십 연구자 중 한 명인 영국 허더스필드 대학의 사이먼 켈리(Simon Kelly) 박사에 따르면, 리더십에 대한 수많은 정의가 있지만 그것들 사이에는 약간의 변형(variations)이 있을 뿐이며, 최근에는 대체로 프로세스 중심의 정의가 주류로 받아들여지고 있다. 리더십을 프로세스로 정의하는 관점 역시 여러가지 견해가 있지만, 공통적으로 리더가 공동의 목표를 달성하기 위해 팔로워들에게 영향을 미치는 과정이라는 점이 핵심으로 꼽힌다. 켈리 박사 역시 리더십을 정의하는 데 있어 리더, 팔로워, 공통 목표라는 세 가지 요소를 포함하는 공식(formula)을 벗어나는 것은 불가능하다고 말한다. 이는 매우 중요한 지적으로, 리더십을 개발하기 위한 우리의 여정을 안내하는 등불이 될 것이며, 2장에서 리더십의 개발이 난항을 겪는 이유와 함께 다시 자세히 살펴볼 것이다. 또한 리더십 프로세스의 보다 자세한 의미는 그 근간이 되는 이론과 함께 이 책의 후반부에서 보다 심도 있게 다룰 것이다.

3 리더와 관리자

마지막으로, 리더십의 진정한 의미를 파악하기 위해 리더십의 유사 개념과의 비교 혹은 대비를 통해 개념의 경계를 더욱 명확히 하고자 한다. 리더십이 무엇인가를 다룰 때 자주 대비되는 개념이 '관리(management)'이다. 리더와 관리자, 리더십과 관리의 관계에 대한 논의는 1970년대부터 시작되었다. 당시 리더십 연구의 구루이자, 하버드 대학교 경영대에서 교수로 재직하던 에이브러햄 잘레즈닉(Abraham Zaleznik)은 1977년 하버드 비즈니스 리뷰에 실린 그의 유명한 논문인 「관리자와 리더: 그들은 다른가? (Managers and Leaders: Are They Different?)」를 통해 리더와 관리자를 구분하였다. 잘레즈닉은, 리더와 관리자는 크게 목표 설정, 과업 개념, 타인과의 관계, 그리고 자기 인식의 네 가지 차원에서 근본적인 차이점이 있다고 주장하였다. 먼저 관리자는 주로 질서와 통제를 추구하며, 기존 시스템을 유지하고 효율성을 극대화하기 위해 계획, 조직화, 문제 해결에 중점을 둔다. 반면 리더는 새로운 비전을 제시하고 구성원들에게 영감을 불러일으키고 동기를 부여한다. 리더는 또한 변화를 주도하며, 이를 위해 혼돈과 모호성을 기꺼이 수용하고 위험을 감수한다.

잘레즈닉에 이어, 하버드 경영대 교수로 재직했던 존 코터(John P. Kotter) 또한 1990년에 출판한 저서 『변화를 위한 힘: 리더십이 관리와 다른 방법(A Force for Change: How Leadership Differs from Management)』과 1999년 『리더는 무엇을 하는 가(What Leaders Really Do)』를 통해 리더와 관리를 보다 명확히 구분지으려 하였다. 코터는 관리자의 역할을 복잡성(complexity)을 다루기 위해 조직에 질서와 일관성 부여하는 것으로 보았으며, 리더는 조직이 새로운 환경에 적응하고 더 높은 목표를 추구하도록 변화를 이끌어 내는 사람이라 하였다.

약간의 차이는 있지만 잘레즈닉과 코터 모두 리더와 관리자는 다른 역할을 수행하는 것으로 보았으며, 리더는 비전을 제시하고 변화를 이끄는 역할, 그리고 관리자는 질서를 부여하고 현상을 유지하는 역할을 한다고 주장하였다. 또한 이들 모두 리더와 관리자의 관계는 조직의 성공에 있어 필수적인 역할을 수행하는 상보적인 관계로 간주하였다.

리더와 관리자에 대한 잘레즈닉의 이분법적 구분은 후대의 리더십 연구자뿐만 아니라 일반 대중들에게도 큰 영향을 끼쳤다. 리더-관리자의 이분법적 구분은 거의 모든 영역에서 비판 없이 받아들여졌으며, 비록 잘레즈닉과 코터가 상보적인 관계라고 하였음에도 전문가들과 대중들 모두 비전과 변화를 이끌고 구성원의 성장을 지원하는 리더십을 더욱 긍정적인 개념으로 바라보았다. 또 통제와 현상유지, 단기 목표로 묘사되는 관리는 상대적으로 부정적인 시선으로 보았다.

이 같은 현상은 최근까지도 이어지고 있다. 2020년, 코넬 대학교(Cornell University)의 케빈 니핀(Kevin M. Kniffin) 교수를 필두로 한 3개 대학 공동연구팀은 리더십과 관리가 명확히 구별되는 개념인지 혹은 동의어인지, 그리고 사람들이 이 두 개념을 어떻게 인식하고 어떤 가치를 부여하는지를 실증적으로 검증해 보고자 하였다. 이들은 잘레즈닉과 코터 등의 관점을 바탕으로, 연구 참여자들에게 리더와 관리자가 수행하는 핵심활동(예. 격려한다, 영감을 준다, 감독한다, 해고한다 등)을 목록화하고 평가하도록 하였다. 니핀과 연구자들은 연구참여자들이 리더의 활동을 더 가치 있고 긍정적으로 평가하면서도, 동시에 리더의 활동보다 관리자의 활동을 더 배우기 쉬운 것으로 인식한다는 것을 발견하였다.

이처럼 리더-관리자 이분법은 현대에 이르러서도 사람들의 인식에 막강한 영향력을 끼치고 있다. 리더십 개발에 있어서도 리더와 관리자의 역량과 태도를 구분 짓는 전문가 혹은 실무자도 많다. 그런데 실제 현장에서 리더와 관리자가 정말 구분이 되는 것일까? 사실 실무현장에서 리더와 관리자는 빈번하게 동의어로 사용된다. 팀장, 즉 팀리더는 관리자직급으로 분류되며, 구분 없이 사용되는 경우가 더 많다. 그렇다면 국내 경영환경은 잘레즈닉이나 코터가 리더-관리자를 구분하던 시절과 달라진 것일까?

결론부터 말하자면 리더와 관리자는 다르지 않다. 리더십과 관리는 어느 정도 구분되는 활동이라 할 수 있지만, 리더와 관리자가 명확하게 직책으로 구분되고 이들의 활동이 상호배타적으로 이루어지지는 않는다. 니핀의 연구에서 참여자들은 리더와 관리자를 다르게 인식하고 있었지만, 이는 그들의 머릿속에 형성된 개념적 차이를 드러낸 것일 뿐, 실제 리더와 관리자가 어떻게 다른가를 검증한 것은 아니다.

리더와 관리자의 관계를 보다 정확히 이해하기 위해서는 잘레즈닉이 리더-관리자의 차이를 주장하기 시작한 1970년대로 다시 돌아가보아야 한다. 1970년대부터 1980년대에 걸쳐, 리더십 연구의 핵심 관심사는 리더가 구성원들에게 행사하는 영향력과 그들을 변화시키는 과정으로 수렴되었다. 동 시기, 세계 경제는 급속한 발전과 함께 글로벌화되었고, 이는 기업 경영 환경에 전례 없는 급격한 변화를 가져왔다. 이처럼 복잡하고 예측 불가능한 비즈니스 환경 속에서, 리더들은 기존의 방식과 수준을 뛰어넘는 혁신적인 성과 창출을 요구받게 되었다.

이러한 맥락에서 경영학자와 리더십 연구자들은 성공적인 변화를 이끌어 내기 위해서 단순한 업무 지시와 통제를 넘어, 구성원의 자발적 참여를 이끌어 내는 리더의 영향력 행사가 필수적임을 강조하기 시작했다. 같은 시기, 거래적 리더십의 한계를 넘어선 번즈의 변혁적 리더십 이론이 대안으로 부상한 것 역시 자연스러운 시대적 흐름이었다. 변혁적 리더십과 대조되는 거래적 리더십은 당시 주류였던 관리자 행동(Managerial Behavior)과 같은 개념이라 볼 수 있다. 이처럼 잘레즈닉과 코터 등에 의해 리더십과 관리가 의도적으로 구분된 배경에는 당시 관리자적 행동에 치중하던 경영진과 실무자들에게 조직의 성장과 비전 제시를 위한 리더십을 요구하는 메시지가 담겨 있었음을 의미한다. 결과적으로 이는 당시 주류였던 관리자적 행동에 대한 비판적 시각을 내포할 수밖에 없었던 것이다.

리더십 개발의 관점에서 보자면, 리더와 관리자를 이분법적으로 구분하는 것은 더 이상 실효성이 떨어진다. 현대 조직의 리더들은 관리자와 리더로서의 역량을 모두 겸비하기를 요구받고 있다. 실제로 초임 팀리더 개발 프로그램은 성과 관리와 같은 관리자로서의 과업뿐만 아니라 조직 관리 및 코칭 등 리더로서의 역량도 함께 함양하도록 구성되어 있다.

결론적으로, 리더십과 관리의 관계는 현장의 리더를 구분하는 실질적인 기준이라기보다는, 사람들의 인식 속에 존재하는 개념적 구분으로 이해하는 것이 타당하다. 현대의 리더는 관리자이자 동시에 리더의 역할을 수행한다. 리더십 개발의 측면에서 볼 때, 훌륭한 리더십은 견고한 관리 역량을 기반으로 비로소 형성될 수 있다고 보아야 할 것이다.

참고문헌

1. Antonakis, J., & Day, D. V. (2018). *Leadership: Past, present, and future*. Sage Publications.
2. Bass, B. M. (1985). *Leadership and performance beyond expectations*. Free Press.
3. Bass, B. M., & Stogdill, R. M. (1990). *Bass & Stogdill's handbook of leadership: Theory, research, and managerial applications* (3rd ed.). Free Press.
4. Burns, J. M. (2012). *Leadership*. Open Road Media.
5. Fiedler, F. E. (1971). Validation and extension of the contingency model of leadership effectiveness: A review of empirical findings. *Psychological Bulletin*, *76*(2), 128-148.
6. Gladwell, M. (2005). *Blink: The power of thinking without thinking.* Back Bay Books.
7. Hersey, P., & Blanchard, K. H. (1982). *Management of organizational behavior: Utilizing human resources* (4th ed.). Prentice Hall.
8. Likert, R. (1961). *New patterns of management.* New York: McGraw-Hill.
9. Likert, R. (1967). *The human organization: Its management and value.* New York: McGraw-Hill.
10. Kotter, J. P. (1990). *A Force for Change: How Leadership Differs from Management*. Free Press.
11. Kotter, J. P. (1999). *What Leaders Really Do*. Harvard Business Review Press.
12. Stogdill, R. M. (1974). *Handbook of leadership*. Free Press.
13. Rost, J. C. (1991). *Leadership for the twenty-first century*. Greenwood Publishing Group.
14. Northouse, P. G. (2019). *Leadership: Theory and practice*. Sage publications.
15. Burns, J. M. (1978). *Leadership*. Harper & Row.
16. De Neve, J. E., Mikhaylov, S., Dawes, C. T., Christakis, N. A., & Fowler, J. H. (2013). Born to lead? A twin design and genetic association study of leadership role occupancy. *The Leadership Quarterly, 24*(1), 45-60.
17. Vroom, V. H. (1976). Leadership. In M. D. Dunnette (Ed.), *Handbook of industrial and organizational psychology* (pp. 1527-1551). Rand McNally.
18. Zaleznik, A. (1977). Managers and Leaders: Are They Different?. *Harvard Business Review*, 55(3), 67-78.

CHAPTER

02

리더십 개발: 프로세스 접근법

1. 리더십 개발 현황
2. 리더십 개발이 실패하는 7가지 이유
3. 리더십 개발의 대안적 관점을 위한 세 가지 전제
4. 프로세스 기반의 리더십 개발 접근법

CHAPTER 02

리더십 개발: 프로세스 접근법

1장에서는 '리더십이란 무엇인가?'라는 질문에 대한 기존의 다양한 관점들을 정리하고, 각 관점이 리더십 개념 발전에 미친 영향과 의미를 살펴보았다. 더불어 리더십과 관리의 관계 등 유사 개념과의 비교를 통해 효과적인 리더십의 본질을 논의하였다. 본 장에서는 리더십 개발을 위한 필수적인 전제와 핵심 요소들을 다루고자 한다. 이를 위해 먼저 기존 리더십 개발의 현황, 주요 접근법, 그리고 그 한계점들을 논의할 것이다. 이어서, 그러한 한계점들을 극복하기 위해 본서가 견지하는 리더십의 프로세스 정의를 바탕으로, 리더십 개발을 위한 새로운 접근법을 제시하고자 한다.

1 리더십 개발 현황

현대 사회는 유례없는 비즈니스 경쟁 시대를 맞이하며, 모든 조직이 인재의 중요성을 그 어느 때보다 절감하고 있다. 그러나 조직 운영과 발전에 필수적인 유능한 인재는 희소한 자원이며, 이로 인해 유능한 인재를 영입하고 유지하는 데 드는 비용은 필연적으로 증가하였다. 이에 따라 많은 기업들이 외부 인재 영입에서 내부 인재 육성으로 전략을 전환하고 있다. 특히, 다수의 조직은 리더십을 핵심 경쟁 우위의 원천으로 인식하며, 리더십 개발에 투자를 아끼지 않고 있다. 매년 기업 교육 및 학습 관련 보고서를 발간하는 트레이닝 인더스트리(Training Industry)의 조사에 의하면, 전 세계 기업들이 리더십 개발 분야에 투자한 비용은 2019년 한 해에만 35억 달러(한화 약 4조 원)에 육박한다. 이처럼 리더십 개발은 1970~1980년대 이후 인재개발 시장에서 가장 큰 규모를 차지하는 분야로 자리매김하고 있다. 학습 및 개발(L&D) 업계 전문이 1,500명으로 구성된 CLOBIB(The Chief Learning Officer Business Intelligence Board)이 28,000명 이상의 비즈니스 리더를 대상으로 2017년에 실시한 설문조사 결과에 따르면, 대다수 조직이 당면한 최우선 과제로 차세대 리더 육성을 꼽았으며, 연평균 리더십 개발에 1인당 최소 1,000달러 이상을 투자하고 있고 응답 조직의 94%가 향후 리더십 개발에 대한 투자 수준을 늘리거나 동일하게 유지할 계획이라고 응답하여 리더십 개발에 대한 높은 관심과 지속적인 투자 의지를 보였다.

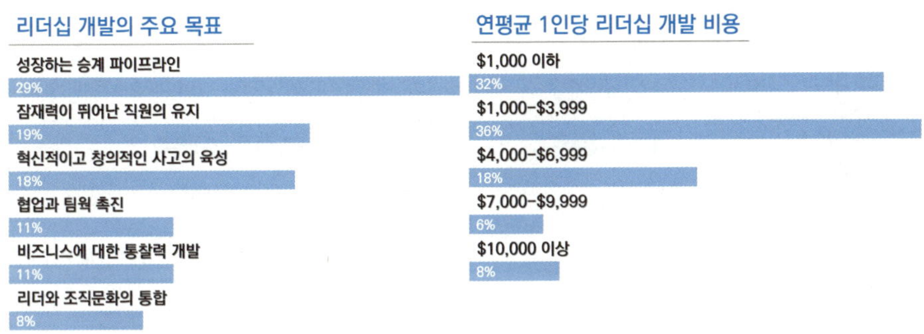

그림 2-1 리더십 개발의 주요 목표 및 기업의 인당 소요 비용

1) 무엇을 개발하고 있는가?

앞서 CLOBIB의 조사에 따르면 글로벌 기업들이 가장 중요하게 여기는 리더십 개발의 목적은 향후 조직을 이끌고 나갈 차세대 리더 그룹을 육성하는 것이었다. 그렇다면 글로벌 기업의 리더와 리더 후보자들이 참여하는 리더십 개발 프로그램의 내용은 주로 무엇으로 구성되어 있을까?

리더십 개발의 경우 보통 최고경영진이나 임원들을 대상으로 하는 프로그램과 팀리더 등 중간관리자 및 초급 관리자 들을 대상으로 하는 프로그램으로 크게 나눌 수 있다.

CLOBIB의 보고서에 따르면, 최고경영진과 임원의 경우, 전략기획과 비즈니스 통찰력이 필요하며 감성지능, 혁신을 주도하는 능력, 코칭 등이 언급되었다. 조직의 미션과 비전을 만들고 거시적인 전략 방향 설정과 의사결정을 하는 역할이므로 사업 전략과 시장, 고객에 대한 통찰력이 중요하게 여겨지는 것이 당연하다. 흥미로운 것은 감성지능이나 코칭 등의 소프트 스킬 등에 대한 관심이 증가한 것인데, 이는 공감 리더십의 아이콘으로 부상한 사티아 나델라(Satya Nadella) 마이크로소프트 CEO의 조직혁신 사례나, 직원들의 성장에 대한 지원을 강조하는 셰릴 샌드버그(Sheryl Sandberg) 전 메타(Meta) COO의 리더십 등이 주목받으며 최근 강조되고 있는 부분이라 할 수 있다.

그림 2-2 리더의 수준에 따른 스킬 개발의 우선순위

중간관리자의 경우 코칭, 커뮤니케이션, 직원몰입과 참여 등 직접적으로 구성원들과 상호작용하고 소통하기 위해 필요한 능력들이 모두 상위권에 선정되었다. 이는 구성원과의 접점이 많은 중간관리자가 조금 더 실무적이고 사람 중심적이어야 한다는 필요성을 반영한 것으로 보인다. 한편, 비즈니스 통찰력과 비판적 사고 등 고위 리더가 갖춰야 하는 능력 또한 강조되고 있는데, 이는 전략적 경영이 보편화되면서 결국 현장의 일선 관리자와 팀리더 등 중간관리자들이 조직의 전략과 비전을 구성원들에게 전달(주로 translation이라는 표현을 쓴다)하여 혁신을 가속화하는 변화주도자(change agent)의 역할을 수행해야 한다는 최근의 흐름과도 일치한다.

2) 어떻게 개발하고 있는가?

그렇다면 이러한 스킬들은 과연 어떠한 방식으로 개발되고 있을까? 전통적으로 리더십 개발은 주로 대면교육의 방식이 선호되어 왔다. 전문가들에 따르면 이는 리더십 스킬이 가지고 있는 상황적이고 맥락적인 성격 때문이다. 단순히 정해진 규정을 준수(compliance)하는 데 필요한 스킬이나 지식을 학습하는 것과 달리, 리더십 스킬은 맥락과 상황에 따라 미묘한 차이가 있고, 주로 사람과 상호작용하는 가운데 발현되는 능력들이 강조되기 때문에 대면 환경에서의 개발이 필요한 것으로 여겨져 왔다.

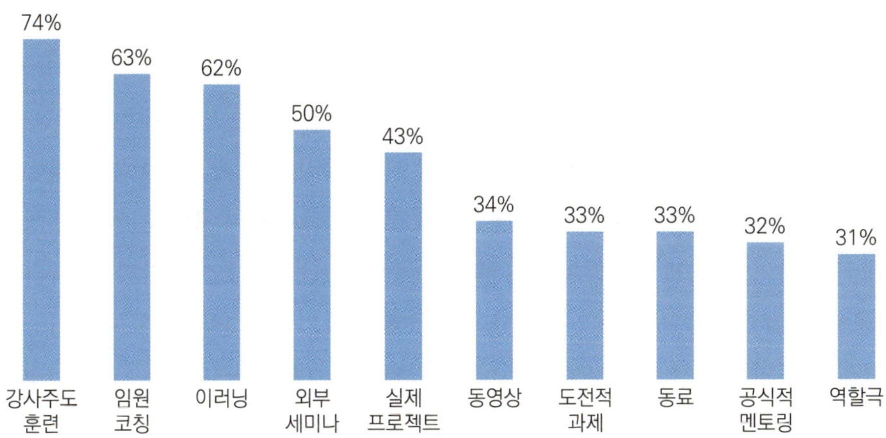

그림 2-3 글로벌 조직들이 사용하는 리더십 개발의 방법

글로벌 조직들이 사용하는 리더십 개발의 방법을 조사한 CLOBIB의 그래프(위)에서 보이는 바와 같이 대면으로 이뤄지는 프로그램에 대한 높은 선호는 계속되고 있다. 보다 구체적으로, 응답한 조직의 4분의 3 이상(74%)이 리더십 개발을 위해 강사 주도형 교육이나 워크숍 등의 방식을 채택하고 있는 것으로 나타났다. 뒤이어 대면으로 이뤄지며 또한 매우 개인적인 접근 방식인 임원 코칭이 63%로 2위를 차지했다. 이러닝과 동영상은 아마도 현장을 떠나기 어려운 중간관리자급 교육 프로그램을 광범위하게 실시하기 위한 방편으로 사용되거나 대면교육과 함께 운영되는 하이브리드 형식의 교육 프로그램 때문일 것이다. 그러나 대부분의 프로그램은 실제 프로젝트나 도전적 과제(Stretch Assignment), 멘토링, 혹은 동료와의 교류를 기반으로 하는 등, 대부분은 직접 대면으로 이뤄지는 방법을 선호하는 것으로 나타났다. 이러한 대면 방식 리더십 개발 프로그램에 대핸 선호는 리더십 개발 프로그램이 단순히 교육이나 학습의 목적에 더해 (잠재적)리더들 간의 교류와 네트워크 형성에 있어서도 중요한 역할을 한다는 믿음 때문이기도 하다.

3) 과연 제대로 개발하고 있는가?

앞서 이야기한 대로, 리더십 개발은 조사 기관에 따라 수조 원에서 수십조 원 규모에 이르는 글로벌 산업이며, 향후에도 지속적으로 성장할 것으로 전망된다. 그렇다면 리더십 개발에 대한 이토록 뜨거운 관심과 치솟는 비용 대비 효과는 과연 어떨까? 글로벌 기업들은 리더십 개발에 대한 투자를 통해 성공적인 경영승계(succession)를 이뤄내고 있을까? 안타깝게도 많은 보고서와 지표들은 이와는 정반대의 이야기를 하고 있다. 예컨대, 글로벌 경영컨설팅 회사인 맥킨지 앤 컴퍼니(McKinsey & Company)의 2012년 조사에 따르면 미국기업의 30%는 적절한 역량을 갖춘 리더의 부족으로 글로벌 비즈니스 기회를 놓치고 있으며, 영국의 애쉬릿지(Ashridge) 경영대에서 2009년에 발간한 보고서에 따르면 고위 관리자의 7%만이 회사가 리더십 개발을 효과적으로 하고 있다고 응답했다.

글로벌 인적자원 및 리더십 개발 컨설팅 기업인 디벨롭먼트 디멘션 인터내셔널(Development Dimensions International, DDI)의 조사 결과 역시 이와 유사한 양상을 보인다. DDI 연구진이 수집한 글로벌 설문조사에 따르면, 조직의 리더십 개발 프로그램에 대한 리더들의 만족도가 점진적으로 하락하고 있음이 확인된다. 대다수 참가자와 경영진은 리더십 개발 프로그램의 질적 수준이 미흡하다고 인식하며, 프로그램을 통해 개발된 역량이 실제 현장에서 효과적으로 발현되지 못한다고 평가하고 있다.

이러한 상황을 타개하고자 리더십 개발 프로그램에 매년 지출되는 비용은 지속적으로 상승하고 있으며, 비용 대비 프로그램에 대한 신뢰도는 반복적으로 하락하는 양상을 보인다. 결과적으로 조직은 만족도가 저하된 리더십 개발 프로그램을 만회하기 위해 점차 더 많은 비용을 지출하는 악순환에 빠져들고 있다. 이러한 현상은 ATD(Association for Talent Development, 구 ASTD) 보고서에 수록된 자료에서도 유사하게 나타나며, 이는 앞에서 언급한 CLOBIB 조사를 통해 드러난 리더십 승계에 대한 위기의식 및 비용 증가와의 관련성과도 맥을 같이한다.

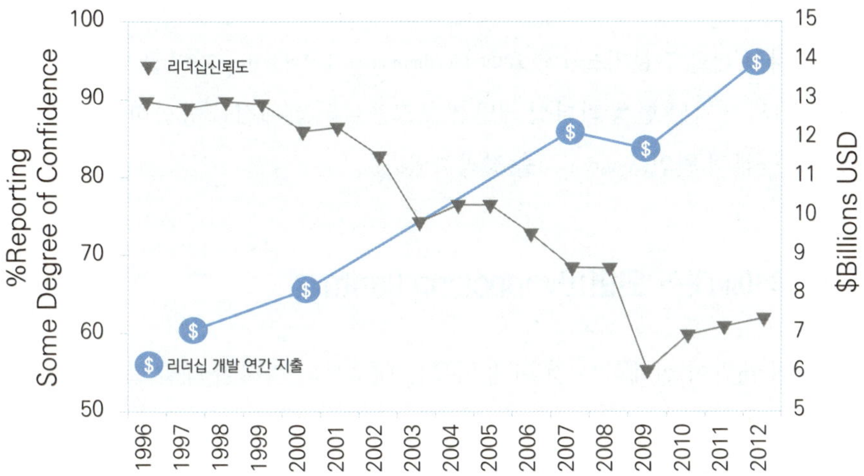

그림 2-4 리더십 신뢰도 및 리더십 개발 연간 지출 동향(미국)

글로벌 기업이나 기관의 조사 보고서를 인용하지 않더라도 리더십 개발 프로그램의 비효과성은 일상생활 속에서도 빈번하게 체감되는 현상이다. 실제로 많은 구성원들은 리더 교육이나 워크숍에 참여하고 돌아온 리더가 월요일 아침부터 일대일 미팅을 소집하거나, 예상치 못한 새로운 활동들을 도입하여 오히려 구성원들에게 피로감과 불편함을 초래한다는 불만을 토로하는 경우가 종종 있다. 이는 만약 효과적인 리더십 개발이 이루어졌다면 발생하지 않았을 현상이다. 따라서 현재의 리더십 개발에는 분명 근본적인 문제가 존재함을 시사한다.

2 리더십 개발이 실패하는 7가지 이유

지금까지 우리는 리더십 개발에 기업과 조직들이 갖는 관심과 지속적인 투자, 그럼에도 효과적으로 개발되지 못하는 리더십, 이로 인한 낮은 리더십 신뢰도, 그리고 이러한 현상을 해결하기 위해 새로운 리더십 개발에 더욱 많은 자원이 투입되지만 결국 또다시 효과적인 리더십 개발에 실패하는 악순환의 고리가 형성되고 있음을 확인하였다.

그렇다면 보다 근본적으로, 효과적인 리더십 개발이 이루어지지 못하는 원인은 무엇일까? 우리는 세계적인 리더십 개발 분야의 연구자, 리더십 개발 컨설턴트 등 리더십 개발 전문가들(Day, 2000; Gurdjian et al., 2014; Kaiser & Curphy, 2013; Murphy, 2025)에 의해 제기된 현행 리더십 개발 프로그램들의 한계점을 종합하여 다음과 같이 7개의 근본적 원인(root causes)을 정리하였다.

1) 맥락에 대한 외면(Overlooking Context)

리더십 개발이 실패하는 첫 번째 이유는 대부분의 리더십 개발 프로그램이 조직의 맥락을 고려하지 않기 때문이다. 많은 리더십 개발 프로그램이 콘텐츠를 강조하지만, 실제로 가장 중요한 것은 조직의 맥락이다. 리더십 개발의 세계적인 석학인 클레어몬트 맥케나 대학(Clarement McKenna College)의 데이빗 데이(David Day) 교수는 리더십은 주로 리더십 개발 프로그램을 통해 개발된다는 잘못된 믿음이 여전히 존재하며, 강의실 프로그램이 여전히 조직에서 리더십 개발의 주요한 방식으로 널리 사용되고 있음을 지적한다. 즉, 리더십이 실제로 발현되어야 할 현장 중심의 리더십 개발이 아니라 다른 직무 기술, 예컨대 프로그래밍 언어를 배우듯 리더십을 배우는 탈맥락적인(Context-stripping) 방식이 리더십 개발의 효과성을 떨어뜨린다는 것이다.

맥킨지가 2014년 수행한 연구에서는 대부분의 리더십 개발 프로그램이 '모든 것에 맞는 획일적(One-size-fits-all) 접근법'을 사용하는 것이 문제라고 지적하였다. 특히 리더십 개발 업체나 컨설턴트들은 자신의 가치를 증명하기 위해 조직의 업무 맥락이 아닌 자신의 전문성에 기반한 리더십 인사이트를 제공하려고 한다. 맥락과 상황에 맞는 역량에 집중한다는 것은 리더에게 해당 조직의 맥락에서 성과에 큰 차이를 가져올 수 있는 2-3개의 소수의 역량을 갖추도록 하는 것이다. 그러나 대부분의 리더십 개발 프로그램은 종종 수십 가지 역량으로 이루어진 복잡한 목록이나 핵심 가치 선언문 등으로 구성되는 경향이 있다. 리더와 구성원들은 컨설턴트들이 만들어 내는 소위 **'알파벳 수프(Alphabet Soup)'**와 같은 현상에 직면하기도 한다. 여기서 '알파벳 수프'란 각 단어의 첫 글자를 따서 만든 일종의 언어유희적 프로그램을 의미하는 것으로, 예컨대 리드하다는 뜻의 'LEAD'를 활용하여 세부 내용을 Learn, Empower, Agile, Drive 등으로 구성하는 방식이다. 이러한 프로그램들은 겉보기에는 의미 있어 보이고 실제로도 흥미롭게 구성되는 경우가 많지만, 대부분 그 효과가 강의장을 벗어나 실제 현장으로 이어지지 못한다는 한계를 지닌다.

2) 업무 적용 기회 부족(Decoupling Reflection From Real Work)

리더들은 바쁘다. 그리고 리더들이 해야 할 업무의 우선 순위는 점점 더 비즈니스로 옮겨간다. 이러한 전환기에 참가자들이 긴박한 일상 업무에서 한 발짝 벗어날 수 있는 시간을 제공하는 교육 프로그램은 나름의 가치가 있으나, 성인은 일반적으로 강의에서 들은 내용을 10%만 기억하며, 실습을 통해 배울 때에는 3분의 2를 기억한다. 즉, 학습한 내용을 실제로 활용해 보지 않는다면 그 효과는 매우 떨어진다.

특히 초기 단계의 리더는 팀원에서 팀리더로 전환할 때 마인드부터 확장된 시야, 팀 관리 스킬 등 많은 변화가 요구되는데, 이 단계의 리더는 아무리 재능이 뛰어난 인재라 할지라도 외부에서 얻은 가장 강렬한 경험조차 변화된 행동으로 옮기는 데 어려움을 겪게 된다. 더 나아가, 신제품 출시, 영업지역의 변경, 외부 파트너와의 협상, 새로운 디지털 마케팅 전략 개발 등 우선순위가 높은 비즈니스 이슈를 해결하는 가운데, 리더십 개발 프로그램에서 학습한 내용을 적용하는 것은 현실적으로 매우 버거운 일이며, 따라서 코칭과 멘토링 등의 현장 중심 개발 지원이 필요하다.

3) 마인드셋에 대한 과소평가(Underestimating Mind-Sets)

리더십 개발의 효과성을 저해하는 세 번째 요인은 마인드셋에 대한 과소평가이다. 맥킨지 연구는 성공적인 리더십 개발 프로그램의 가장 위험한 적으로 기존의 마인드셋을 지적한다. 컨설턴트, 코치, 심지어 사내 리더십 개발 프로그램에서도 조직 내 사고방식과 싸울 준비를 하는 것이 가장 큰 도전이다. 조직의 심층에 존재하는 가장 깊은 생각, 고정관념, 조직문화, 감정, 가정, 신념을 파악하는 것은 일반적으로 행동 변화의 전제 조건이나, 많은 개발 프로그램에서 자주 외면된다.

기존의 마인드셋은 조직의 통념만을 의미하지 않는다. 오히려 종종 리더 개인의 고정된 마인드가 변화를 수용하지 못하여 리더십 개발 프로그램을 형식적인 행사로 만드는 경우도 있다. 가령, 위임과 권한 부여(empowerment)의 미덕을 장려하는 프로그램에 참여한다 할지라도, 리더가 불안이 높은 성향이거나 강한 통제적 사고방식을 고수한다면 결국 마이크로매니징(micromanaging)에서 벗어나지 못하고, 이는 학습한 내용을 무용하게 한다.

4) 결과에 대한 측정의 실패(Failing to Measure Results)

현대 경영에서 성과에 대한 측정의 중요성은 그 어느 때보다 강조되고 있다. 리더십 개발노 여기서 자유로울 수는 없다. 많은 기업이 리더십 개발의 중요성을 강조하지만 안타깝게도 개발 비용의 가치를 정량화 할 수 있는 증거가 없거나 정량화의 과정이 매우 번거롭고 까다로운 경우가 많다. 그러다 보니 기업에서 활용하는 대부분의 인재개발 프로그램의 효과성은 관용적으로 사용되는 평가도구에 의존한다. 주로 참가자에게 만족도나 강사의 역량, 교육 내용의 적절성 등에 대한 주관적인 감상을 묻는 것에 그친다. 참가자들이 프로그램을 얼마나 좋아했는지, 가치가 있다고 느꼈는지 등 정서적 반응에 대한 피드백을 확인하는 질문은 커크패트릭(Kirkpatrick)의 평가 모델에서 가장 낮은 수준으로, 이는 결과적으로 컨설턴트나 강사가 참가자에게 변화에 대한 도전보다는 즐거움을 주는 방식으로 프로그램을 디자인하게 한다.

물론, 보다 적극적인 조직에서는 학습한 내용을 확인하거나 일정기간이 지난 뒤 (대개 3개월에서 6개월 사이) 상사, 동료 본인에게 현업에서의 활용 경험을 묻는 현업적용도 평가를 실시하기도 하지만, 형식적인 활동으로 그치는 경우가 많다.

리더십 개발 컨설턴트인 카이저(Kaiser)와 컬피(Curphy)가 2013년도에 발표한 논문에 따르면, 리더십 개발 분야의 평가는 다른 직무 교육이나 역량 개발 프로그램에 비해 현저히 뒤떨어져 있다. 실제로 지난 세기 동안 수행된 리더십 개발의 영향에 관한 학술 연구는 200여 건에 불과하며, 이 중 3분의 2는 리더십 개발의 긍정적 효과를 주장했으나, 대다수는 단순한 만족도 수준에 머물렀고 행동이나 결과의 실질적인 변화를 보고한 사례는 극히 적다. 나머지 3분의 1은 어떠한 긍정적인 결과도 보고하지 못했다. 연구 대상이 된 프로그램들이 그렇지 않은 프로그램들보다 더 잘 설계되고 실행되었을 가능성이 높다는 점을 고려할 때, 리더십 프로그램의 실제 실패율은 3분의 1을 상회할 것으로 보인다.

또한 리더십 전문가이자 저술가인 마크 머피(Mark Murphy)는 포브스(Forbes)에 기고문을 통해 대다수의 리더십 개발 프로그램이 실제 리더십이 요구되는 현장에서 학습한 내용을 효과적으로 적용하지 못하는 미래의 리더들을 양성하고 있다고 지적했다. 수많은 리더십 개발 프로그램이 효과적인 리더를 양성하지 못하면서도, 겉보기에 성공적인 프로그램으로 자리매김하고 있다. 리더십 교육 후 설문조사에서는 높은 만족도를 보이고, 이수율은 목표를 달성하여 인사 담당자들은 경영진에게 성공적인 지표를 보고하지만, 이러한 측정 지표들은 리더들이 필수적인 리더십 기술을 실제로 개발했는지 또는 리더십 발휘에 실제로 효과적이었는지 보여주지 못하고 있다. 머피는 프로그램 만족도나 이수율과 같은 전통적인 평가 방식은 리더들이 진정으로 효과적인 리더로 성장하는 것과 무관할 뿐만 아니라 오히려 저해할 수 있다고 지적한다. 특히, 리더십 개발 프로그램의 평가 주체가 프로그램의 혜택을 받아야 할 구성원들이 아니라, 이를 학습하고 제공하는 리더에게 집중되어 있음을 비판한다. 이는 마치 요리사가 자신의 음식을 평가하면서 정작 식사를 하는 고객의 의견을 간과하는 것과 같은 본질적인 문제점을 내포하고 있다.

안타깝게도 이들의 지적은 국내 기업과 조직에서도 반복되고 있다. 많은 기업의 인재개발원에서는 신규 임원이나 팀장들을 대상으로 매년 리더십 교육을 실시하고 있다. 그러나 임원 교육은 대부분 불필요한 의전으로 가득 차 있으며, 경영의 대가나 유명한 강사의 연설과 화려한 오찬, 네트워킹에 많은 비중을 두고 있다. 일례로 글로벌 선두 기업 중 하나인 국내 한 대기업의 신임 임원 승진자를 위한 리더십 개발 프로그램의 경우, 입소하는 날 각 참가자에게 리무진을 보내는데, 이때 리무진에는 고급 만년필과 입소 시에 착용할 명품 넥타이를 보내기도 한다. 이러한 지원들은 그간의 공로와 앞으로의 기대가 담긴 일종의 보상으로, 임원의 자긍심과 애사심을 느끼게 해주기도 하지만, 그렇다고 해서 이들이 훌륭한 리더가 되는 것과는 본질적으로 무관하다.

팀리더나 기타 직급별 리더십 개발 프로그램들도 예외는 아니다. 보통 리더십 개발 프로그램은 참여자에게 현업에서 사용할 여러가지 스킬과 도구, 마인드셋 교육으로 이뤄지며, 프로그램이 끝난 후 어떻게 다르게 행동할지에 대한 액션플랜을 세우도록 한다. 그리고 마지막 날, 인재개발담당 임원이 연단에 올라 자랑스러운 미소를 띄며 "여러분 모두가 이미 훌륭한 리더가 되었다는 것을 확신하며 우리 기업의 미래가 대단히 밝다는 것을 느낀다"는 식의 인사로 마무리된다. 그리고 현업에 돌아가면 대다수의 리더들은 프로그램에서 배운 내용들을 활용하려 하지만 바쁜 업무에 치이다 보면 어느새 액션플랜은 잊혀지고, 현업적용도 설문 등은 요식행위에 그치기 마련이다.

한편, 카이저와 컬피는 리더십 프로그램의 효과성 측정이 제대로 이뤄지지 않은 주요한 이유를 경영진의 무관심에서 찾는다. 대부분의 경영진은 리더십 개발이 제대로 이뤄지는지, 어떻게 측정이 이뤄지고 평가되는지에 관심이 없다. 신사업 발굴이나 제품개발에 대한 신규투자, M&A 등의 경영활동에 대해서는 엄격한 재무적 성과를 측정하고자 결과에 따라 책임도 추궁하지만, 리더십 개발 문제는 HR이나 외부 컨설턴트에게 위임하고, 결과에 대해서는 관심을 가지지 않는다.

5) 리더십 개발에 대한 체계적인 접근의 부족(By Accident Rather Than Design)

리더십 개발이 제대로 이뤄지지 않는 또 다른 이유는 바로 과학적 연구결과를 바탕으로 하는 체계적인 접근법과 전문성이 부족하기 때문이다. 이는 리더십과 리더십 개발을 구분하지 않음으로써 발생한 문제이다. 리더십은 사회과학에서 가장 많이 연구된 분야이지만 리더십 개발은 리더십에서 가장 적게 연구된 분야이다. 리더십에 대한 책과 연구보고서는 그 수를 헤아릴 수 없을 만큼 많고, 해마다 수십 권, 많게는 수백 권이 쏟아져 나온다. 그러나 그 많은 책과 보고서 중에서 리더십 개발을 언급한 내용은 찾아보기 어렵다. 국내외 대학 경영학과의 학부 과정이나 대학원 과정을 통틀어도 리더십 개발 수업이 개설되는 경우는 매우 드물며, 개설된 과목들도 정작 리더를 키우는 방법이 아닌, 리더십의 유형과 효과적인 리더의 행동 및 특징에 주목하고 있는 실정이다.

리더십의 다른 분야에 비해 리더십 개발에 대한 학술적인 연구가 적은 관계로, 실무자들이 가이드로 삼을 만한 이론 및 지식도 아직은 많이 부족한 것이 사실이다. 그러다 보니 많은 조직이 리더십 개발에 필요한 분명한 목적과 의도, 평가에 대한 충분한 고려 없이 리더십 개발 컨설턴트나 업체가 자신들의 경험이나 특정 기업의 사례를 바탕으로 그럴싸하게 포장한 '주먹구구식 프로세스(Haphazard Process)'에 의존하는 경우가 많다.

같은 맥락에서, 데이 교수는 현재 조직에서 활용해 온 다양한 리더십 개발 관행(practice)들이 사실은 리더십 개발이 아닌 다른 목적에 의해 개발되고 실행되어져 왔다고 지적한다. 예컨대, 360도 피드백(360 degree feedback)은 원래 성과 관리를 목적으로 만들어진 것이며, 멘토링은 새로운 구성원의 조직사회화를 위해서, 액션러닝은 생산성을 개선하기 위한 목적으로 출현했는데, 이러한 방법들이 리더십 개발에 활용되어져 왔다. 이렇듯, 비체계적이고 경험과 직관 벤치마킹에 의존한 접근법은 리더십 개발의 효과성을 떨어뜨리는 주요한 원인 중의 하나이다.

6) 리더십을 정의하는 방식(The Definition Problem)

앞서 언급한 다섯 가지 문제들도 리더십 개발의 효과성을 저해하는 주요한 요소들이나, 지금부터 이야기할 두 가지 문제는 효과적인 리더십 개발을 위해 반드시 전환되어야 할 기본 가정이다. 다시 말해, 리더십 개발을 위해 우리가 해결해야 할 가장 근본적인 이슈이다.

카이저와 컬피는 리더십에 대한 두 가지 일반적인 견해가 리더십의 본질을 모호하게 하고 실무자들을 잘못된 길로 이끌고 있다고 주장한다. 첫째는 리더십을 직책 혹은 직급으로 정의하는 것이며, 둘째는 직무 또는 역할을 수행하는 데 필요한 지식, 행동 목록인 역량 모델을 사용하여 리더십을 정의하는 것이다. 뛰어난 성과를 보이는 인재의 특성을 추출하여 만들어 내는 역량모델(competency model)은 인재개발에서 널리 사용되어 온 방법이며, 리더십 개발 프로그램에서도 가장 많이 사용되고 있다. 그러나, 카이저와 컬피는 권한이 있는 직책에 있는 대부분의 사람들이 사실은 비효율적인 리더라는 사실을 밝힌 연구를 거론하며(Hughes, Ginnett, & Curphy, 2012), 뛰어난 성과를 보인 상위 리더라 할지라도 다양한 리더십 역할에 필요한 역량이 무엇인가를 묻는 것은 의사에게 투자 조언을 구하는 것과 같다고 설명하였다.

데이 교수 역시 대부분의 연구는 개별 리더의 역량이나 행동에 초점을 맞추기 때문에 리더십 개발 연구는 구성원에게 동기를 부여하고, 팀을 구성하고, 성과를 내는 방법보다는 관리자 경력에서 앞서 나가는 방법, 즉 눈에 띄고 인정을 받는 방법에 대해 더 많이 언급하고 있다고 비판하였다.

첫 장에서 언급했듯이, 리더십은 정의하는 방식이 일관되지 않은 것으로 악명이 높다. 그러나 주류 리더십 학자들이 지난 몇 년간 '리더십은 리더와 팔로워 사이의 프로세스'라는 정의에 동의해 온 것과는 달리, 기업의 인재개발 실무자나 리더십 훈련 컨설턴트 사이에서는 역량 및 스킬 기반의 리더십 정의가 아직까지도 확고한 위치를 차지하고 있다. 이는 교육적 편의성과 직관적으로 쉽게 받아들여지는 통념 때문이라 할 수 있는데, 사실은 이러한 관점이 리더십 개발의 방향을 잘못 가이드하고 있다. 리더십의 역량 기반 정의에 대한 비판과 대안은 마지막 원인과 함께 다음 파트에서 좀 더 자세히 다루고자 한다.

7) 리더 개인에게 과도하게 치우친 관심(Individual Bias, Overlooking Followers & Neglecting the Team)

리더십의 정의와 함께, 혹은 그 연장선상에서 가장 크게 리더십 개발의 근본적 가정을 오도하는 것이 바로 리더 개인에 대한 지나친 관심과 집중이다. 이는 과거처럼 리더가 모든 권한을 갖고 그에 대한 책임을 져야 한다는 오랜 고정관념에서 비롯되었다. 카이저와 컬피는 현재 기업에서 실시하는 대부분의 리더십 프로그램은 리더에게만 초점을 맞추고 팀이나 그룹은 소홀히 하는 경우가 많다는 점을 지적한다. 리더십 개발 프로그램의 효과 역시 일반적으로 리더 개인의 성격과 인지적 요인, 역량, 기술, 행동에 대한 평가만으로 이뤄지며, 팀의 분위기, 역학 관계, 팀 성과와의 연관성 같은 집단적 관심사는 거의 포함하지 않고 있다.

리더 개인을 향한 과도한 관심은 곧 조직을 구성하는 또다른 축인 팔로워에 대한 무관심으로 이어진다. 리더십에서 가장 시급한 문제는 팔로워의 동기를 부여하고 그들에게 무엇이 필요한지 이해하는 것이나 이는 주류 리더십 개발 활동에서는 거의 고려되지 않고 있다. 현존하는 리더십 개발 프로그램들의 관심사는 일반적으로 리더 개인의 동기와 관심사를 파악하고 이를 적합한 커리어 경로 또는 조직 문화에 맞춰 조정하는 것에 그치고 있다. 그러나 전문가들은 팔로워들이 왜 리더를 따르는지를 이해하는 것이 더 나은 리더가 되는 출발점임을 강조한다.

리더 개인에 대한 개발 프로그램은 있지만, 정작 현대 경영에서 일을 하는 기본 단위인 팀을 만들고 유지하며 개선하는 방법에 관한 리더십 교육 및 개발 콘텐츠는 많지 않다. 팀을 이끄는 능력에 대한 컨텐츠는 눈에 띄게 적고, 팀을 언급하는 경우도 많지 않다. 이러한 내용들은 주로 조직개발이나 팀 워크숍에서 따로 다루며, 협업 촉진이나, 갈등 관리 정도를 다룬다. 이러한 경향은 해외 MBA 프로그램도 비슷하다. 카이저와 컬피가 펜실베니아 대학의 와튼(Wharton), UC버클리 대학의 하스(Haas), 미네소타 주립대의 칼슨(Carlson)과 같은 세계적인 경영대학원의 교육과정을 검토한 결과, 팀을 다룬 수업은 와튼에 개설된 '리더십과 팀워크' 한 과목이었다. 수백 개의 기업 리더십 프로그램을 구성하는 모듈에서도 동일한 공백이 발견되었다.

3 리더십 개발의 대안적 관점을 위한 세 가지 전제

지금까지 우리는 리더십 개발의 현황을 짚어 보고, 리더십 개발의 효과를 저해하고 심지어 실패로 이끄는 주요한 요인들에 대해 알아보았다. 이번 파트에서는 현행 리더십 개발의 한계점을 극복할 수 있는 대안적 관점을 제시하고자 한다.

앞서 지적한 비판점들을 고려하여, 기존의 리더십 개발 방법과 다른 새로운 접근법은 다음의 세 가지 전제를 기반으로 한다.

첫째, 리더십과 리더십 개발은 구분되어야 한다.
둘째, 리더십과 리더는 분리되어야 한다.
셋째, 리더십은 프로세스 관점으로 정의되어야 한다.

1) 리더십과 리더십 개발을 구분하라

앞서 말했듯 전문가들은 리더십 개발에 대한 체계적인 접근법이 부족함을 지적하였다. 달리 말하면 이는 리더십에 관심을 갖고 리더십에 대해 말하는 사람들보다 리더십의 전문가, 나아가 리더십 개발의 전문가가 부족하기 때문이기도 하다.

리더십 개발 프로그램의 근간을 이루는 이론이나 연구가 대부분 특정한 리더십의 유형에 주목하는 경우가 많다는 점이 두드러진다. 즉, 리더십에 관한 기존의 이론들을 기반으로 리더는 어떠한 역량을 갖춰야 한다, 혹은 어떠한 행동을 보여야 한다는 식이다. 예를 들어, 현대 조직 관리에서는 리더의 공감능력이 요구되므로, 리더십 개발 컨설턴트는 '공감리더십'이라는 리더십의 유형을 소개하고, 그 대표적인 인물의 특징을 소개하며(예. MS의 CEO인 사티아 나델라), 그 효과(주로 조직문화 개선과 그로 인한 경영성과 등)를 제시한다. 그리고 어떻게 그러한 리더십을 내재화 할 지에 대한 활동(주로 자기성찰과 토론, 그림 등으로 표현하기, 액션플랜 작성과 같은 그룹 활동)으로 이뤄진다. 그러나 공감 리더십과 카리스마 리더십이 무엇인가를 설명하는 것과 공감능력이나 카리스마를 갖춘 리더를 길러낸다는 것은 전혀 다른 이야기이다.

이는 어찌 보면 지극히 상식적인 이야기이다. 맛있는 초밥이 어떤 맛인지, 혹은 어떤 맛이어야 하는지, 식감, 재료의 상태, 밥의 크기와 맛 등은 전문적인 지식이 없어도 개인의 취향과 경험에 기대어 얼마든지 말할 수 있다. 초밥을 즐기다 보니 미식가 수준으로 평가할 수 있게 된 사람들도 있다. 그러나 그 초밥을 어떻게 만들어야 하는가는 전혀 다른 이야기이다. 초밥이란 어떠해야 한다는 것은 초밥을 사먹는 소비자의 관점이다. 반면, 초밥을 만들기 위해서는 소비자의 관점을 넘어 생산자의 관점으로의 전환이 필요하다.

리더십 역시 마찬가지이다. 리더란 어떤 사람이다, 리더의 유형은 어떻다, 서번트 리더가 어떻고 진성 리더가 어떠하며 변혁적 리더는 어떠해야 한다는 식의 이야기는 우리에게 변혁적 리더가 될 수 있는 방법이나, 진성리더를 길러 내기 위해서 경영자나 조직의 인재개발 담당자가 해야 하는 일을 알려주지 않는다. 게다가 그러한 리더십의 유형은 주로 매스미디어나 컨설턴트 등에 의해 유행처럼 등장한다. 문제는 이런 유형화에 아무런 과학적 근거가 없다는 것이다. 예컨대, 스티브잡스나 일론 머스크를 카리스마를 갖춘 변혁적 리더로 소개하는 매체나 강사를 종종 볼 수 있다. 그러나 또 다른 매체에서는 잡스와 머스크가 독재자 혹은 나르시스트인 파괴적 리더로 언급되기도 한다. 문제는 그것이 언제나 그들의 '주장'일 뿐, 엄밀한 사회과학적 연구를 바탕으로 한 것이 아니라는 것이다.

따라서 경영의 트렌드와 사회변화에 따라 유행하는 특정한 리더십 유형에 매몰되어서는 진정한 리더십 개발이 이뤄질 수 없다. 새로운 리더십의 유형에 대한 비평가적 논의는, 특정한 리더의 행동을 설명하고 이해하는데 도움을 줌으로써 성공적인 리더십이란 무엇인가에 대한 담론의 형성에는 기여할 수는 있지만, 리더십을 개발하는 데는 아무런 도움이 되지 않는다.

다시 말해, 기존의 리더십 개발에 대한 접근법은 주로 평론가적 관점에서 행해졌다. 사람들은 각자의 관점으로 리더의 자질, 역량, 행동 등에 대한 당위성을 역설하지만, 정작 그러한 자질, 역량, 행동을 어떻게 길러내야 하는가에 있어서는 답을 주지 못한다. 리더십 개발 실천과 과학적 기반 지식 사이에 단절이 존재해 왔기 때문에, 리더십 개발의 전문가임을 자처하는 사람들 중에도 많은 경우 과학적 근거와 체계적 이론이 아닌, 개인의 경험과 추측에 의존하고 있다. 따라서 리더십 개발을 위해서는 먼저 리더십과 리더십 개발의 차이점을 인식하고, 유형 중심의 사고에서 벗어나 체계적인 연구와 구체적이고 논리적인 근거에 기반할 필요가 있다.

우리는 리더십 개발에 대한 평론가적 관점 혹은 생산자 관점의 부재와 이로 인한 혼란을 정리하는 것이 이 책의 역할 중 하나라고 믿는다. 이를 위해 사회과학적 연구 결과에 기반한 리더십 개발의 이론을 정리하여 리더십 개발을 위한 통합적인 모형을 제시할 것이다.

2) 리더십 개발과 리더 개발을 분리하라

중요하기 때문에 반복해서 이야기하지만, 리더가 누구냐는 것과 리더십이 무엇이냐는 것은 다른 이야기이다. 그럼에도 많은 사람들은 리더십 개발과 리더 개발을 종종 동일한 것으로 간주한다. 이는 일상적으로 리더십이 발휘되는 상황에서는 큰 문제가 없다. 우리는 기업의 CEO, 임원, 팀장 등이 조직을 이끌어 가고 성과를 낼 때 "저 사람은 리더십이 뛰어난 사람이다"라고 종종 이야기한다. 이때는 리더십을 성격, 행동, 역량, 영향력, 프로세스 등 어떻게 정의하든지 중요하지 않다. 그러나 리더십 개발을 한다면 이야기는 달라진다. 리더십 개발을 위해서는 리더와 리더십의 개념적 구분이 반드시 필요하다. 앞서 언급한 것처럼 리더십을 연구하는 것과 리더십을 분석하는 것, 리더십을 개발하는 것은 완전히 다르다.

리더십 개발의 전문가들은 기업 인재개발 담당자들의 높은 관심에도 리더와 리더십 개발의 구분에 관한 개념적 혼란이 리더십 개발을 더욱 어렵게 한다고 말한다. 2000년대 초반까지 리더십은 전통적으로 개인 수준의 기술로 개념화되어 왔다. 리더십 개발은 주로 개인 내적인 기술과 능력의 훈련을 통해 이루어지는 것으로 여겨졌다. 그러나 피들러(Fiedler)와 같은 학자들은 이러한 접근 방식이 리더십이란 리더와 사회, 조직 환경 간의 복잡한 상호작용이라는 거의 50년에 걸친 연구를 무시한 결과임을 지적한다.

뒤에서 살펴볼 리더십의 정의에서도 다시 다루겠지만, 리더십은 효과적인 시스템 설계의 새로운 속성이며, 리더십 개발의 핵심은 사회적(즉, 관계적) 시스템을 사용하여 구성원 간의 헌신을 이끌어 내는 데 있다. 즉, 개인적 관점과 관계적 관점 모두 중요하다.

리더십 개발 분야의 이론을 정립하는 데 가장 큰 영향을 미친 데이 교수는 이미 2000년에 발표한 논문에서 리더 개발과 리더십 개발의 차이를 분명하게 밝히고 있다. 20년도 전에 이론적 논의가 이미 이루어졌음에도 기업 실무현장에서는 여전히 리더십 개발과 리더 개발을 동일하게 바라보고 있다. 그렇다면 리더 개발과 리더십 개발의 차이는 무엇일까?

먼저 리더 개발은 개인으로서의 리더를 개발하는 데 중점을 두는 활동이다. 여기서 리더는 인적 자본(Human Capital)으로 성과를 높이기 위해 조직은 자원을 투입하여 리더의 역량을 강화하고 교육한다. 이러한 리더 개발은 일반적으로 공식적인 리더십 역할 혹은 직책과 관련된 개인의 지식, 기술, 능력, 즉 역량의 향상에 중점을 둔다. 이렇게 습득한 역량을 통해 리더들을 새로운 방식으로 사고하고 행동하게 하려는 뚜렷한 목적이 있다. 리더 개발의 강조점은 리더로서의 태도와 정체성 개발을 위해 스스로에 대한 정확한 정신모형(Mental Model)을 형성하는 것이며, 스스로 구축한 정신모형을 기반으로 다양한 조직 내 역할을 효과적으로 수행하는 것이다. 따라서 리더 개발에서 다루어지는 개인의 내적 역량은 정서적 인식과 자신감 등의 자기 인식(Self-awareness), 자제력, 적응력 같은 자기 조절(Self-regulation), 주도성과 헌신을 이끌어 내기 위한 자기 동기부여(Self-motivation) 등이 있다.

반면 리더십 개발은 리더와 팔로워가 모두 참여하는 개발 프로세스에 중점을 둔다. 리더와 팔로워 모두가 개발의 대상이기 때문에 본질적으로 다수준적(Multi-level)이며, 리더 개인을 개발하는 프로그램에 비해 장기적(Long-term)인 관점에서 실시된다. 개별 리더라는 인적 자본이 아닌, 리더와 팔로워, 나아가 팀이라는 사회적 자본(Social Capital)을 통한 리더십 개발은 조직 가치 창출을 위한 협력과 자원 교환을 강화하는 개인 간의 네트워크 관계를 구축하는 데 중점을 두므로 리더 개발과 구분된다.

따라서, 일련의 기술이나 지식 학습을 통해 개별 리더를 양성하고 그 결과 리더십이 발휘될 것이라고 가정하는 것보다는 리더십을 조직의 모든 사람이 참여하는 사회적 과정으로 접근해야 한다. 다양한 문제 상황에서 개인 및 집단의 적응력을 향상시키는 리더십 개발은 예상치 못한 도전에 대비하여 조직의 역량을 구축하는 데 중점을 둔다. 리더십 개발에서 가장 중점을 두는 부분은 대인 관계 역량의 구축 및 활용이다. 대인 관계 역량의 주요 구성 요소는 공감, 타인의 성장에 대한 관심 등의 사회적 인식(Social-awareness)과 협업, 협력, 유대감 형성, 갈등 관리 등의 사회적 기술(Social-skills)을 예로 들 수 있다.

마지막으로 데이 교수는 리더십을 원인이 아닌 결과로 바라보는 관점의 전환이 필요하다고 주장한다. 개별 리더 개발을 리더십 개발로 여기는 경우는 근본적으로 리더가 무한 책임을 진다는 것을 가정한다. 이러한 관점은 리더십을 원인으로 본다. 즉, 문제가 해결되거나 반대로 성과가 나지 않는 것의 원인을 리더십으로 돌리는 것이다. 이 경우 리더는 모든 성과와 비난의 대상이 된다. 그러나 리더십 개발을 리더와 팔로워의 상호작용을 통한 사회적 자본의 창출로 바라본다면 리더십은 원인이 아닌 결과로서 받아들여진다. 다시 말해, 어떤 팀이나 조직이 성과를 냈을 때, 우리는 비로소 리더십이 있다, 혹은 리더십이 훌륭하다고 말할 수 있다. 즉, 리더십이라는 단어는 (누군가를 리드한다는 의미에서) 그 자체로 복수의 대상을 상정하고 있으며, 우리는 리더와 팔로워가 서로의 역할을 수행하면서 공동의 목표를 달성했을 때 리더십을 확인할 수 있다. 따라서 리더가 인격이 훌륭하고 팔로워와의 관계도 좋았으나 성과를 내지 못한 경우라면, 리더 개인으로서는 좋은 사람일지라도, 리더십이 있다고 말할 수 없는 것이다.

이러한 리더 개발과 리더십 개발의 차이는 아래의 표와 같이 요약될 수 있다.

표 2-1 리더 개발과 리더십 개발의 차이 요약

	개발 대상	
비교 항목	리더 개발	리더십 개발
자본 유형	인간 자본	사회 자본
리더십 모델	개인 중심	관계 중심
	개인적 영향력	헌신
	지식	상호 존중
	신뢰성	신뢰
역량 기반	지기내적	내인관계석
기술	자기 인식	사회적 인식
	감정 인식	공감
	자기 신뢰	서비스 지향
	정확한 자아상	정치적 인식
	자기 조절	사회적 기술
	자기 통제	유대감 형성
	신뢰성	팀 지향성
	개인적 책임감	변화 주도
	적응력	갈등 관리
	자기 동기부여	
	주도성	
	헌신	
	낙관주의	

3) 리더십은 프로세스 관점으로 정의되어야 한다

리더십 개발을 위한 관점 전환의 마지막 단계는 리더와 리더십에 대한 구분의 연장선으로, 리더십을 '개발 가능한' 방식으로 정의하는 것이다. 리더십에 관한 서적이 많이 있음에도, 거의 모든 책들에서 동일하게 다루는 내용 중의 하나는 과연 리더십이 생득적인가, 아니면 후천적으로 개발가능한 것인가에 대한 논의이다. 즉, 개인이 타고나는 특성에 의해 리더십이 결정되는가, 교육과 경험 등의 환경적 요인에 의해 결정되는가 하는 점이다. 물론 리더십 개발에 관한 서적이라면 당연히 개발 가능하다는 것을 주장할 것이다. 그럼에도 많은 저자들은 리더십에 타고나는 부분 또한 있다는 것을 부정하지 못한다. 실제로 최근의 연구에서는 리더십에 생득적 요소가 있음이 드러나고 있다.

그렇다면 리더십을 개발하기 위해서는 어떻게 리더십을 정의해야 할까? 우리가 첫 장에서 살펴보았듯, 리더십의 다양한 정의는 크게 특성, 행동, 비전과 가치 창출, 영향력, 역량(스킬), 프로세스의 몇 가지 주요한 범주로 귀결된다. 아래의 그림은 리더십의 정의들을 리더십의 기원(선천적/후천적)과 발현의 주체(개인/집단)를 두 축으로 하는 4분면에 위치시킨 것이다.

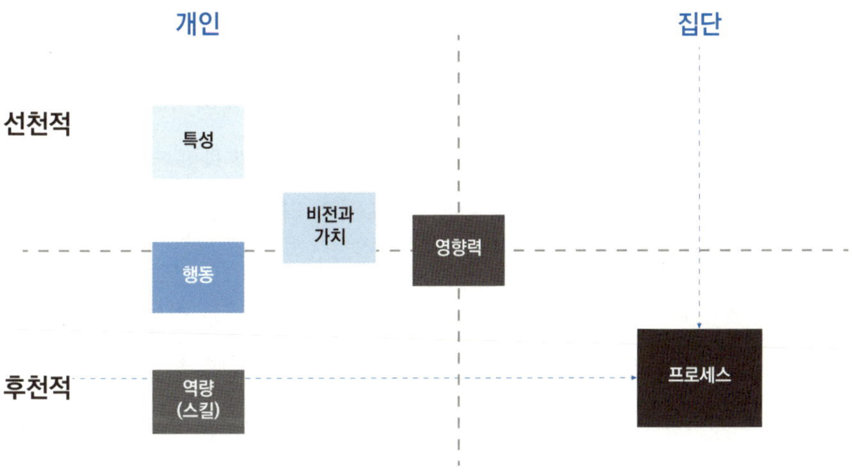

그림 2-5 리더십 개발을 위한 리더십 정의의 분류

먼저 중앙에 가로로 그어진 점선을 기준으로 리더십의 기원 측면에서 리더십의 정의들을 검토해 보자. 심리학 연구에 따르면 개인의 성격과 같은 특성은 타고나는 것이므로 인위적인 개발이 쉽지 않다. 물론 성장기인 유아기나 학령기라면 어느정도 변화가 있을 수 있으나, 대부분의 리더십 개발은 성인기에 이뤄진다. 성격이나 성향이 완성되는 성인기에 특성의 변화는 매우 어렵다. 따라서 일반적으로 리더십을 특성으로 정의하는 경우 리더십은 개인이 타고 나는 것이며, 개발할 수 없다는 것으로 간주된다. 리더의 행동과 비전은 개발 가능한 부분과 개발이 어려운 측면을 모두 내포하고 있다. 사람의 행동 중 일부는 개인의 특성(trait)과 강하게 연관되어 있어 수정이 거의 불가능에 가까운 영역이 있다(예. 타고난 반사회적 성향으로 인한 충동적 행동). 또한 비전의 경우, 어린 시절의 양육 환경이나 전환적인 경험에 의해 상당한 영향을 받는다. 이러한 요인들을 조직의 리더십 개발 프로그램에서 다루는 것은 분명한 한계가 있다. 특정 리더십 워크숍을 통해 비전 창출 능력이나 창의력이 획기적으로 개발될 확률이 매우 낮다는 것은 이미 널리 인식된 사실이기 때문이다. 영향력은 정중앙에 위치하는데, 이는 영향력이 타고난 개인적 특성이나 후천적 훈련의 결과 모두를 통해 발현될 수 있기 때문이다. 더군다나 영향력은 리더가 일방적으로 '주는' 것이 아니라 팔로워에 의해 '받아들여지는' 특성을 지니므로, 팔로워의 인식과 해석이 그 발휘에 결정적으로 작용한다.

리더십 개발이 가능한 영역으로 역량(스킬)과 프로세스가 중요하게 논의되고 있다. 리더십 연구의 대가인 유클과 가드너에 따르면, 리더십을 리더 개인의 역량, 행동, 영향력으로 이해하며 그 발현과 결과를 오롯이 리더 개인의 몫으로 귀속시키는 리더십의 개인 영역 관점과, 리더와 팔로워들이 공동의 목표 달성을 위해 상호작용하며 영향력을 주고받는 집단적 과정으로서의 리더십 관점 간의 대립은 리더십 연구의 주요한 논쟁 대상이 되어 왔다.

이와는 별개로, 현존하는 리더십 교육 및 개발 활동에서는 리더십의 정의를 역량이나 스킬로 정의한다. 앞서 카이저와 컬피도 지적했지만, 역량기반의 리더십 정의는 역량모델을 도출하는 과정에서의 이슈도 있는 데다, 필연적으로 리더십 개발을 리더 개발로 치환해 버린다. 물론 리더십이란 리더가 팔로워들에게 미치는 영향력이나 프로세스라고 말하는 강사 혹은 컨설턴트가 없는 것은 아니다. 그러나 일단 교육이 이뤄지는 곳에는 리더만 참여하며, 주로 단기적으로 며칠 동안만 이뤄지는 대부분의 리더십 개발 프로그램의 특성상 현실적인 제약조건 등을 고려할 때, 강사 주도로 리더들을 대상으로 진행되는 워크숍의 형태를 취하게 되고, 강의장에서 가시적인 결과를 확인할 수 있도록 역량이나 스킬에 중점을 두는 경우가 대다수이다.

리더란, 조직에 질서를 부여하고 그 질서에 책임을 지는 자리이다. 이러한 관점에서 리더십은 질서를 부여하는 과정(process)에 대한 이야기이다. 리더십이 등장하고 발현되는 과정은 하나의 이야기, 즉 내러티브를 통해 형성되고 실천되며, 이러한 내러티브는 두 화자, 즉 리더와 팔로워의 상호작용적 교류로 만들어진다. 여기서 다시 한번 안토나키스와 데이가 제시한 리더십 정의를 살펴보자.

> "리더십은 리더와 팔로워, 팔로워 그룹 또는 기관 간에 발생하는 공식적 또는 비공식적 맥락에 뿌리를 두고 목표에 영향을 미치는 프로세스이다." (Antonakis & Day, 2018, p. 5)

즉, 리더십은 리더와 팔로워의 상호작용으로 발현된다는 것이다. 이러한 정의로부터 우리는 리더십 개발을 위한 일종의 공식(formula)을 아래와 같이 도출할 수 있다.

f(리더십) = 리더 X 팔로워

그렇다면 리더십 개발은 어떠한 방향으로 이루어져야 하는가? 이를 리더십 공식에 대입해 보면 더욱 명확해진다. 제시된 리더십 공식 $f(L) = l \times f$ (여기서 L은 리더십, l은 리더, f는 팔로워를 의미)에서, 리더(l)의 역량이 아무리 뛰어나더라도 팔로워(f)의 수가 0이라면(혹은 팔로워가 리더를 따르지 않는다면) 리더십(f(L))은 0으로 수렴하며 리더십이 발현될 수 없다.

이는 리더십이 본질적으로 복수 인원의 상호작용을 전제하는 개념이기 때문이다. 무인도에 혼자 떨어져 있는 사람이나 1인 기업으로 일하는 사람에게 무슨 리더십을 발휘할 기회가 있겠는가? 리더십은 오직 팔로워를 통해서만 발현이 가능한 것이다. 이러한 관점에서, 리더십을 단순히 리더 개인에게 귀속된 역량이나 스킬로 정의한다면, 이는 리더십 공식에서 'l' 값만을 키우는 것에 해당한다. 물론 효과적인 리더십 발현을 위해 리더의 역량이 탁월해야 한다는 점은 자명하다. 그러나 탁월한 역량을 지녔음에도 리더십이 온전히 발현되지 못한 수많은 사례들이 이를 뒷받침한다. 결론적으로, 리더십(f(L))이 효과적으로 개발되기 위해서는 우항의 리더(l), 팔로워(f), 그리고 이들 간의 상호작용적 프로세스가 모두 개발되어야 한다.

결국 리더십을 개발할 수 있는 유일하고 타당한 접근법의 첫 단계는 먼저 리더십을 프로세스로 정의하는 것이지만, 리더십을 프로세스라 정의하는 것에 학자들과는 달리 실무자들은 머뭇거릴 수밖에 없다. 리더십을 프로세스로 정의한다는 것은 결국 '리더십이 리더보다 크다'는 것으로, 이는 반직관적이며 추상적으로 다가오기 때문에 선뜻 받아들이기가 쉽지 않기 때문이다. 이는 우리가 리더십을 리더가 가진 역량이나 성향, 즉 '리더가 리더십보다 크다'는 관점을 암묵적으로 견지해 왔기 때문이다. 따라서 리더십 프로세스는 우리가 리더십을 바라보는 관점의 코페르니쿠스적 전환을 요구한다.

4 프로세스 기반의 리더십 개발 접근법

지금까지 우리는 리더십 개발의 현황과 리더십 개발의 실패를 야기하는 주요한 요인들을 정리하고, 대안으로서 리더 개발과 리더십 개발의 분리, 리더십과 리더십 개발의 구분 그리고 리더십을 프로세스로 정의해야 하는 세 가지 관점의 전환에 관해 이야기했다.

지금까지의 논의를 바탕으로 우리는 프로세스 기반의 리더십 개발 접근을 다음과 같이 제시하고자 한다.

프로세스 중심의 리더십 개발은 리더십을 상호작용적 프로세스로 정의하는 데서 출발한다. 이는 특정 조직적 맥락에서 리더와 팔로워들이 공동의 목표를 달성하기 위해 자발적으로 참여하는 상호작용의 과정을 의미한다. 이러한 리더십 프로세스 접근법의 기본 전제는 리더십이 '리드(lead)'와 '팔로우(follow)'라는 상호 보완적인 두 행동의 결합을 통해서만 비로소 발현될 수 있다는 것이다. 즉, 아무리 리더가 영향력(리더십)을 발휘하려 하더라도 팔로워가 이에 대한 수용(존중) 행동으로 반응하지 않는다면, 진정한 리더십은 발현될 수 없음을 전제한다.

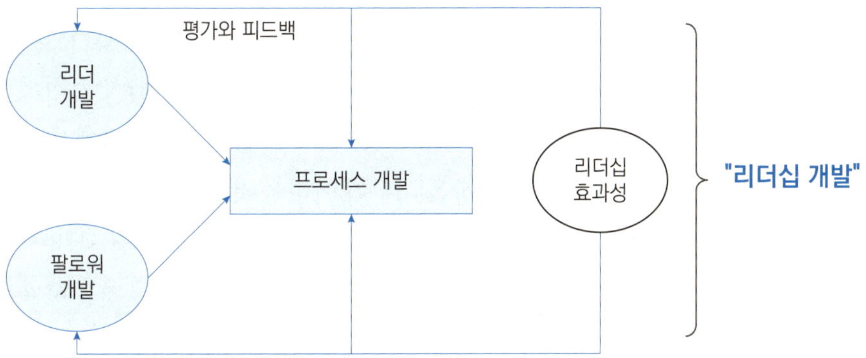

그림 2-6 **프로세스 중심 리더십 개발 모형**

이러한 리더십 프로세스 정의에 따르면, 리더십의 구성 요소는 리더, 팔로워, 그리고 이들 간의 상호작용 프로세스 세 가지로 이루어진다. 따라서 리더십이 리더와 팔로워의 상호작용을 전제하는 프로세스라면, 리더십 개발 역시 이 세 가지 핵심 요소를 포괄해야 한다. 즉, 리더 개인의 역량, 팔로워의 참여와 성장, 그리고 이들 간의 효과적인 상호작용을 촉진하는 프로세스 자체가 모두 개발의 대상이 되어야 한다.

또한 리더십 개발은 궁극적으로 성과 창출을 포함하는 통합적인 과정이어야 한다. 앞서 언급했듯이, 리더는 조직의 방향 설정, 성과 달성, 조직의 운명에 대한 궁극적인 책임을 진다. 리더십을 프로세스로 정의하더라도, 그 중심에는 최종 책임을 지는 리더가 존재하며, 리더 중심 관점(Leader-centric view)을 견지한다. 조직 성과의 최종적인 책임이 리더에게 귀속되는 만큼, '결과가 리더를 만든다'는 명제는 과정의 중요성을 아무리 강조해도 부족하다. 예를 들어, 인성적으로 훌륭하며 수평적 호칭 사용, 직원 복지 증진, 임금 상승, 실패에 대한 관용, 공정한 보상 등 임직원을 위한 혁신적인 시도를 많이 하는 리더가 있다. 그러나 정작 해당 조직이 유의미한 성과를 창출하지 못하고 있다면 어떠하겠는가? 과정이 아무리 훌륭했을지라도 결과가 부재하다면, 그 리더십을 훌륭하다고 평가하기는 어려울 것이다. '사람은 참 좋고 의도는 선했다'는 위로를 건넬 뿐, 궁극적으로는 그 리더십이 성공적이었다고 평가하기는 어려울 수밖에 없다.

반대로, 리더가 구성원들을 과도하게 압박하여 번아웃이나 스트레스로 인한 퇴사가 빈번하게 발생하는 상황을 상정해 보자. 만약 그러한 과정에도 단기적으로는 엄청난 성과를 달성하여 높은 성과급을 받게 되었다면 어떠한가? 단기적으로는 '이 리더의 방식이 유효했다'고 평가될 수도 있겠으나, 장기적인 관점에서 그러한 방식으로는 조직의 지속 가능한 성장을 이루기 어려울 것임이 자명하다.

이러한 맥락에서 리더십 개발은 조직 개발(Organizational Development)과 유사한 지향점을 갖는다. 궁극적으로 조직 개발은 효과적인 조직을 구축하는 것을 목표로 한다. 조고폴로스(Georgopoulos)와 태넌바움(Tannenbaum)이 1957년에 정의한 조직 효과성(Organizational Effectiveness)은 사회적 시스템으로서의 조직이 주어진 자원과 방법을 효율적으로 활용하여 목적을 달성하는 정도를 의미하며, 이 과정에서 조직 구성원들에게 불필요한 긴장을 유발하지 않아야 한다. 이는 조직의 생산성 향상과 더불어 내부의 불필요한 긴장 및 갈등을 최소화해야 함을 뜻한다. 리더십 개발 역시 이와 궤를 같이 한다(실제로 많은 경영학 학술지에서는 리더십을 인사(HR) 분야가 아닌, 조직 연구 관련 분야로 분류한다).

조직 개발과 유사하게, 리더십 개발의 최종적인 측정 지표 역시 리더십 효과성(Leadership Effectiveness)이다. 리더십 효과성은 리더십이 발현되는 과정과 그 결과를 포괄하며, 리더, 팔로워, 그리고 조직 성과라는 다각적인 측면에서 리더십을 조망하고 평가하는 개념이다. 이 책의 마지막 장에서는 이러한 리더십 효과성 개념을 심도 있게 다룰 것이다. 본 장에서는 이 책의 전체적인 구조를 제시하고 리더십 개발에 대한 근본적인 가정을 정리하였다. 이후에는 리더십 프로세스 모형의 각 핵심 요소들을 순차적으로 살펴볼 것이다. 먼저, 리더십 개발의 첫 번째 요소인 리더 개인의 개발에 대해 논의할 것이다. 리더 개발의 주요 방법론인 훈련(3장), 개발 활동(4장), 리더의 경험 및 성장 배경(5장), 그리고 리더 정체성의 형성(6장)이 순서대로 소개될 예정이다. 이어서 7장에서는 팔로워의 정의와 유형, 그리고 팔로워십이 리더십 개발에 갖는 의미를 다룰 것이다. 8장과 9장에서는 리더십 개발 프로세스의 핵심을 이루는 리더십 범주화 이론, 리더-팔로워 프로토타입(prototype) 이론 등 주요 관점들을 심도 있게 다룰 것이다. 이후 10장에서는 마지막 요소인 리더십 효과성의 측정 및 평가에 대해 논하며, 마지막 11장에서는 지금까지 다룬 리더십 개발에 관한 이론들을 종합하고, 실제 현장에 적용할 때 고려해야 할 핵심적인 제언들을 제시한다.

참고문헌

1. Georgopoulos, B. S., & Tannenbaum, A. S. (1957). A study of organizational effectiveness. *American Sociological Review*, *22*(5), 534-540.
2. Kelly, S. (2023). Process theory approaches to leadership. In D. Schedlitzki, M. Larsson, B. Carroll, M. C. Bligh & O. Epitropaki (Eds.), *The SAGE Handbook of Leadership* (2nd ed.) (pp. 285-295). Sage.
3. Prokopeak (2018). *Follow the leader(ship) spending*. https://www.chieflearningofficer.com/2018/03/21/follow-the-leadership-spending/
4. Day, D. V. (2000). Leadership development: A review in context. *The Leadership Quarterly*, *11*(4), 581-613.
5. Kaiser, R. B., & Curphy, G. (2013). Leadership development: The failure of an industry and the opportunity for consulting psychologists. Consulting Psychology Journal: Practice and Research, 65(4), 294-302.
6. Murphy, M. (2025, June 13). *Leadership development is Broken, Because We're Asking The Wrong People If It's Working.* Forbes. Retrieved from https://www.forbes.com/sites/markmurphy/2025/06/13/leadership-development-is-broken-because-were-asking-the-wrong-people-if-its-working/
7. Westfall, C. (2019). Leadership development is a $366 billion industry: Here's why most programs don't work.
8. Gurdjian, P., Halbeisen, T., & Lane, K. (2014). Why leadership-development programs fail. *McKinsey Quarterly*, 1(1), 121-126.

CHAPTER

03

리더 개발: 원리와 쟁점

1. 리더 개발의 단계
2. 리더의 성장: 온보딩과 파이프라인

CHAPTER 03

리더 개발: 원리와 쟁점

앞서 2장에서는 리더십 개발과 리더 개발의 개념적 구분을 명확히 하고, 리더십의 프로세스 정의를 통해 핵심 요소를 도출하였다. 이에 근거하여, 리더십 개발은 리더, 팔로워, 그리고 이들 간의 상호작용적 프로세스를 개발하는 것으로 정의되었다. 3장에서는 이러한 리더십 개발 정의를 토대로 각 핵심 요소의 개발 방안에 대해 구체적으로 논의하고자 한다.

리더십과 리더 개발을 구분한다 하더라도, 리더는 리더십 개발의 가장 중추가 되는 존재로 가장 먼저 고려해야 할 핵심 요소라는 점에는 변함이 없다. 리더가 기본적인 역량과 바람직한 마인드셋을 갖춘 이후에야 비로소 팔로워와의 상호작용적 프로세스를 통해 리더십이 온전히 발현될 수 있기 때문이다. 따라서 본 장에서는 '리더 개발이란 무엇이며, 어떻게 이루어져야 하는가?', '리더 개발과 리더십 개발은 어떠한 방식으로 연관될 수 있는가?'에 대한 질문들에 답하고자 한다.

1 리더 개발의 단계

미해군사관학교(US Naval Academy)의 월리스(Wallace) 교수와 조지메이슨대학교(George Mason University) 연구진은 리더십 프로그램의 평가가 리더십 개발의 집단적 결과보다는 리더 개발의 개인적 차원에 집중되어 있음을 지적한다. 이들은 2021년도에 발표한 연구에서 리더 및 리더십 개발의 학습 결과는 다차원적(multidimensional)이고 다단계적 특성(multilevel nature) 가지고 있음을 설명하며, 이를 토대로 보다 포괄적인 리더 및 리더십 개발 프로그램의 유형학을 다음 그림과 같이 제시하였다.

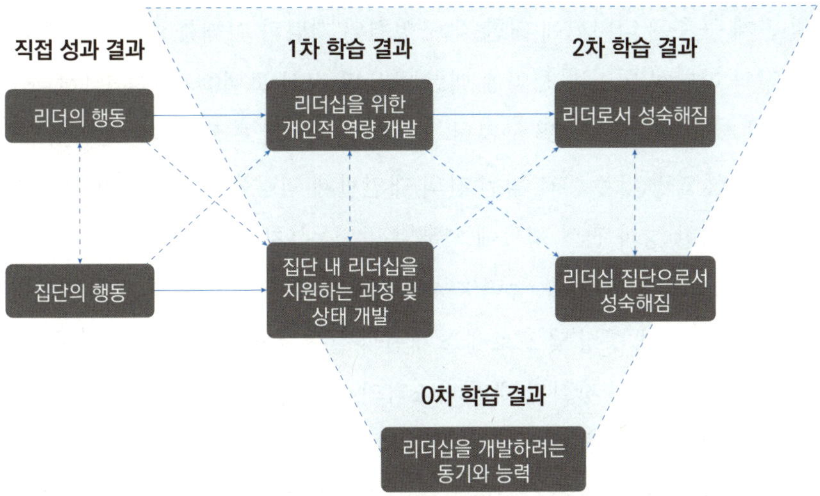

그림 3-1 **리더 및 리더십 개발 학습 결과의 분류 체계**

이들이 제시한 리더 및 리더십 개발의 결과(outcomes) 분류는 앞서 논의한 데이의 리더 개발(Human Capital) 및 리더십 개발(Social Capital) 관점과 맥을 같이 한다. 이를 간략히 살펴보면, 먼저 직접적인 성과 결과는 개인 및 조직의 성과에 영향을 미치는 리더의 행동과 팀, 부서, 또는 조직 전체와 같은 집단의 행동을 지칭한다. 이러한 직접적 성과 결과는 그 자체로 학습의 완성을 의미하기보다는 실제 경험을 통한 학습의 전조(前兆)로서 기능한다. 다시 말해, 역량 개발에 앞서 성과에 긍정적 또는 부정적인 영향을 미치는 리더 및 리더-팔로워의 행동 변화가 선행되며, 이를 기반으로 학습에 대한 동기가 유발된다. 이는 리더 개인의 성찰을 통한 개인 개발의 필요성에 대한 인지, 팀원들이 지각하는 리더의 역량 개발 필요성, 나아가 집단 수준에서 리더가 인지하는 팀의 역량 개발 및 팀원들이 인지하는 조직 역량 개발의 필요성으로 이어진다.

그림 3-1에 제시된 개인 및 집단 수준의 활동과 학습 간 양방향 화살표는 리더 개발과 리더십 개발 간의 밀접한 상호작용 관계를 보여준다. 리더는 코칭, 동기 부여, 업무 배분 등과 같은 활동을 통해 집단의 프로세스에 영향을 미치며, 이러한 활동을 수행하는 리더의 역량 변화는 곧 조직 차원의 리더십 개발에도 영향을 미친

다. 예를 들어, 리더의 커뮤니케이션 역량 향상과 이를 기반으로 한 구성원과의 소통 및 관계 구축은 리더십에 대한 각 구성원의 개념과 이해를 변화시킬 뿐만 아니라, 조직의 리더십 역할과 책임에 대한 공유된 정신 모델(Shared Mental Model) 또한 변화시킬 수 있다. 반대로, 팀 구성원 간의 대인관계에 초점을 맞춘 팀 단위 교육은 팀 내 리더십 역량(팀 수준)과 팀원 간의 대인관계 역량에도 긍정적인 영향을 미칠 수 있다. 이러한 성과 관련 행동에 의해 촉발되는 1차 학습 결과는 리더십 발현에 필수적인 개인의 지식, 기술, 능력(KSAOs) 변화로 이어지거나, 리더십 발현을 위한 집단의 새로운 상태 형성 및 프로세스 개선과 같은 조직 역량 강화로 이어진다.

1차 학습의 결과로 강화된 개인과 조직의 역량은 2차 학습 결과로서 리더십 정체성과 인식론의 변화를 수반하는 성숙 과정의 산물로 해석된다. 월리스와 그의 동료들은 성인 발달 이론(Adult Development Theories)에 근거하여, 리더 개발과 리더십 개발이 단순히 기술 습득이나 역량 개발을 넘어선 성숙(maturation)의 과정임을 주장한다. 이들은 리더의 기술 습득과 리더십 성숙을 구별해야 한다고 강조하며, 이를 리더십에 대한 정체성, 개념화, 사고방식 등의 점진적인 발전으로 정의한다.

리더로서의 발전은 단순히 지식과 기술을 습득하는 차원을 넘어 리더로서의 사고방식에 기술을 통합하는 단계에 도달함을 의미한다. 지속적인 성장과 탐색의 과정을 거쳐, 리더는 궁극적으로 리더로서의 정체성, 가치관을 가지게 된다. 그리고 구성원들과 상황에 대한 심층적인 이해를 기반으로 유연하게 대처하고 합리적인 의사결정을 내릴 수 있게 된다. 또한 조직 내에서 자원을 효과적으로 활용하고 구성원들과의 상호작용을 통해 조직적 목표를 달성하여 성과를 향상시킬 수 있게 된다. 궁극적으로, '리더로서의 역할과 책임(Roles & Responsibilities, R&R)이 명확하며, 이를 효과적으로 수행할 역량을 갖추어 조직을 리드할 수 있다는 정체성과 신념'이 확립된 상태가 리더로서의 최종 진화 형태이다.

마찬가지로, 팀(혹은 부서와 같은 집단) 수준의 학습과 성숙은 리더십이 더욱 효과적으로 기능하는 조직으로의 진화를 의미한다. 이러한 학습은 심리적 안전(Psychological Safety)의 확보, 효율적인 의사결정 과정 구축 등을 포함할 수 있지만 리더십 개발이 일반적인 팀 또는 조직 훈련과 구별되는 지점은 집단을 자신과 타인을 이끄는 응집력 있는 단위 또는 시스템으로 발전시킨다는 데 있다. 따라서 이러한 개발 역시 집단 수준의 기술 습득을 넘어 리더십을 향한 집단의 성숙을 지향한다. 여기서 집단은 팔로워들로만 구성되는 것이 아니라, 복수의 리더로 이루어진 이사회(board of directors)와 같은 형태를 포함할 수 있다.

마지막으로, 이러한 1차, 2차 학습 결과로서의 성숙은 모델 전반의 학습을 지원하는 0차 학습 결과의 영향하에 이루어진다. 이는 리더 및 리더십 개발의 토대가 되는 촉매제를 지칭하며, 개인 수준에서는 리더가 개발할 수 있는 능력(예. 메타인지 능력 및 자기 인식)과 리더로서 개발하려는 동기(예. 학습 지향성, 자기 효능감)를 포함한다. 집단적 수준에서의 0차적 토대는 팀 학습을 향상시키는 촉매(예. 학습에 대한 집단 내 규범 또는 응집력)를 의미한다. 따라서 학습을 위한 촉매제는 그 자체로 팀 학습의 결과라기보다는 집단의 학습을 지원하고 촉진하여 강화하는 역할을 수행하며, 리더십 학습을 위한 촉매의 예시로는 리더십에 대한 집단 차원의 성찰, 팀 리더십 개발을 위한 집단적 자기 효능감 등이 있다.

윌리스와 동료들이 제시한 리더십 성숙 분류는 데이가 펜실베이니아 주립대학교 심리학과 재직 시절, 동료였던 미셸 해리슨(Michelle Harrison)과 2007년에 발표한 리더 개발의 개념적 모형으로부터 영향을 받았다. 데이와 해리슨이 제시한 리더 개발의 통합적 모형에 따르면, 리더 개발은 역량(competence), 정체성(identity), 그리고 성인 발달 과정(adult development process)이라는 세 가지 층위로 구성되어 있다.

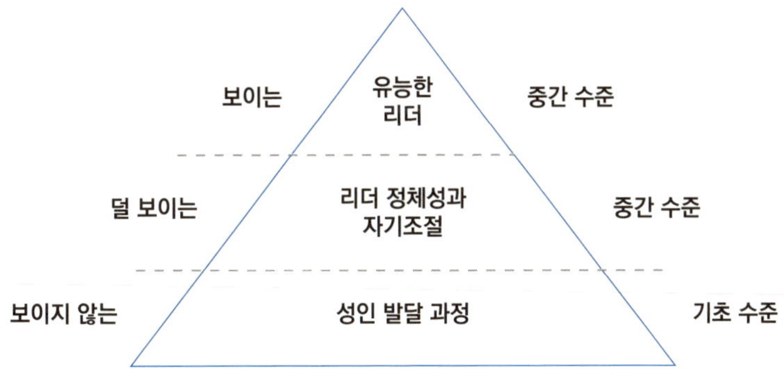

그림 3-2 리더 개발의 3가지 층위

데이와 해리슨의 이론은 윌리스와 동료들이 제시한 리더 및 리더십 개발의 메커니즘의 보다 직관적인 이해를 제공한다. 이들은 리더로서의 성장, 즉 리더 개발이 평생에 걸쳐 일어나는 과정(Life-long Process)임을 강조한다. 부모의 양육, 사회적 환경, 학령기 교육, 교우 관계 등 유년기부터 성인기에 이르는 다양한 삶의 경험은 직접적인 관찰이 어렵지만, 심층적인 차원에서 리더의 정체성 형성과 자기조절 능력에 강력한 영향을 미친다. 다양한 삶의 경험과 학습을 통해 구축된 리더로서의 정체성과 가치관은 이후 리더로서의 역량을 개발하고 발현하는 길고 지난한 과정을 견딜 수 있는 동기를 부여하는 심리적 기제(Psychological Mechanism)로 기능하게 된다.

이 책에서 제시하는 리더십 및 리더 개발 접근법 또한 데이와 윌리스의 관점과 궤를 같이 한다. 구체적으로, 3장과 4장에서는 리더의 역량 개발을 위한 훈련 및 개발 프로그램의 내용을 다루며, 5장에서는 생애 발달 단계에 따른 리더의 경험과 학습을 탐구하고, 마지막으로 6장에서는 리더 성숙의 최종 단계인 리더 정체성 형성에 대해 논의할 것이다.

2 리더의 성장: 온보딩과 파이프라인

리더 개발 프로그램은 그 대상에 따라 크게 두 가지 유형으로 분류될 수 있다. 첫째, 현재 리더 직책을 수행 중인 개인들, 즉 조직의 승계 파이프라인에 포함된 현장 관리자, 팀 리더 및 임원 후보군을 대상으로 하는 프로그램이다. 둘째, 미래의 리더를 목표로 하는 잠재적인 리더 후보군, 즉 핵심 인재 또는 새롭게 리더로 임명된 초기 리더들을 대상으로 하는 프로그램이 있다. 두 가지 프로그램 모두 리더의 성장을 지향한다는 점에서는 동일하지만, 각각 고려해야 할 중요한 차이점 또한 내포하고 있다.

1) 신임리더의 온보딩과 램프 업

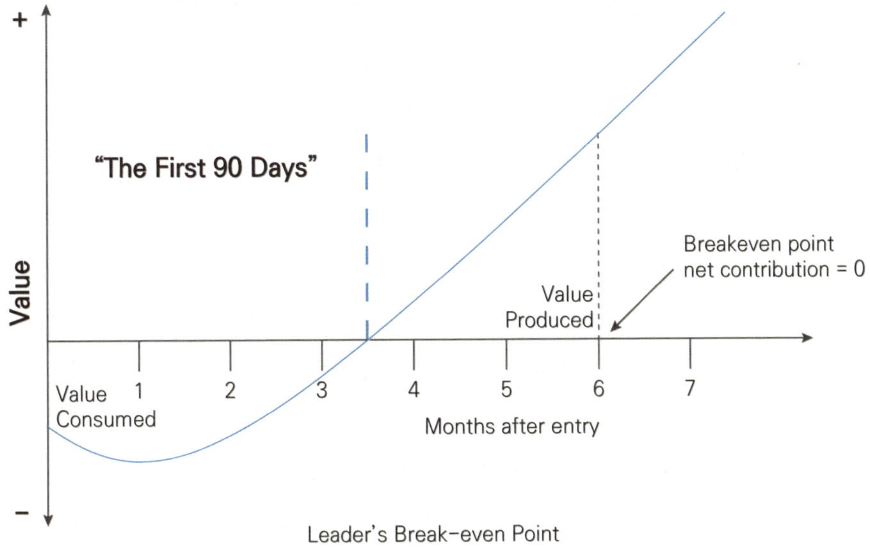

그림 3-3 신임리더의 '손익분기점'과 램프 업

비즈니스 용어 중 '램프 업(Ramp up)'이라는 표현이 있다. '램프 업'은 본래 무엇인가를 '늘리거나 증가시키다'라는 의미를 가지며, 주로 공장 운영 및 시설 투자와 관련된 용어로 사용된다. 일반적으로 제품 생산을 위해서 공장을 설립하고, 이후 필요한 시설 및 장비를 구입하고 직원 채용 등의 투자가 이루어진다. 이처럼 공장 설립, 투자 및 운영 비용이 투입되는 초기 단계에는 필연적으로 적자가 발생하지만, 공장이 본격적으로 가동되어 제품이 생산됨에 따라 손익분기점(Break-even Point)을 넘어 흑자 전환이 이루어진다. 이후 사업이 원활해지면 생산라인 증설 등을 통해 안정적인 대량생산 체제를 확보하게 된다. 이렇듯 신규 시설 투자 또는 기존 시설의 증설 및 개량 이후, 수요가 등락을 거듭하며 큰 폭으로 상승하고 안정화되는 현상을 '램프 업'이라고 지칭한다.

'램프 업' 현상은 비단 제품 생산뿐만 아니라 리더십 분야에서도 나타난다. 이는 신임 리더에 대한 조직의 투자 역시 손익분기점을 지니기 때문이다. 앞서 그림

3-3은 리더의 손익분기점과 램프 업 간의 관계를 보여준다. 데이가 언급했듯이, 리더는 기본적으로 인적 자본(Human Capital)이다. 조직은 리더 개인을 하나의 자원으로 보고 효용성 극대화를 위해 투자한다. 이 과정에서 초기 비용 투입이 이루어지며, 일정 기간이 경과하여 리더가 직무를 원활하게 수행하게 되면 리더에게 투자된 비용의 손익분기점을 넘어서 '램프 업' 현상이 발생한다.

이러한 리더 개발의 손익분기점 및 '램프 업' 개념을 처음 제안한 인물은 스위스에 위치한 국제경영개발원(International Institute for Management Development, IMD) 소속의 마이클 와킨스(Michael Watkins) 교수이다. 특히 그는 리더 임명 후 초기 90일의 중요성을 강조하였다. 리더 임명 후 첫 90일은 리더와 조직에게 일종의 '허니문 기간'으로 작용한다. 이 기간 동안 조직은 신임 리더에게 다양한 기회를 제공하고, 성과에 대한 평가를 유예하며, 코칭 및 멘토링 등 필요한 지원과 교육을 제공하여 적응을 돕는다. 이후 90일 이후에는 리더가 적응을 완료하고 본격적으로 직무를 수행하게 되며, 이는 조직이 투자한 자원에 대한 손익분기점을 넘어서는 단계이다. 와킨스 교수는 '허니문 기간'이 조직이 자원을 투입하는 일종의 사회화 기간임을 설명하며, 이를 효과적이고 효율적으로 단축시키는 것이 신임 리더의 성공적인 안착에 매우 중요하다고 주장하였다.

이러한 관점에서 초기 리더의 원활한 정착(soft-landing)을 지원하기 위해 조직에서 활용하는 프로그램을 '리더 온보딩(Onboarding) 프로그램'이라고 지칭한다. 일반적으로 기업들은 리더 개발의 두 가지 유형의 프로그램 중에서, 기존 리더들을 위한 프로그램보다 새롭게 리더로 임명된 신임 리더들을 위한 온보딩 프로그램에 더 많은 자원을 투입하는 경향이 있다.

'온보딩'은 본래 선박에 승선시켜 정해진 장소에 정확히 안착시킨다는 의미에서 파생되어, 신입 직원이나 신임 리더가 새로운 조직 또는 직무에 성공적으로 적응하고 역할을 수행하도록 지원하는 일련의 과정을 의미한다. 리더 온보딩 프로그램은 새로운 리더가 조직에 진입하여 리더 역할을 수행함에 있어 필요한 지식, 기술, 마인드 등을 습득하고 적응하도록 지원하는 제반 프로그램을 의미한다. 현재 조직에서 운영하는 신임 리더 교육 과정은 대부분 온보딩 프로그램으로 구성되어 있다.

온보딩 프로그램은 주로 임원보다는 일선 관리자(Frontline Manager)나 팀 리더와 같은 중간 관리자 직급을 대상으로 운영된다. 사실 임원들에게도 온보딩 프로그램은 필수적이다. 그럼에도 경영진이나 임원들을 위한 온보딩 프로그램이 불필요하다고 인식되는 경우가 많다. 실제로 2019년에 실시된 한 조사[1)]에 따르면, 미국 기업 임원의 대다수가 조직의 공식적인 온보딩 지원을 받지 못한 것으로 보고되었다. 이는 임원은 이미 리더로서 성공적인 경력을 쌓았기에 온보딩이 불필요하다는 사회적 인식, 매년 엄격한 성과 평가를 받는 임원에게 긴 온보딩 기간을 부여하기 어려운 상황적 요인, 마지막으로 높은 연봉을 고려할 때 발생하는 막대한 기회비용과 운영 부담 등이 복합적으로 작용된 결과이다. 임원 스스로도 신입 사원과 같이 적응 기간을 가질 경우, 자신의 리더십이나 능력이 의심받을 수 있다는 우려로 온보딩 프로그램을 기피하는 경향도 있다. 향후 더 자세히 다루겠지만, 임원들은 이러한 이유로 코칭이나 멘토링과 같이 보다 개별화된 접근법을 선호하는 경향을 보인다.

그렇다면 리더 온보딩 프로그램은 어떠한 내용으로 구성되는가? 앞서 2장의 서두에서 CLOBIB의 보고서를 통해 글로벌 기업들이 리더의 직급 수준, 즉 중간 관리자인지 임원급인지에 따라 개발이 필요한 역량의 우선순위가 상이하다는 점을 확인하였다. 신임 리더 온보딩 프로그램의 경우, 일반적으로 리더가 초기 단계에서 가장 많이 직면하는 고민과 불안감을 해소하고, 시급히 개발해야 할 몇 가지 핵심 능력으로 구성된다. 팀 리더와 같은 중간 관리자급의 경우, 대다수의 리더십 개발 컨설턴트, 관련 업체, 그리고 조직의 인사 부서에서 공통적으로 언급하는 세 가지 핵심 과제는 성과 관리, 조직 관리, 그리고 커뮤니케이션 역량이다.

신임 리더가 직면하는 첫 번째 과제는 성과 관리이다. 성과 목표 설정과 평가는 인사 분야에서 꾸준히 연구되고 있으며 상당한 파급력을 가진 만큼, 리더들은 많은 고민을 하게 된다. 문제는 높은 성과를 통해 인정받아 승진한 경우가 대부분인 신임리더들이, 정작 스스로가 성과를 관리하는 입장이 아닌 관리받는 입장에 익숙하기 때문에, 구성원들의 성과를 어떻게 관리하고, 공정한 평가를 어떻게 해야 할지에 대한 부담을 크게 가진다는 것이다.

두 번째 과제는 조직 관리이다. 리더들은 리더로 승진하기 전까지 개인 기여자

(Individual Contributor)로서 탁월한 성과를 인정받아 왔다. 즉, 해당 팀 내에서 가장 뛰어난 업무 수행 능력과 긍정적인 태도를 지닌 인재로 평가받았다는 의미이다. 이는 역설적으로 자신이 직접 관리해야 할 구성원들 중 자신보다 낮은 역량 수준을 보이는 이들과 함께 업무를 수행해야 하는 상황에 직면함을 의미한다. 다양한 역량을 가진 조직 구성원들을 어떻게 효과적으로 조직하고 통합하여 성과를 창출할 것인가 문제에 직면한다. 리더는 구성원에 대한 심층적인 이해를 바탕으로 구성원들 간의 역학 관계를 파악하고 조직 차원의 효과적이고 효율적인 업무 배분을 필요로 한다.

성과 관리와 조직 관리는 신임 리더 훈련 프로그램의 핵심 내용이다. 성공적인 성과 관리와 조직 관리를 위해서는 상사 및 부하 직원을 포함하는 모든 조직 구성원들과의 원활하고 진정성 있는 커뮤니케이션이 필수적이다. 따라서 신임 리더에게 필수적으로 요구되는 세 번째 역량은 바로 커뮤니케이션, 즉 소프트 스킬(Soft Skills)이다.

즉, 개별 구성원과의 관계를 어떻게 구축할 것인가, 나아가 팀을 어떻게 구성하고 조직화할 것인가, 그리고 이러한 조직 관리를 통해 궁극적인 목표인 성과를 달성하기 위해 무엇을 해야 하는가가 신임 리더에게 부여된 최대 과제이다. 이는 리더에게 소비자에서 생산자로, 학생에서 선생으로, 자녀에서 부모로의 전환에 비견될 만한 관점의 극적인 전환을 요구한다. 따라서 대부분의 중간 관리자급 신임 리더 양성 과정은 성과 관리, 조직 관리, 커뮤니케이션을 필수적으로 포함하고 있으며, 초기 90일 안에 최대한 빠르게 손익분기점을 넘도록 하는 것이 리더 개발의 첫 번째 단계이다.

임원급 리더 개발은 이와는 차이가 있다. 임원 온보딩은 소프트 스킬보다는 통찰력 및 비즈니스 전략 등 보다 고차원적인 역량(high-order competencies)에 초점을 맞춘다. 임원들은 이미 리더 포지션에 어느 정도 적응된 상태이며, '리더로서의 나'라는 정체성 또한 확립되어 있다. 조직 내에서 리더로서의 능력을 이미 입증해 왔기 때문에 성과 관리나 조직 관리(물론 규모의 차이는 존재하지만)는 상당한 수준으로 수행하고 있는 경우가 많다.

그러나 임원이 되면 담당 조직의 규모가 확대되고 구성원의 수가 증가하며, 관리해야 할 사업 영역 또한 확장된다. 따라서 이들은 조직의 방향성을 전환할 수 있는 전략 및 비전 제시를 위한 통찰력 함양, 그리고 대규모 조직과 사업을 효과적으로 관리하기 위해 하위 리더들에게 적절한 권한 위임(임파워먼트, empowerment)을 수행하는 방법을 학습한다.

임원 교육은 여러 가지 측면에서 어려움이 있다. 앞서 언급했듯이, 임원들의 일정 조율부터 막대한 기회비용, 그리고 대규모 인원이 모이는 만큼 임원 수준에 맞는 숙식과 교통 등 교육 외적인 환경 준비에 비용이 발생한다. 임원 교육을 어렵게 하는 또 다른 요인은 이들이 성공적인 경력을 쌓아왔다는 점이다. 조직 내에서 승승장구하며 역량을 인정받아 온 만큼, 스스로의 능력과 판단에 상당한 자신감을 가지고 있어, 일반적인 수준의 교육으로는 근본적인 변화를 이끌어 내기 어렵다.

임원들이 조직의 핵심 인재라는 특성상, 임원 온보딩 프로그램은 외부 접근이 어려운 경우가 많아 벤치마킹 또한 용이하지 않다. 결과적으로 동서양을 막론하고 임원 온보딩 프로그램의 개발과 운영을 담당하는 인재개발팀 직원들이 많은 어려움을 겪는 경우가 빈번하다. 임원 온보딩 프로그램의 한 사례를 소개한다. 몇 년 전 국내 재계 5위권 대기업의 한 계열사 임원 온보딩 교육에서는 도자기 명인을 연사로 초빙한 바 있다. 명인은 수개월에 걸쳐 제작한 도자기를 임원들 앞에 제시하며, 그 도자기를 제작했던 지난한 과정과 그 속에서 얻은 깨달음 등에 대해 설명하였다. 그리고 강의 말미에 명인은 갑자기 망치로 도자기를 깨뜨렸다. 놀라움을 금치 못하는 참석자들에게 명인은 "여러분은 바로 이 도자기와 같습니다. 여기까지 오기 위해 얼마나 많은 고난을 겪었으며, 뜨거운 불을 견뎌내어 이처럼 멋진 도자기가 되었습니까? 하지만 이제는 스스로 이 도자기를 깨뜨려야 합니다. 오늘은 과거의 자신을 깨는 시간입니다"라는 강력한 메시지를 전달하였다. 이처럼 조직은 일종의 충격 요법(shock therapy)을 통해 임원들이 새로운 시각과 사고방식을 갖도록 지원한다. 이러한 충격 요법은 매우 의미심장하며, 다음 파트에서 논의할 내용과도 밀접한 관련이 있다.

많은 기업들은 새롭게 팀장 또는 임원이 된 리더들을 위해 다양하고 차별화된 방식으로 역량 개발을 지원하고 있다. 그럼에도 2장에서 밝힌 바와 같이, 많은 경영자들이 조직의 리더십 개발이 효과적이지 않다고 인식하고 있다. 신임 리더로 임명된 중간 관리자부터 조직의 최고위층 임원에 이르기까지 막대한 자원이 투입되고 있음에도, 이러한 비용-효과성의 역비례 관계는 어째서 발생하는 것일까? 본장에서 보다 심층적인 논의를 다루고자 한다. 이를 위해 먼저, 하위 리더부터 최상위 리더에 이르기까지의 성장 경로를 나타내는 리더십 파이프라인(Leadership Pipeline) 개념에 대한 이해가 필요하다.

2) 리더십 파이프라인

조직 내 리더는 어떠한 단계를 거쳐 상위 리더로 성장하게 되는가? 일반적으로 조직 내 승진은 '기업의 사다리(Corporate Ladder)를 오르는 것'으로 비유되곤 한다. 그러나 이러한 관점에는 두 가지의 오류가 내재되어 있다. 첫째, 리더로서의 발전을 단순히 수직적 이동으로만 간주하는 것이다. 둘째, 특히 국내 조직의 맥락에서 두드러지게 관찰되는 문제로서, 리더십 수준과 직급 수준을 동일시하는 경향이 있다는 점이다.

리더의 성장과 개발에 대한 이러한 오류를 바로잡기 위해서는 먼저 리더십 파이프라인으로 알려진 리더의 성장 경로에 대한 이해가 필요하다. 리더십 파이프라인은 인재개발과 경영 혁신으로 유명한 제네럴 일렉트릭(General Electric, GE)사에서 처음 고안되었다. 1970년 당시, GE에서 비즈니스 분석 업무를 담당하던 월터 말러(Walter Mahler)는 매우 성공적인 임원과 리더 1,200명을 면밀히 관찰한 결과, 이들의 경력 경로에서 공통적인 구조적 특성을 발견하게 되었다. 이는 GE의 리더십 개발 시스템에 즉시 적용되었으며, 이후 말러의 아이디어는 저명한 경영 컨설턴트인 램 차란(Ram Charan), 스티븐 드로터(Stephen Drotter), 그리고 제임스 노엘(James Noel)에 의해 더욱 발전되어 2000년에 『리더십 파이프라인(The Leadership Pipeline)』으로 출간되어 전 세계에 소개되었다. 이후 '리더십 파이프라인' 개념은 전 세계적으로 확산되어 오늘날 거의 모든 기업에서 차용될 정도로 보편화되었다.

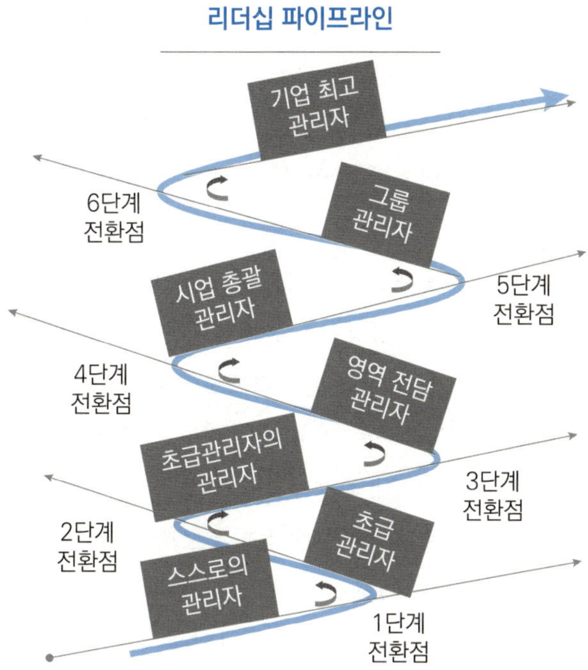

그림 3-4 리더십 파이프라인

리더십 파이프는 그림 3-4처럼 조직 내에서 리더들이 성장하는 가운데 겪게 되는 리더십의 핵심 경로를 나타낸다. 즉, 조직에서 사원(스스로의 관리자) 부터 경영진(최고 관리자)까지에 이르는 경력 경로를 나타내고 있다. 일반적으로 사람들은 경력을 쌓아 가며 조직의 수직적 사다리를 올라간다고 생각한다. 물론 틀린 비유는 아니다. 그러나 그러한 수직적 시각으로는 리더십 개발의 측면에서 중요한 요소를 간과하게 된다. 바로 '리더십 전환점(Turning Point)'의 존재이다.

램 차란과 공저자들은 조직의 견고한 리더십 기반을 구축하기 위해서는 무엇보다 대부분의 조직 내에 존재하는 위계(hierarchy)에 대한 이해가 선행되어야 함을 강조한다. 나아가 이러한 위계가 기술적(technical)이라기보다는 관리적(managerial) 계층에 대한 것임을 명확히 하고 있다. 조직 내에서 개인은 리더로서 성장하는 과정에서 일반적으로 여섯 단계의 전환을 거치게 된다. 통상 리더가 되기 전 단계의 개인은 스스로를 관리하거나 개인 기여자(Individual Contributor)로서 부여된 임무에 충실하며, 이후 초급 리더가 되면서 첫 번째 주요 전환점을 경험하게 된다. 그 후에는 리더들을 이끄는 리더의 단계를 거쳐 비즈니스 전반에 대한 이해를 기반으로 하는 사업 총괄, 궁극적으로는 최고 경영진에 이르는 과정을 겪는다.

리더십 파이프라인의 각 단계에서 리더는 새로운 리더십 역할을 성공적으로 수행하기 위한 새로운 역량, 업무 방식에 영향을 미치는 시간적 범위(Time Frame)의 변화, 그리고 업무의 주안점 및 새로운 가치 체계 차원의 중대한 변화(Major Change)를 겪는다. 다시 말해, 한 단계의 성장이 단순히 직급 승진을 통해 이루어지는 것이 아니라, 다음 단계의 리더십 역할을 성공적으로 수행하기 위해 필요한 역량과 가치 체계의 심층적인 학습을 전제로 한다. 이는 결코 간단한 과정이 아니며, (그림 3-4에서 지그재그 형태로 나타나듯이) 내적 성숙과 외적 행동 변화를 수반한다.

그렇다면 이러한 리더의 전환은 어떻게 효과적으로 이루어질 수 있는가? 이때 필수적인 것이 바로 온보딩 프로그램이다. 즉, 모든 단계의 리더들은 전환점을 경험하게 되며, 이때 조직은 약 90일간 아낌없는 지원을 제공하여 리더들이 성공적인 전환을 이룰 수 있도록 조력해야 한다.

지금까지 리더의 성장과 관련한 두 가지 개념, 리더 램핑 업과 리더십 파이프라인을 통해 리더의 성장 단계와 각 단계에서 요구되는 내용들을 간략히 살펴보았다. 이러한 논의를 통해 리더 개발이 성공적으로 이루어지는 조직과 그렇지 못한 조직 간의 차이점이 명확해진다. 다시 말해, 리더의 초기 90일 전환점에 대한 투자를 소홀히 하거나, 투자는 하되 90일 기간을 효과적으로 활용하지 못하는 조직, 혹은 90일이 경과한 후에도 리더의 성공적인 전환을 이끌어 내지 못하는 조직에서는 리더 개발의 어려움이 발생한다.

램 차란과 그의 동료들은 리더 개발 실패의 전형적인 양상으로 이미 외형적으로는 다음 단계에 진입했음에도, 여전히 이전 단계의 업무 방식과 태도를 고수하는 경우를 언급한다. 놀랍게도 이러한 사례는 여전히 관찰되고 있다. 대표적인 예로는 리더로 승진했음에도 불구하고 실무자 시절의 업무 방식을 고수하여 구성원의 일거수일투족을 지나치게 점검하고 지시하는 마이크로매니지먼트(micromanagement)를 들 수 있다. 이는 능력의 결여라기보다는 이전의 가치 체계와 태도에서 벗어나지 못하여 새로운 역할로의 전환이 성공적으로 이루어지지 못한 결과이다.

초급 리더 혹은 다음 단계 리더십으로 진입한 개인이 가장 크게 경험하는 감정은 무엇인가? 바로 불안(anxiety)이다. 새롭게 리더가 된 이들, 또는 다음 단계의 리더십으로 성공적인 진입을 이룬 이들은 이전과는 상이한 리더로서의 전환을 달성해야 하는 과제를, 이러한 전환은 개인이 기존의 익숙한 방식과 결별하고 동시에 미지의 영역으로 나아가야 함을 의미한다. 한 차원 높은 수준의 리더십을 발휘해야 하는 리더로서의 책임감은 증대되는 반면, 불안감 또한 이에 비례하여 증폭된다.

이러한 맥락에서 온보딩 프로그램은 리더의 불안감을 경감시키기 위해 '리더란 어떠한 역할을 수행하는 존재인가'에 대한 내용을 지속적으로 강조하게 된다. 즉, 과거의 업무 방식에 집착해서는 안 되며, 그렇지 않을 경우 결국 불안감이 증대될 것이라는 점을 주지시킨다. 이는 마치 과제를 기피하여 미루던 학생이 마감 기한이 임박했음에도 쌓여버린 과제에 대한 부담으로 더욱더 미루고, 이러한 행동이 점진적으로 더 큰 불안감을 유발하는 것과 유사하다.

리더들은 탁월한 업무 역량을 지니고 있으며, 방대한 양의 업무 또한 효과적으로 처리하는 방법을 숙지하고 있다. 그러나 문제는 모든 구성원이 리더와 동일한 수준의 역량을 지니고 있지 않다는 점이다. 리더가 되는 순간, 자신이 가장 탁월하게 수행하던 방식과 가장 깊이 있게 이해하던 내용에서 벗어나야 한다. 이전에 성과를 창출하고 칭찬을 받던 방식을 고수할 경우, 오히려 성과를 달성하기 어려울 뿐만 아니라, 칭찬 대신 비난에 직면하기 쉽다. 개인에게 할당된 업무를 성공적으로 수행하여 현재의 직위에 올랐음에도 이제는 다른 구성원들에게 업무를 효과적으로 부여하고 관리해야 하는 역할로 전환된 것이다.

리더의 역할은 보다 조직적인 관점을 요구한다. 이는 조직과 개인을 동일시하는 태도를 의미하며, 궁극적으로는 개인의 성공과 팀의 성공을 동일시하는 관점이다. 그러나 많은 리더들이 바로 이 지점에서 오류를 범하곤 한다. 즉, '팀의 성공이 곧 나의 성공'이라는 명제와 '나의 성공이 곧 팀의 성공'이라는 명제를 명확히 구분하지 못하는 것이다. 팀 성과와 개인 성과를 동일시하는 데는 성공하였으나, 어떤 요소에 우선순위를 두어야 하는지에 대한 판단이 왜곡되었기 때문이다. 업무가 지속적으로 늘어나는 상황에서, 구성원들이 자신보다 역량이 부족하다는 인식으로 인해 구성원의 성장을 인내심을 갖고 기다리거나 적절한 지원을 제공하지 못하게 된다. 결과적으로 많은 리더들이 '내가 잘해야 우리 팀이 잘한다'는 오해에 기반하여 스스로 업무를 처리하다가, 결국 본인이 감당할 수 없는 수준의 업무 부담에 직면하여 번아웃(burnout)을 경험하거나 팀원들과의 관계가 좋지 않게 흘러가기도 한다. 이는 『리더십 파이프라인』의 저자들이 특히 강조하는 문제점이기도 하다.

이러한 전환점을 성공적으로 지나기 위해 온보딩 프로그램에서 역량 개발 외에 또 하나의 핵심적인 내용으로 다루는 것이 바로 '리더의 역할 및 책임(Roles and Responsibilities, R&R)에 대한 재정의', 즉 새로운 업무 방식과 태도의 전환이다. 신임 리더이든 임원이든, 온보딩 프로그램에서는 성과 관리나 조직 관리 역량 개발에 앞서 가장 먼저 R&R, 즉 변화된 역할과 책임을 다루게 된다. 이러한 내용은 주로 '리더란 누구인가?', '무엇을 수행하는 존재인가?', '우리 조직에서 기대하는 리더십은 어떠한 형태인가?'와 같은 것이다. 질문에 대한 토론 및 재정의 과정을 통해 새로운 가치 체계와 역할에 대해 깊이 고찰하고 내재화할 수 있도록 촉진한다.

리더 온보딩 과정에서 다루는 역할과 책임의 전환은 실제 리더 개발의 핵심과 밀접하게 연결되어 있다. 이 장의 초반부에서 서술했듯, 데이나 월리스와 같은 학자들은 리더 개발이 성인으로서의 발달 – 정체성 – 역량의 세 가지 단계로 구성된다고 주장하였다. 결국 리더십의 각 단계에서 성공적인 전환을 이루기 위해서는 필요한 역량(성과 관리, 조직 관리, 커뮤니케이션 등) 개발과 이를 원활히 수행하기 위해 새롭게 요구되는 역할을 정의하고 내재화하는 것, 즉 리더로서의 정체성 구축이 무엇보다 중요하다. 역량이 애플리케이션(application)이라면 정체성은 운영 체제(Operating System, OS)에 해당한다. 만약 특정 업무 수행을 위한 스킬(예컨대 성과 관리)이 필요하다면, 새로운 프로그램을 다운로드하여 설치하듯이 교육과 학습을 통해 해당 역량을 습득할 수 있다. 그러나 그러한 애플리케이션들이 원활하게 작동하기 위해서는 최적화된 운영 체제가 필수적이다. 윈도우 전용 프로그램을 macOS 기반의 맥북에 설치하거나, 최신 윈도우용 프로그램을 이전 버전의 윈도우에 설치하는 경우, 아무리 뛰어난 애플리케이션이라도 최적의 성능을 발휘하기 어렵다. 다시 말해, 리더 개인의 역량이 아무리 뛰어나다 할지라도 리더로서의 정체성이 확립되지 않는다면 진정한 의미의 훌륭한 리더십을 발휘하기 어렵다.

이와 같이, 과거의 자신과 결별하고 새로운 자신을 발견하는 것, 스페셜리스트(specialist)에서 벗어나 제너럴리스트(generalist)로 전환하는 것, 개인 기여자(individual contributor)에서 조직과 자신을 동일시하는 데 이르는 것, 이를 통해 '내가 바로 리더'라는 확고한 정체감을 형성하는 것이야말로 리더 개발의 궁극적인 목표이다.

3) 직급필수 리더십 교육의 덫

지금까지 리더 개발의 목적과 핵심 내용을 간략히 살펴보았다. 앞서 우리는 실제 현장에서 효과적인 리더 개발을 저해하는 요인으로 리더 개발에 대한 수직적 사고와 직급 필수 교육 관행의 두 가지를 언급한 바 있다. 실제로 리더십 파이프라인 개념과 더불어 최신 연구 결과들이 도입됨에 따라 많은 기업들이 수직적 사고의 오류와 정체성의 중요성에 대해 인식하게 되었고, 이를 자사의 리더십 개발 프로그램에 적극적으로 반영하고 있다. 여기에서는 특히 국내 경영 환경에서 리더십 개발의 효과성을 저해하는 구조적인 요인, 즉 직급 필수 교육에 대해 논하고자 한다.

대한민국은 세계적으로 인재개발에 가장 적극적인 투자를 하는 국가 중 하나이다. 세계 최대 규모의 인재개발 컨퍼런스인 ATD(Association for Talent Development)에 참가하는 국가들 중 항상 참가자 수 1~2위를 다투며, 메타버스나 인공지능 등 최신 기술을 적극적으로 활용할 정도로 유행에 민감하다. 다양한 인재개발 기법과 베스트 프랙티스(best practices)를 다른 국가보다 신속하게 도입하고 소화하는 특징을 보인다.

그러나 유행에 맹목적으로 천착하는 이러한 경향은 종종 성급하고 미숙한 도입으로 자원 낭비와 실패의 누적이라는 결과로 귀결되곤 한다. 대부분의 경우, 유명 기업의 성공 사례가 지닌 후광 효과에 매몰되어 해당 경영 기법의 근간이 되는 문화적·사회구조적 차이를 숙고하지 않은 채 성급하게 도입하는 경향이 있다. 그 결과 해당 기법이 조직 내에 안정적으로 정착할 시간을 주지 않고, 다음 해가 되면 다시금 새로운 유행을 좇아 해외 컨퍼런스나 유명 기업 사례집을 탐색한다. 이러한 벤치마킹 과잉 현상 속에서도 생존하는 몇몇 관행들이 존재한다. 그러나 문제는 이러한 관행들조차 한국의 특수한 구조적 맥락과 결합하여 예상치 못한 결과를 초래한다는 점이다. 그 대표적인 예가 바로 직급 필수 교육과 리더십 개발의 결합이다.

모든 조직에는 직급, 즉 사원부터 최고경영자(CEO)에 이르는 위계(hierarchy)가 존재한다(재차 강조하건대, 기업의 사다리 개념과 리더십 파이프라인을 혼동해서는 안 된다). 기본적으로 각 직급(rank)은 그에 상응하는 직무(job)와 연계되어 있으며, 모든 직무는 고유의 역할과 책임(R&R)으로 구성된다. 따라서 직급의 변화는 일반적으로 직무의 변화로 이어진다. 예컨대, 프로그래머의 경우 하위 직급에서는 특정 기능 구현을 위해 직접 프로그래밍을 수행하지만, 상위 직급의 프로그래머는 직접적인 코딩보다는 하위 프로그래머의 작업물에 대한 검토와 프로젝트 전체 진행 과정의 조율 등을 담당하는 방식으로 변화한다.

리더십 또한 이러한 현상에서 예외는 아니다. 앞서 논의된 리더십 파이프라인의 관점에서 각 리더는 해당 수준에 부합하는 역할과 책임을 지닌다. 그러나 한국 고유의 문화적 특성과 서구식 경영 기법의 결합으로 인해 예기치 못한 문제점이 발생하고 있다. 2020년에 들어서 수평적인 조직문화의 장점 및 구성원들의 요구에 따라 일부 기업에서는 직급을 폐지하고 있다. 하지만 여전히 대다수의 조직은 전통적인 직급 체계(일반적으로 사원 – 대리 – 과장 – 차장 – 부장)를 유지하고 있다. 핵심 문제는 이러한 직급이 실제 직무와 연동되지 않는 경우가 빈번하다는 점이다. 예컨대 '과장'의 경우, 본래는 '인사과'와 같이 특정 업무 단위인 과(課)의 장(長)을 맡은 사람으로서, 리더의 직책이며, 일반적으로 영어권의 매니저(manager) 직급과 동일한 직급으로 간주되었다. 그러나 1990년대부터 국내 기업들이 팀(team)제를 적극적으로 도입하고 조직을 개편하면서 이러한 전통적인 직급의 실질적인 의미는 유명무실해졌다. 즉, 팀 내의 위계는 팀장과 팀원으로 단순화되었다. 하지만 조직 관리에 필요한 임금 체계, 보상 수준 및 승진 등 인사 관리의 필요성으로 인해 직급은 여전히 중요한 요소로 기능하였고, 그 결과 팀장과 팀원이라는 공식적인 위계 사이에 기존의 직급 체계가 공존하는 기형적인 형태가 고착화되었다. 여기에 동양 특유의 연장자 우대 문화까지 결합되면서, 공식적으로는 업무 지휘 권한이 부재한 '과장'이나 '차장'이 '대리'나 '사원'에게 업무를 지시하는 행태가 빈번하게 목격되고 있다.

이러한 상황에서 시행되는 직급 필수 교육은 조직 구성원들이 리더십에 대한 뿌리 깊은 오개념을 형성하는 데 결정적인 역할을 수행하게 된다. 다시 말해, 실제 직무와 직접적으로 연관되지 않는 '사원', '과장', '부장'과 같은 직급을 대상으로 하는 직급 필수 교육이 존재하며, 특히 승진 예정자 혹은 승진자를 대상으로 하는 직급 필수 교육은 핵심 가치와 리더십에 관한 내용으로 구성되는 경우가 많다. 예컨대, 변형된 형태의 리더십 파이프라인 개념을 주된 내용으로 삼아, '사원'에게는 셀프 리더십, '대리' 진급 교육에서는 대리로서의 리더십, '과장' 승진 시에는 과장으로서의 리더십, '차장' 진급 시에는 차장으로서의 리더십 등을 지속적으로 교육하는 방식이다.

직급 필수 리더십 교육의 기본적인 가정은 각 직급에 맞는 리더십을 발휘해야 한다는 것이다. 그러나 이는 리더십과 리더십 개발의 중요한 전제, 즉 2장에서 다루었던 리더십 개발의 정의(리더십은 리더와 팔로워의 상호작용에 의한 목표 달성 과정)를 위배하게 된다. 왜 그럴까? 앞서 언급했듯이, 전통적인 직급은 현재 임금 체계와 인사 관리를 위한 체계일 뿐, 이들 직급이 실질적인 리더 직책을 표방하지 않기 때문이다.

'대리'나 '차장'으로 승진했다고 해서 곧바로 리더의 역할을 맡는 것은 아니다. 이들은 여전히 팔로워의 위치에 머무는 경우가 많다. 단지 진급을 통해 상위 수준의 팔로워가 되었을 뿐이므로, 팀장이 되지 않는 한 리딩을 할 기회가 없다. '직급 필수'라는 명분하에 리더십 이론과 실제 활용할 일이 없음에도 필요하다고 정해진 역량 등을 계속해서 배우게 된다. 이러한 관행은 리더십 개발을 구태의연한 의식(ritual)으로 전락시키고, 리더십을 단순히 해당 직급에 맞는 행동 양식으로만 인식하게 만드는 결과를 초래한다.

이러다 보니, 결과적으로 리더의 정체성이 형성될 리 만무하다. 리더로서의 정체성은 자신과 조직이 자신을 바라보는 관점의 일치에서 비롯되는데, 이 상황은 자신도 조직도 리더로 인식하지 않는다. 그저 영양제를 섭취하듯 리더십 역량을 습득하는 것에 불과하다. 그러다 진짜 리더, 즉 팀장이 되는 순간 당혹감을 경험하게 된다. 지금까지 배운 내용은 크게 달라지지 않지만, 역할이 급변하기 때문이다.

이는 미국처럼 조직이 팀장과 팀원으로 단순하게 구성되어 있고 50대 중반의 남성과 20대 초반의 여성이 서로를 이름으로 부르며 각자의 역할을 평등하게 수행하는 곳에서 형성된 경영 기법이, 한 살만 많아도 '형님, 동생' 하는 한국의 위계적인 맥락에 부합하지 않아 발생하는 문제이다. 다시 말해, 리더 개발 및 리더십 개발의 대상은 잠재적 리더나 현재 리더인 사람들을 중심으로 이루어져야 하는데, 직급 필수 교육은 대상 선정 단계부터 혼란을 야기하고 있는 것이다. 이러한 직급 상승과 리더십 역할 간의 불일치는 진정한 리더십 개발을 위해 장기적인 관점에서 반드시 해결해야 할 부분이다.

4) 70-20-10: 성공적 리더의 학습에 대한 환상

'학습의 70-20-10 모형(The 70-20-10 Model for Learning and Development)'을 들어본 적 있는가? 이는 인재개발 전문 기관이나 수많은 서적 및 강연에서 최근 빈번하게 언급되는 내용이다. 이 모형은 개인은 직무 관련 경험을 통해 지식의 70%를 습득하고, 동료들과의 발전적인 관계(Developmental Relationship)를 통해 20%를 얻으며, 오직 10%의 지식만이 정규 교육이나 기업이 제공하는 형식적인(formal) 훈련 프로그램을 통해 습득된다는 것이다. 이는 곧 개인의 성장과 전문성 향상을 위해서는 실무 경험, 특히 도전적인(challenging) 경험을 통해 직무 관련 지식과 기술을 습득하고, 실패에 대한 성찰과 문제 해결, 의사결정 과정을 통해 업무 맥락과 밀접한 내용을 학습하고 적용하는 것이 중요하다는 점을 시사한다. 또한 개인은 협업, 동료와의 토론 등의 발전적인 관계 속 상호작용 활동을 통해 학습하며, 무엇보다 동료나 상사로부터의 피드백이 중요한 학습의 원천임을 강조한다. 이 모형에 따르면 전문성 개발의 단 10%만이 공식적이고 전통적인 방식의 교육 훈련을 통해 이루어진다. 이는 많은 강사, 컨설턴트, 작가들에 의해 재생산되며 조직의 훈련 프로그램이 비효과적이라는 비판과 더불어 일터에서의 경험 학습(Experiential Learning) 혹은 무형식 학습(Informal Learning)을 지지하는 주요 근거로 활용되고 있다.

그러나 70-20-10 모형은 1988년, 미국 노스캐롤라이나주의 그린즈버러(Greensboro)에 위치한 세계적인 리더십 비영리 기관인 '창의적 리더십 센터(Center for Creative Leadership)'의 모건 맥콜(Morgan McCall), 마이클 롬바르도(Michael M.

Lombardo), 그리고 로버트 에이칭거(Robert W. Eichinger)에 의해 처음 소개되었다. 이들은 성공적인 관리자 191명을 대상으로 성공적인 리더가 되는 데 도움을 주었던 학습 활동에 대해 질문하였고, 이후 이들의 답변을 세 가지 범주로 정리하였다. 이것이 바로 70-20-10 모형의 원형이며, 본 명칭은 '리더십 개발을 위한 70-20-10 규칙(The 70-20-10 Rule for Leadership Development)'이다.

이 규칙에는, 다행스럽게도(!), 몇 가지 중요한 오류가 있어 해석에 각별한 주의가 요구된다. 먼저, '70:20:10 모형'은 모형, 즉 과학적이고 체계적인 방식을 통해 개발된 이론이 아니기에 그 타당성과 신뢰도가 검증되지 않았으며 여러 전문가들에 의해 비판을 받아 왔다. 저자들은 단순히 설문을 통해 리더들에게 학습 방법을 질문했고, 리더들이 '자신들이 돌이켜 생각해 보니 그런 것 같다'는 주관적인 답변을 정리한 것에 불과하다. 이는 여러 학자들에 의해 실증적 증거가 부재한 내용이라는 격렬한 비판을 받았지만, 이러한 비판은 거의 알려지지 않았다. 또한 개인들의 경험이 정확히 10의 배수로 떨어진다는 것이나, 경험을 숫자로 치환하여 양적인 지표로 표현할 수 있는가에 대한 의문부터, 연구 자체가 매우 허술한 질문으로 구성되었다는 점, 그리고 30년 전의 연구가 현재 진화한 인재개발 부서의 역할과 기능을 반영하지 못하고 있다는 등의 많은 비판이 있다.

인간의 경험이라는 것은 매우 다양한 형태로 분류될 수 있다. 가령, 인생의 전환점이 되는 극적인 경험은 그리 많지 않으며, 백분율로 환산할 경우 1%에도 미치지 못할 것이다. 그러나 인간은 단 한 번의 경험만으로도 많은 깨달음을 얻고 성장할 수 있는 존재이며, 그러한 경험이 반드시 업무 현장에서만 발생하는 것은 아니다. 실제로, 어느 날 문득 참가한 반나절 워크숍에서 인생의 전환점을 찾았다는 이야기는 생각보다 자주 회자된다. 또한 많은 업무가 팀원들 간의 협업으로 이루어지는 현대 비즈니스 환경에서 업무를 통한 학습과 동료와의 교류를 통한 학습을 명확하게 구분하는 것은 매우 정교한 연구 설계 없이는 불가능할 것이다.

또 하나 흥미로운 점은 70-20-10의 비율이 어딘가 익숙하다는 것이다. 이는 우리가 일반적으로 직장에서 보내는 시간의 비율과 유사하다. 즉, 현대 직장인의 하루 일과는 대부분 70% 정도는 개인 업무에, 20%는 회의 및 기타 팀 기반 업무에, 그리고 나머지 10% 정도만 자기 개발이나 교육 등에 할애한다고 볼 수 있다. 따라서 누구든지 이러한 답변을 할 확률이 높으며, 이는 역으로 리더로서의 성장과 과학적인 관련성을 가진다고 볼 수 없는 것이다.

인재개발 분야의 연구와 실무에 종사해 오며 인재개발 프로그램의 효과성(effectiveness)이나 투자수익률(Return on Investment, ROI)을 산출하는 것이 필요하며 동시에 힘든 일이라는 것을 잘 아는 전문가들은 성공적인 리더의 성장에 '무려' 10%나 기여한 프로그램이 있다면 당장 찾아가서 비결을 물어보고 싶을 정도이다. 조직은 해당 프로그램을 만들어 낸 구성원에게 두둑한 보너스와 승진을 보장해 주어야 할 것이다. 일반적으로 사람들은 자신의 경험을 더욱 가치로운 것으로 여긴다. 아무리 훌륭한 교육이나 훈련 프로그램을 통해 역량을 키웠다고 하여도, 조직의 최고 엘리트인 임원들이 경험보다 선험(a priori)적인 영역인 교육 및 훈련 프로그램의 영향이 더 크다고 말하기 어려운 것도 사실이다.

경험이 학습과 성장의 중요한 원천이며, 경력의 대부분을 차지한다는 사실은 부정할 수 없다. 그러나 리더의 학습과 성장이 반드시 계량적인 비율로 정해진 방식대로 이루어지는 것은 아니다. 리더십 개발 분야는 아직 70–20–10 모형처럼 정확한 수치를 산출할 만한 과학적 기반을 마련하지 못했다. 따라서 리더십 개발 전문가들은 활용 가능한 모든 수단을 적절히 고려해야 한다(리더십 개발 이론은 아직 초기 단계임을 상기할 필요가 있다).

요약하자면, 리더 개발은 리더십 개발의 중추가 되는 리더 개인의 개발 활동을 의미한다. 이는 개인이 성인 발달 단계를 거치며 일생에 걸쳐 경험하고 학습하는 과정이다. 이 과정을 통해 리더가 되고자 하는 개인은 견고한 리더 정체성을 형성하게 되며, 이러한 정체성은 리더로서 경력의 각 단계에서 요구되는 전환을 촉진하는 근본적인 동력으로 작용한다. 이를 바탕으로 리더는 발휘해야 할 역량을 지속적으로 개발하고 실행할 수 있다.

따라서 리더 개발은 단순한 사회화 과정이나 단기 프로그램 위주의 역량 개발에 그쳐서는 안 되며, 리더 정체성 형성에 초점을 두어야 한다. 또한 이러한 리더 역량 개발은 경험과 학습, 훈련 등의 활동들이 체계적이고 과학적인 기반 위에 조화를 이루어 실시되어야 함을 간과해서는 안 될 것이다. 이후에는 리더의 역량 개발, 정체성 형성, 그리고 삶과 경험에 대해 좀 더 자세히 탐구해 보도록 하자.

참고문헌

1. Clardy, A. (2018). 70-20-10 and the dominance of informal learning: A fact in search of evidence. *Human Resource Development Review, 17*(2), 153-178.
2. Jefferson, A. & Pollock, R (2014). 70:20:10: Where Is the Evidence?". Association for Talent Development. Retrieved. 17 July 2023.
3. Wallace, D. M., Torres, E. M., & Zaccaro, S. J. (2021). Just what do we think we are doing? Learning outcomes of leader and leadership development. *The Leadership Quarterly, 32*(5), 101494.
4. Watkins, M. D. (2013). *The first 90 days: Proven strategies for getting up to speed faster and smarter, updated and expanded.* Harvard Business Review Press.

CHAPTER

04

리더 개발의 방법 I. 훈련

1. 리더 개발의 세 가지 접근법
2. 리더 훈련(Leader Training)

CHAPTER 04

리더 개발의 방법 I. 훈련

3장에서는 리더 개발의 내용과 목적, 그리고 이와 관련하여 고려해야 할 사항 및 해결해야 할 쟁점들을 살펴보았다. 지금부터는 리더 개발의 구체적인 방법론에 대해 논의한다.

본격적인 내용에 앞서, 개념적 혼란을 최소화하기 위해 인재개발 실무자들이 사용하는 교육, 훈련, 학습 등의 용어를 명확히 정리할 필요가 있다. 이들 용어는 학술적 정의에 따라 엄밀히 구분된다. 먼저 교육(education)은 유치원부터 대학에 이르는 공식적인 국가 주도 혹은 제도적 육성 체제를 지칭한다. 교육의 목적은 국가 사회의 발전과 안녕을 유지하기 위해 후속 세대에 지식과 사회적 가치를 전달하는 데 있다. 반면 훈련(training)은 단기간에 이루어지는 체계적인 활동으로 가치중립적이며, 보통 특정한 일을 수행하기 위한 명확한 목적하에 매우 구체적인 지식이나 기술을 습득하는 활동이다. 예컨대, 기업에서 이루어지는 리더 온보딩 과정은 원칙적으로는 '리더 교육'보다는 '리더 훈련'의 대표적인 예로 볼 수 있다. 마지막으로 학습(learning)은 개인의 직접적 활동과 관찰을 포함한 다양한 경험을 기반으로 발생하는 자연스러운 과정이며, 장기적이고 영구적인 변화를 수반한다.

그러나 훈련 활동은 국내 인재개발 부서의 업무 중 가장 큰 비중을 차지함에도, 군대와 같은 특수 기관을 제외하면 대부분 '교육 훈련' 혹은 '기업 교육' 등 '교육'이라는 표현을 훨씬 빈번하게 사용한다. 대부분의 인재개발부서가 '교육팀'으로 명명된 경우가 많다(아이러니하게도 학술적인 정의로 보면 교육팀은 교육을 하지 않고 있는 것이 된다). 또한 학습과 밀접한 관련이 있는 개발 활동들 역시 실무에서는 특정한 용어로 명확히 구분되어 표현되지 않는 경향이 있다. 코칭이나 액션러닝과 같은 개발 활동조차 '코칭 과정'이라는 명칭으로 전체 기업의 인재 육성 체계 또는 교육 체계 안에 포함되는 경우가 빈번하다.

이처럼 실무에서는 용어가 다소 변형된 방식으로 사용되고 있으나, 본서에서는 보다 정확한 개념과 본연의 의미를 전달하기 위해 교육과 훈련이라는 용어를 구분하여 사용하고자 한다. 따라서 본서를 읽는 독자들 중 인재개발 분야 종사자는 이러한 맥락을 감안하여 내용을 이해하기를 권고한다.

1 리더 개발의 세 가지 접근법

앞서 리더 개발의 3단계로 발달 단계에 따른 학습과 경험, 정체성, 그리고 역량을 제시하였다. 그렇다면 조직은 리더의 역량 개발, 가치 체계의 변화, 그리고 정체성 형성을 달성하기 위해 어떠한 접근법을 취해야 하는가?

리더십 전문가인 유클과 데이 등은 리더의 역량이나 마인드 변화를 촉진하기 위해 조직에서 활용하는 방법을 크게 세 가지로 제시한다. 이는 조직이 공식적으로 제공하는 훈련(training) 및 개발 활동(Developmental activities), 그리고 리더가 개별적으로 수행하는 자기 개발 활동(Self-managed activities)이다. 훈련과 개발 프로그램은 대부분 정해진 기간 동안 진행되며, 일반적으로 기업의 인재개발 실무자 혹은 외부 컨설턴트나 강사 등 전문가에 의해 운영된다. 훈련의 경우, 보통 대상자인 리더의 직무 환경과 떨어진 곳, 예를 들어 기업 연수원에서 진행되는 워크숍이나 외부 대학에 위탁하는 MBA 과정 등을 포함한다. 반면, 개발 활동은 일반적으로 직무 과제에 포함되거나 해당 과제와 함께 수행된다. 이는 리더의 상사나 외부 컨설턴트의 코칭, 조직 내 상위 직급자의 멘토링, 새로운 도전과 관련 기술을 배울 기회를 제공하는 특별 프로젝트 등 다양한 형태로 이루어진다.

리더 개인이 주도적으로 수행하는 자기 개발 활동에는 독서, 시청각 자료를 활용한 자기 주도 학습, 개인 자격으로 참여하는 외부 세미나, 그리고 개인적으로 계약한 코칭 세션 등이 포함된다. 전문가들은 특히 이러한 리더의 자기 개발 경험이 단순히 직무 관련 역량을 넘어 다른 영역으로 확장될 수 있음을 지적한다. 예를 들어, 코칭 세션을 통해 스스로에 대한 더 깊은 성찰을 하게 되고, 이러한 과정을 거쳐 더 나은 리더, 부모, 친구, 혹은 시민이 될 수 있다는 것이다.

지금까지 리더(십) 개발의 목적과 내용이 대상, 즉 중간관리자급 리더와 고위 임원급 리더에 따라 달라짐을 확인하였다. 훈련, 개발 활동, 그리고 자기 개발이라는 세 가지 활동의 비중 역시 리더의 조직 내 성장 단계에 따라 변화한다.

가장 하위 직급일 경우, 당연하게도 훈련의 비중이 가장 높다. 그동안 국내 기업은 인재 채용 시 '미래를 위한 잠재력'을 보고 선발하는 경향이 컸다. 그래서 외국 기업처럼 특정 인재를 선별적으로 영입하기보다는 공채와 같은 대규모 채용을 통해 많은 인원을 선발하고 이들을 미래의 리더로 육성하는 방식을 택해 왔다. 이 때문에 처음 입사한 신입 사원은 직무 역량 개발을 위한 지식과 기술, 그리고 원활한 조직 적응을 위한 사회화 과정의 일환으로 회사 연혁, 사업 분야, 조직도 등 많은 내용을 의무적으로 학습하는 경우가 대다수다. 이렇듯 조직에 적응하고 성과를 내기 위해 초기에 훈련을 받는 관행은 수시 채용과 이른바 '경력직 신입'을 선호하는 최근의 채용 흐름에서도 어느 정도 유지되고 있다. 이후 개인이 한 사람 몫을 해내며 본격적인 성과를 내기 시작하면, 이때부터 업무의 양이 증가할 뿐만 아니라, 단순히 부여받은 일만 수행하기보다는 예측 불가능한 경영 환경에서 미래를 준비하기 위한 역량을 갖추어야 한다. 따라서 미리 정해진 내용을 배우는 훈련보다는, 실제 업무 맥락에서 정해진 답이 없는 문제를 스스로 해결하며 학습하는 개발 활동의 비중이 커진다. 어느 정도 시간이 지나 경험과 역량을 갖춘 리더나 임원이 되면, 연수나 개발 활동에 참여할 기회가 더욱 줄어든다. 이 단계에서는 틈틈이 시간을 내어 자기 개발을 수행하게 된다. 국가의 리더인 대통령을 통해 이를 쉽게 이해할 수 있다. 대통령이 공식적인 연수를 받거나 액션러닝 프로그램에 참여하는 것을 본 적 있는가? 매년 언론은 대통령이 여름휴가 기간에 읽는 책을 대대적으로 보도한다. 이는 최고 수준의 리더인 대통령 역시 독서라는 방법으로 자기 개발을 하고 있음을 보여주는 사례다.

이처럼 조직에서는 리더의 성장 경로에 따라 각기 다른 비중으로 훈련, 개발 활동, 그리고 자기 개발의 세 가지 방법이 활용된다. 그러나 본서는 잠재적 독자층을 자기 개발에 관심 있는 리더보다는 리더십 개발을 고민하는 전문가, 즉 리더십 연구자와 실무자로 상정한다. 따라서 우리는 조직 차원에서 활용되는 훈련과 개발 활동에 초점을 맞춰 논의를 전개하고자 한다.

2 리더 훈련(Leader Training)

인적자원 개발 분야의 석학인 리처드 스완슨(Richard A. Swanson)에 따르면, 훈련은 특정한 직무에서 효과적인 성과를 달성하기 위해 개인의 지식, 기술 및 태도(역량)를 변화시키거나 향상시키기 위한 '계획적이고 체계적인 노력(A Planned and Systematic Effort)'이다. 훈련은 불확실한 미래 시점에 필요할지도 모를 능력이 아니라, 현재 시점의 특정 상황에서 개인이 직무를 효과적으로 수행하는 데 필수적인 지식이나 기술에 중점을 둔다. 예를 들어, 응급 훈련의 심폐소생술이나 군대의 사격 훈련처럼, 바로 실행에 옮길 수 있는 매우 구체적인 내용을 배우는 것이다.

리더 훈련 프로그램에서 습득하는 지식이나 기술도 프로그램을 수료하는 즉시 업무에 적용 가능하도록 구성된다. 따라서 훈련의 목적은 학습의 결과를 확인할 수 있도록 **매우 구체적인 행동**(Behavioral objectives)으로 기술되며, 이는 곧 평가항목과도 밀접하게 연관된다. 대부분의 훈련 프로그램은 시작 전에 이미 어떤 내용으로 어떻게 평가받을 것이며 성공적인 학습의 결과가 어떤 기준을 충족해야 하는지 명확히 정리되어 있다. 이러한 특성들로 인해 리더 훈련 프로그램은 일반적으로 최고 경영진보다는 중간관리자급을 대상으로 설계되며, 상위 직급으로의 승진 준비에 필요한 기술보다는 현재 직책에 있는 관리자에게 필요한 기술에 더 중점을 둔다.

리더 훈련의 방식은 크게 세 가지로 분류된다. 첫째, 일상 업무와 일터에서 벗어나 기업의 인재개발원 등 외부에서 실시되는 연수형 프로그램으로, 종종 실무 현장에서 '집합 교육 훈련'으로 불리는 '직무 현장 외 훈련(Off-the-job training)'이다. 둘째, 직장에서 업무를 수행하는 가운데 별도로 시간과 자원을 할애하여 이루어지는 '직무 현장 훈련(On-the-Job Training, OJT)' 방식이다. 셋째, 컴퓨터와 인터넷 등의 기술을 활용한 비대면(online or virtual training) 프로그램 등이다.

리더 훈련 프로그램의 기간은 개발 활동에 비해 상대적으로 단기로 진행된다. 신임 리더 온보딩 프로그램의 경우, 일반적으로 약 일주일 정도의 기간이 할애된다. 그러나 개발 대상 지식이나 기술의 특성에 따라 단 몇 시간 동안 특정 기술 습득에 초점을 맞춘 짧은 워크숍부터, 1년 이상 지속되며 광범위한 기술을 다루는 프로그램까지 다양하게 존재한다.

1) 리더 훈련 프로그램의 설계를 위한 네 가지 접근법

사회 과학에서 훈련 설계에 관한 가장 발전된 이론적 체계를 구축한 교수 체제 설계(Instructional system design) 분야의 전문가들에 따르면, 리더 훈련의 설계, 즉 리더에게 어떠한 지식, 기술, 태도를 어떤 방법으로 전달하는가에 대한 네 가지 주요 접근법이 존재한다.

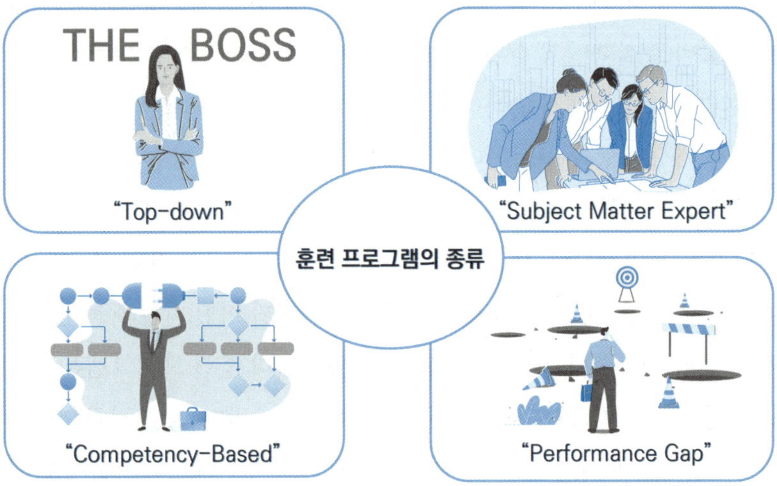

Top-down
→ **하향식 지시(Top-down) 방식**
(상사가 결정하여 교육 내용이 정해짐)

Subject Matter Expert
→ **전문가 중심 방식**
(해당 주제의 전문가가 내용을 선정)

Competency-Based
→ **역량 기반 방식**
(필요한 역량에 따라 교육 내용을 구성)

그림 4-1 훈련 프로그램의 내용을 선정하는 네 가지 접근법

첫 번째는 하향식(Top-down) 방식으로, 회사의 경영진이 원하는 내용으로 프로그램을 구성하는 것이다. 예를 들어, 새로 부임한 CEO의 경영 방침, 신규 사업과 관련된 전략적 방향, 새로운 인사 제도에 대한 내용, 혹은 리더의 일탈 행위 이후 전체적인 경각심 고취 및 재발 방지를 위해 실시되는 윤리 교육 등이 이에 해당한다. 하향식 방식의 장점은 경영진이 원하는 방향으로 진행되므로 인재개발 부서에 전폭적인 지원이 이루어질 수 있다는 점이다. 또한 대부분의 프로그램은 참여가 의무적인 '필수(mandatory) 훈련'으로 운영된다.

리더 훈련 프로그램의 하향식 접근법 중 대표적인 사례는 '핵심 가치(core value) 프로그램'이다. 이 프로그램은 대개 리더로서 조직의 핵심 가치를 내재화하고, 이를 구성원들과 공유하며 선도적으로 실천하기 위한 방안을 숙고하는 워크숍 형태로 진행된다. 핵심 가치는 조직의 정신적·문화적 근간을 이루는 무형의 틀로서, 조직의 DNA라 할 수 있다. 핵심 가치는 다른 어떤 것보다 최우선으로 추구해야 할 가치로서, 리더의 행동과 판단에 원칙과 기준을 제공한다. 많은 조직은 핵심 가치를 통해 공동의 의식 형성을 촉진하여 조직이 하나의 유기체로 기능하도록 노력하며, 이러한 과정에서 리더들이 구심점이 되기를 기대한다.

그러나 하향식 접근법은 명확한 단점 또한 지닌다. 경영진 혹은 의사결정권자에 의해 방향이 설정되기 때문에, 경영진의 의견과 수준에 큰 영향을 받을 수밖에 없다. 이 과정에서 인재개발 담당자의 전문성과 의견은 소외될 가능성이 크다. 안타깝게도, 많은 시간과 비용을 들여 도출해낸 핵심 가치가 새로운 최고경영자(CEO)의 부임과 함께 사실상 무효화되고, 새로운 리더가 원하는 방향으로 재설정되는 경우도 빈번하다.

리더들이 조직의 핵심 가치를 공유하고 실천하기 위해서는 핵심 가치에 대한 명확한 이해와 공감이 선행되어야 하며, 이를 위해서는 상위 리더와 하위 리더 간 긴밀한 소통 체제의 구축이 우선이다. 그러나 경영진에 의해 일방적으로 방향이 정해진 뒤 통보되는 핵심 가치는 조직 공통의 가치가 아닌, 일부 경영진이 원하는 가치로 전도될 위험성이 항상 존재한다.

또 하나 고려할 점은 기업들의 핵심 가치가 사실상 대동소이하다는 것이다. 많은 기업이 고유의 핵심 가치를 추구한다고 주장하지만, 실제로는 어휘만 다를 뿐 인재, 고객, 혁신과 창의, 시장 선도, 윤리 경영 등의 내용으로 구성되어 있는 경우가 많다(국내 주요 대기업 홈페이지에 게시된 핵심 가치를 직접 확인해 보라). 이는 개성보다는 총체적(holistic)이며 균형 잡힌 발전을 선호하는 동양적 사고와 관련이 깊다. 이로 인해 핵심 가치가 다른 조직과의 차별화된 고유한 가치 역할을 하지 못하고, 단순히 기업 이미지를 홍보하는 수단으로 전락하는 경향이 짙다. 안타깝게도 많은 기업이 제시하는 핵심 가치는 사실 핵심 가치라기보다는 그저 '좋은 가치' 혹은 경영에서 마땅히 추구해야 할 **'보편적 가치'**에 불과한 경우가 많다. 따라서 리더 및 인재개발 부서는 문구로만 존재하는 형식적이고 특색 없는 핵심 가치가 아닌, 굳이 언급하지 않더라도 구성원들의 행동에 반영되어 실천될 수 있는 방안을 모색해야 한다.

리더 개발에서 내용 전문가 방식은 조직 외부, 특히 대학의 MBA 과정이나 최고경영자 과정이 대표적이다. 그러나 내용 전문가가 반드시 외부 컨설턴트나 교수일 필요는 없다. 조직 내부의 내용 전문가를 활용하는 방법으로는 데이컴(Developing A CurriculUM, DACUM) 방법이 있다. 이는 직무 분석(Job analysis)의 한 형태로, 특정 직무에서 우수한 수행을 보이는 실무자들로 팀을 구성하여, 이들로 하여금 실제로 수행하는 직무를 정의하고, 해당 직무를 성공적으로 수행하는 데 필요한 지식과 기술 등을 도출한다. 데이컴 접근법은 실무자가 해당 직무에 대해 가장 높은 이해도를 가지고 있어, 숙련된 직원이 직접 직무를 묘사하는 것이 가장 정확하다는 근본적인 가정 위에 실시된다. 교과서에서 제시하는 이론적인 절차나 방법은 종종 실제 맥락에서는 순서가 바뀌거나, 생략 또는 추가되는 등의 변형이 일어나기 때문이다.

그러나 리더 개발 분야에서는 데이컴이 자주 활용되고 있지는 않다. 리더의 업무는 일반 사무직이나 기술직처럼 정해진 프로세스를 따르는 경우가 드물며, 팀의 규모나 업무 분야 등에 따라 리더의 직무 또한 천차만별이어서 단일한 내용을 도출하기가 쉽지 않기 때문이다. 또한 10명 안팎의 리더들을 모아 훈련 내용을 도출하는 워크숍을 실시하는 것도 기회비용을 고려했을 때 효율적이지 않다. 무엇보다, 성공적인 리더의 역량을 도출하는 데는 이후 설명할 역량 기반 접근법과 성과 기반 접근법이 더 효과적이기 때문이기도 하다. 이러한 이유로 내용 전문가 접근법은 외부 컨설턴트나 강사의 특강, 혹은 대학과 연계된 리더 개발 프로그램으로 진행되는 경우가 많다.

세 번째는 역량 기반(Competency-based) 접근법이다. 역량 개념은 하버드 심리학

교수였던 데이비드 맥클레랜드(David C. McClelland)가 1973년 발표한 논문「지능이 아닌 역량을 위한 테스트(Testing for Competence Rather Than for "Intelligence")」를 통해 알려졌다. 20세기에 들어서며 많은 업무가 표준화 및 전문화됨에 따라 언어적·분석적·수학적·논리적 우수함을 상징했던 지능지수(IQ)는 채용 과정(특히 사무직의 경우)에서 중요한 요소로 여겨졌고, 학력과 시험은 평가 요소로 사용되었다. 그러나 기술 발전과 산업 융합으로 업무가 복잡해지면서 이전 직책에서의 경험과 성과가 무의미해지는 경우가 많아졌다. 이에 맥클레랜드는 성공적인 직무 성과나 삶을 예측하기 위해서는 지능과 성격 외에 인간 능력의 다양한 측면을 고려해야 한다고 주장했고, 이후 1980년대 미국에서 일어난 역량 운동(The competency movement)은 이러한 흐름을 가속화했다. 사람들은 직무를 역량으로 세분화하고 이를 기반으로 인재 채용과 육성을 진행했다. 이후 발전과 변화를 거듭한 역량은 탁월한 성과를 내는 구성원(high performer)과 다른 구성원들을 구별 짓는 지식, 기술, 태도 및 특성 등의 총체를 일컫는 개념으로 자리 잡았다.

리더 개발의 경우, 조직의 뛰어난 성과를 이끌어 내는 리더, 리더십 평가에서 매우 높은 점수와 평판을 얻는 리더 등, 상위 1~3%의 성공적인 리더의 역량을 추출한 역량모델을 기반으로 훈련 프로그램을 개발한다. 역량 기반 접근법은 역량모델링 과정에서 조직내 상위 리더들의 특징과 일반적으로 쉽게 관찰할 수 없는 그들만의 노하우 등을 지적 자산화 할 수 있고, 이를 바탕으로 다른 리더들의 수준을 빠르게 끌어올릴 수 있는 장점이 있다.

역량 기반 접근법은 가장 널리 활용되는 방법 중 하나지만, 다음과 같은 몇 가지 고려 사항이 존재한다. 첫째, 역량은 정의하기 매우 어렵다는 것이다. 역량의 많은 부분은 관찰이 불가능하거나 문서화하기 어려운 암묵지(tacit knowledge)인 경우가 많다. '생활의 달인' 이라는 TV쇼를 본적이 있는가? 한 번에 쥐는 밥알의 개수가 정확히 같은 초밥요리사, 손의 감각만으로 온도를 맞추거나 남보다 몇 배는 빠르게 물건을 포장하는 등 거의 초능력에 가까운 재주를 가진 개인들을 소개하는 프로그램이다. 이들의 공통점은 장기간 기술을 연마하다 보니 자신도 모르는 사이에 그러한 경지에 도달한 것이다. 과연 이들의 기술을 문서화하여 전수하는 것이 가능할까? 대부분의 역량 모델은 매우 간결하게 기술되어 있으며, 사실상 훈련 프로그램의 세부 과목을 도출하거나 그러한 의사결정을 타당화하는 도구로 활용되는 수준에 그친다. 둘째, 역량을 정의하더라도, 역량의 수준에 따라 단기간의 훈련 프로그램만으로는 충분하지 않은 경우가 많다. 앞서 언급된 '달인'의 사례를 상기하면 이해하기 쉽다. 셋째, 역량과 성과의 관계가 불분명할 수 있다는 점이다. 고성과 팀의 리더가 반드시 훌륭한 리더십을 가졌다고 단정할 수 있을까? 만약 리더가 업무와 직원들에게 무관심한 방임형 리더이고, 리더가 아닌 '실세' 직원이 팀을 이끌어 성과를 창출했다면 어떠한가? 혹은 리더가 성과에만 집착하여 구성원들을 매우 강하게 압박함으로써 소위 '성과를 쥐어짜낸' 것이었다면? 이러한 경우, 그들이 보인 성과만을 기준으로 역량 모델링의 대상자로 선정하는 것은 오히려 역효과를 초래할 수 있다.

리더 훈련 설계의 마지막 접근법은 성과 기반(Performance-based) 접근법이다. 이는 더 정확하게 말해, '성과 격차(Performance gap)', 즉 바람직하거나 이상적인 상태(to-be)와 현재 상태(as-is) 간의 차이(gap)를 규명하고, 이러한 차이를 해소하기 위한 방안을 모색하는 방식이다.

성과 기반 접근법에 따르면, 직원이 성과를 달성하지 못하는 주된 이유는 흔히 세 가지로 나뉜다. 첫째, 업무 수행에 필요한 지식과 기술, 즉 역량이 부족한 경우이다. 둘째, 역량은 충분하지만 필요한 자원이나 기회가 없어 성과를 내지 못하는 경우이다. 마지막 셋째, 뛰어난 역량과 충분한 조직의 지원이 확보되었음에도, 동기 부여가 되지 않아 업무 의욕이 없는 경우이다. 이러한 역량, 자원과 기회, 그리고 동기 부여의 세 가지 요인 중, 역량 부족이 문제의 원인으로 도출되었을 경우에만 훈련 프로그램이 타당성을 갖는다. 예를 들어, 신임 리더 온보딩 과정에서 언급했듯이, 성과 관리, 조직 관리, 커뮤니케이션은 리더가 함양해야 할 역량이다. 만약 리더가 이러한 역량을 갖추지 못해 팀을 효과적으로 이끌지 못한다면, 필요한 내용을 훈련을 통해 제공하면 된다. 그러나 직급 필수 교육에서 지적한 것처럼, 리더십을 발휘할 대상인 팔로워가 없는 상태, 즉 역량이 있더라도(혹은 없다 하더라도) 역량을 발휘할 기회가 없는 경우, 훈련은 올바른 해결책이 아니다. 이 경우에는 인사제도의 수정, 혹은 팀 전배나 승진을 통해 리더십을 발현할 기회를 제공해야 한다. 마지막으로, 팀의 리더로서 역량은 충분하지만, 과도한 책임과 낮은 권한, 미흡한 인센티브 등으로 리더를 기피하는 현상이 발생한다면, 이 경우에는 리더의 동기부여를 위한 워크숍보다는 리더가 의욕을 가지고 일할 수 있도록 조직 차원에서 지원책을 마련해야 할 것이다.

성과기반 훈련 프로그램의 개발에는 '분석, 설계, 개발, 실행 및 평가(Analysis, Design, Development, Implementation and Evaluation)'의 영문 이니셜을 딴 'ADDIE(흔히 '에디'라 읽는다)' 모형이 표준적인 접근법으로 널리 활용되고 있으며, 대면과 비대면 방식 모두에 적용이 가능하다. ADDIE 모형은 성과 차이를 규명하고 해결안을 모색하는 분석단계가 핵심이라 할 수 있다. 이 단계에서 저성과의 원인이 역량의 부족으로 결론난다면 해당 역량을 향상시키기 위한 내용과 방법으로 프로그램이 설계되며, 이 단계에서 훈련을 통해 달성할 목표와 평가지표 등도 함께 개발된다.

성과 기반 접근법의 가장 큰 장점은 체계적인 분석을 통해 현재 상태를 진단하고 이를 기반으로 효율적이고 효과적인 해결책을 도출할 수 있다는 점이다. 또한 이 접근법은 앞서 설명한 세 가지 방법과 결합하여 폭넓게 활용할 수 있다. 예를 들어, 리더의 핵심 가치 교육 시 현재 리더들의 핵심 가치 이해 및 실천 정도(as-is)와 향후 도달해야 할 수준(to-be)을 정의하여 프로그램을 설계할 수 있다. 또한 리더들의 직무 수행에 대한 현재 상태와 바람직한 수준의 차이를 규정할 때, 내부 핵심 인재 및 리더로 구성된 팀과 외부 전문가를 활용하여 전체 직무 프로세스를 도출할 수도 있다. 더 나아가 조직 내 성공적인 리더들의 특징을 역량 모델링화하여, 리더들이 도달해야 할 바람직한 리더상을 정립하는 것도 가능하다. 실제로 많은 기업은 위에 열거된 네 가지 방법을 적절히 혼합하여 사용하고 있다.

성과 기반 접근법을 활용할 때 가장 크게 주의해야 할 점은 분석 단계에서 니즈(needs)와 원츠(wants), 즉 '필요'와 '바람'을 명확히 구분하지 못하는 경우가 많다는 것이다. 예를 들어, 누군가 "나는 차가 필요하다"고 말할 때, 차로 먼 거리를 이동해야 하지만 걷거나 대중교통 이용이 불가능하고 카풀도 할 수 없어 반드시 본인이 차를 빌리거나 사야 하는 상황일 때만 '필요'에 해당한다. 만약 대안이 있거나 이미 낡았더라도 차가 있는 경우라면, 그것은 '필요'가 아니라 단순한 '바람'에 가깝다. 우리가 흔히 '필요'라고 생각하는 대부분의 경우를 자세히 살펴보면 실제로는 '바람'인 경우가 빈번하다.

이는 전문가들이 자주 지적하는 문제이다. 해결해야 하는 문제인지, 해결 방법이 반드시 훈련이어야 하는지, 혹은 '훈련 만능주의'에 의한 고정관념의 산물인지에 대한 명확한 구분이 필요하다. 예를 들어, 연례 리더십 평가 결과 낮은 등급을 받은 리더들이 있다고 가정해 보자. 인터뷰를 통해 이들 중 일부가 구성원들에게 폭언을 하거나 비인격적인 대우를 한다는 사실이 드러났다. 인재개발 담당자는 이 경우 '윤리적 리더십' 과정이 필요하다고 판단할 수 있다. 그러나 이들의 행동이 과연 윤리 의식의 부재 때문일까? 부하 직원들에게 폭언과 모욕적 행동을 해서는 안 된다는 것을 정말 '몰라서' 발생한 것일까? 성과에 대한 압박으로 불안해진 리더가 초조한 나머지 감정 통제에 실패했을 수도 있다. 혹은 원래 성격이 매우 거칠고 충동적인 성향일 수도 있다. 전자의 경우에는 온보딩 기간 동안 성과 기준을 낮추고 멘토링이나 스트레스 관련 상담을 제공하는 방안을 고려할 수 있다. 후자의 경우에는 해당 리더를 보직에서 물러나게 하는 인사 조치를 취하는 것이 적절할 수도 있다.

그럼에도 많은 인재개발 부서에서는 결국 훈련 프로그램을 해결책으로 채택하는 경우가 빈번하다. 사실 이는 인재개발 실무자의 전문성 부족보다는 조직의 구조적인 문제인 경우가 많다. 즉, 직접적인 수익을 창출하기보다 조직의 비용을 사용하는 인사 부서는 끊임없이 자신들의 존재 가치를 증명해야 한다는 압박감을 느끼므로, 결국 자신들의 생존을 위해 훈련 프로그램의 필요성을 주장하기도 한다.

또한, 문제의 원인이 역량이 아닌 동기 또는 기회 부족으로 도출되었다고 해도, 이를 해결하기 위해 타 부서로 문제를 이관하기란 쉽지 않은 일이다. 타 부서 역시 적은 인원으로 업무를 처리하는 상황에서, 다른 부서에서 갑작스럽게 보고서를 넘겨주며 해결책을 요구하는 것을 달가워하지 않을 것이기 때문이다. 이러한 이유로, 일부 기업은 경영진이 여러 부서로 이루어진 다기능 태스크포스(Multi-functional task force) 팀을 운용하는 방안을 통해 부서 간 사일로(silo) 현상 개선을 도모하는 식으로 문제 해결을 시도하고 있다.

2) 리더 훈련 프로그램의 효과

우리는 이 책의 초반부에서 리더십 개발과 리더 개발을 구분해야 한다고 주장하였다. 리더십 개발과 리더 개발을 구분하였듯이, 당연히 이들의 평가 또한 구분이 되어야 한다. 2장에서 리더십 개발이 리더 개발, 팔로워 개발, 그리고 프로세스 개발을 아우르는 개념이며, 리더십 개발의 결과는 리더십 효과성 측정 지표로 평가함을 살펴보았다. 그렇다면 리더 개발, 그중에서도 리더 훈련은 어떻게 평가해야 하는가?

기업 현장에서 훈련 프로그램의 효과를 평가하는 가장 표준적인 방법은 바로 도널드 커크패트릭(Donald L. Kirkpatrick) 전 위스콘신 대학교수가 제시한 네 가지 평가 방법이다. 리더 개발의 평가 또한 이 방법을 가장 많이 따른다. 흔히 커크패트릭의 평가 방법을 4수준 평가 모형(4-level evaluation model)이라고 부르지만, 커크패트릭은 생전에 직접 자신의 평가 프로그램을 '모형'이라고 부르거나 '수준(level)'이라는 용어로 구분한 적이 없다. 그의 평가 프로그램을 '모형'이라고 부르는 것은 앞서 지적한 '70-20-10 규칙'의 사례와 유사한 오류를 포함한다. 각 수준 간의 상관관계나 인과관계가 명확히 검증되지 않았고, 애초에 이론적으로도 이를 뒷받침하고 있지 않다. 그럼에도 네 가지 수준으로 구분하는 방식은 각 평가별 자원 투입이나 측정 방식의 복잡성을 고려했을 때 잘못된 구분이라 할 수는 없으며, 무엇보다 직관적으로 이해하기 쉽기 때문에 거의 고착화된 표현이다.

커크패트릭(1959)에 따르면 교육 효과를 평가할 때 교육 결과는 반응, 학습, 전이, 결과의 네 가지 기준으로 분류할 수 있다. 먼저, 가장 낮은 수준인 반응(reactions) 평가는 효과성의 태도적 요소를 반영한다. 흔히 만족도 평가로 불리는 반응 평가는 훈련 프로그램에 대한 참여자의 태도와 관련된 항목으로 구성된다. 대부분의 조직에서는 강사의 전문성과 준비도, 강의 시설 및 환경, 학습한 내용의 유용성 및 프로그램 추천 여부를 설문 형식으로 묻는 방식을 채택한다. 만족도 평가는 가장 기초적인 수준의 평가로 인식되어, 기업들은 거의 모든 프로그램 종료 시 반응 평가를 실시한 후, 추가적인 다른 평가들을 진행한다.

반응 평가는 가장 흔하고 쉽게 사용될 수 있는 평가 방식이지만, 그만큼 주의할 점도 많다. 가장 큰 문제는 바로 주객전도 현상이다. 대부분의 리더 개발 프로그램은 사무실을 벗어나 조용하고 경치 좋은 연수원에서 여유롭게 진행되는 경우가 많다. 또한 리더들 간의 네트워킹을 프로그램의 중요 요소로 간주하다 보니, 저녁 식사 후 술을 곁들인 교류의 장을 공식적/비공식적으로 마련하기도 한다. 만족도가 단순히 프로그램의 내용과 강사의 질뿐만 아니라, 환경과 시설, 운영자까지 포함하게 됨에 따라 프로그램 자체보다 음식, 교통편, 음주 여부, 휴식 시간의 길이 등 참여자들의 기분을 좋게 할 만한 요인들에 더욱 많은 신경을 쓰게 된다. 심한 경우, 훈련 프로그램에 소위 '쉬러 다녀온다'는 인식이 팽배한 조직도 있으며, 프로그램 중에도 공공연히 업무를 처리하는 참여자들도 존재한다.

프로그램 담당자인 인재개발팀 직원의 경우, 만족도가 핵심 성과 지표(Key Performance Indicator, KPI)로 설정되어 있는 상황에서 참여자들의 건의 사항이나 오락적 요소를 무시하고 훈련 본연의 목적에만 충실하기는 쉽지 않다. 특히 팀 리더 이상, 임원급 프로그램을 운영할 때는 참여자의 심기를 건드리는 것이 상당한 위험을 초래할 수도 있다. 따라서 프로그램 시작에 앞서, 본연의 목적과 의도를 훼손하지 않도록 관련 규정을 엄격하게 정립해야 한다. 이러한 규정은 조직 차원의 결정 사항임을 명확히 하고, 프로그램 운영 담당자의 권한이나 재량에 따라 좌우될 수 없도록 해야 한다.

만족도 평가에서는 '만족도 인플레이션 현상'이라는 또 다른 이슈가 발생한다. 만족도 평가는 주로 리커트 척도(Likert scale)로 불리는 5점 등간 척도를 사용하여 '매우 그렇다'부터 '매우 그렇지 않다'까지 묻는 방식으로 진행된다. 그렇다면 좋은 평가를 받는 프로그램의 만족도 점수는 보통 몇 점일까? 놀랍게도 5점 만점에 4.8~4.9점 이상을 받는 강좌가 흔하며, 5점 만점이 나오는 경우도 적지 않다. 2장 초반에서 리더십 개발에 대한 신뢰도가 점차 하락하고 있다고 언급했는데, 국내 기업의 리더십 프로그램들은 상황이 다른 것처럼 보일 수 있다. 물론 국내 기업들의 리더 개발 수준이 높아지고 있는 것은 사실이다. 그러나 이러한 만족도 인플레이션 현상은 사실 앞서 지적한 '리프레시 효과'를 기대하는 참여자와, 핵심 성과 지표(KPI) 확보를 위해 이에 호응하는 운영 담당자의 협력적 산물인 경우가 많다. 또한 조직 차원에서도 매년 전년보다 높은 수준의 성과를 요구하게 되는데, 애초에 5점 만점인 만족도가 더 높아지기 어려우니 결국 4점 후반대에 고착되는 것이다. 일부 조직에서는 이러한 문제를 개선하기 위해 5점 대신 7점 또는 9점 척도를 도입하기도 하지만, 이는 근본적인 해결책이 될 수 없다.

이 장의 도입부에서 언급했듯이, 학습은 '경험에 의해 생성되는 지식, 기술, 및 태도와 사고방식의 비교적 영구적인 변화'라고 정의할 수 있다. 이에 따라 커크패트릭 평가의 두 번째 수준인 학습(Learning)은 훈련 프로그램 종료 후 참여자의 인지적·기술적·정서적 변화를 평가한다. 이는 프로그램에서 학습한 내용의 수행 가능 여부를 통해 성취도를 측정하는 것과 같다. 학교에서 매 학기 치러지는 중간고사와 기말고사, 그리고 각종 수행 평가는 바로 이러한 학습 여부를 평가하기 위한 것이다.

리더 개발의 경우, 학습 평가는 상대적으로 자주 실시되지 않는다. 물론 리더에게 특정한 지식이나 기술 습득이 불필요하다는 뜻은 아니다. 상사나 부하 직원과의 관계, 혹은 커뮤니케이션 관련 내용의 경우, 역할 연기(Role-playing) 기법을 활용하여 강의장 내에서 실습을 진행하기도 한다. 그러나 리더 개발 프로그램은 기본적으로 업무 맥락에서 발현되어야 할 역량을 목표로 하기 때문에, 강의장에서 지식 습득 여부만으로 그 수행 가능성을 판단하기 어려운 내용들이 많이 포함된다. 따라서 예외적인 경우를 제외하고는 리더들에게 시험을 보거나 실습을 요구하는 경우는 흔치 않다.

세 번째 평가는 전이/행동(Transfer/behavior) 수준이다. 이는 훈련 프로그램 참여자가 배운 기술과 능력을 직무 수행을 포함한 현업에서 실제로 얼마나 활용하는지를 개념화한 것이다. 일반적으로 현업 적용도 평가로 불리는 전이/행동 평가는 리더 훈련의 효과성 평가에서 매우 중요한 요소로 간주된다. 다른 훈련 프로그램과 달리 리더 개발의 경우, 연수나 온라인 강의 프로그램만으로는 리더의 변화를 확인하는 데 한계가 있다. 리더들의 변화는 현업 복귀 후 조직 구성원들과의 상호작용을 통해 비로소 드러나기 때문이다. 즉, 리더의 역량이 변화했다 하더라도 이는 팔로워들을 통해 발현되므로, 현업에서 리더가 학습한 내용을 실제로 활용하고 있는지가 리더 개발 프로그램의 성패를 좌우한다.

현업 적용도 평가를 실시하기에 앞서, 리더들은 훈련 프로그램 말미에 업무 복귀 시 어떤 변화를 가져올 것인지에 대한 다짐과 액션 플랜 등을 작성하게 된다. 액션 플랜은 프로그램 설문과 함께 향후 현업 적용도 평가의 근거 자료가 된다.

리더가 훈련을 통해 조직 관리나 성과 관리에 대해 학습하고 역할과 책임을 재정립했다고 하더라도, 업무에 복귀한 첫날부터 모든 것이 순조롭게 진행되기는 어렵다. 몇 번의 시행착오를 거친 후 자신과 구성원들의 상황에 맞는 방법을 익히게 되며, 이후 안정기에 접어들게 된다. 따라서 현업 적용도 평가는 주로 훈련이 끝난 후 3개월에서 6개월 후에 실시한다(리더 개발의 손익분기점이 약 90일이라는 점을 다시 떠올려 보자). 현업 적용성 평가는 흔히 360도 평가(정확히는 360도 피드백이며, 이는 5장에서 자세히 다룬다)로 불리는 다면 평가 방식을 차용하는 경우가 많다. 이 방식은 리더의 역량과 조직 관리, 커뮤니케이션, 성과 관리, 핵심 가치 실천 여부 등 다양한 항목에 대해 부하 직원과 상사 등 조직 구성원들에게 설문지를 통해 질문하는 방식이다.

현업 적용도 평가는 많은 경우 조직에서 실시하는 연례 조직 및 리더십 진단으로 대체되기도 한다. 그러나 현업 적용도 평가는 리더 개발 평가에 있어 가장 핵심이 되는 평가이다. 조직 및 리더십 진단은 조직이 원하는 리더의 상을 정하고 이에 부합하는지 여부를 판단한다. 각 리더가 처한 환경과 상황, 예컨대 리더의 개성, 사업 상황, 팔로워 구성 등 여러 요인의 영향을 고려하지 않고 전사적으로 획일적인 평가를 하는 연례 조직 문화 진단 서베이는 사실 리더들에게 실질적인 피드백을 제공하지 못한다. 리더들은 조직 문화 진단 평가 결과를 생산적인 피드백이라 여기기보다, 구성원들이 개인적인 감정으로 불만을 토로하고 있다고 억울해하는 경우도 있다.

따라서 현업 적용도 평가는 해당 리더의 리더십에 초점을 맞추어 개별적인 피드백을 제공할 수 있어야 하며, 이때 주변인들의 주관적 의견에 더해 구체적이며 객관적인 근거가 될 수 있는 자료를 확보하는 것이 중요하다. 예를 들어, 소통을 늘리겠다는 액션 플랜을 작성한 리더의 경우, 팀원 1인당 면담 횟수, 내용, 기간 등을 기록하게 하여 평가의 근거로 삼고 성장의 방향을 제시할 수 있다.

마지막은 결과(Results) 평가이다. 이는 훈련 프로그램의 효과성을 회사의 재무적 이익, 이직률, 결근율, 고객 만족도, 생산성 향상, 비용 절감, 직원 사기(morale) 등 다양한 조직 목표 달성 지표를 통해 확인하는 방법이다. 결과 지표는 리더 개발을 통해 조직이 궁극적으로 달성하려는 목적인 만큼 훈련과 경영 성과 간의 관계를 규명하기 위해 노력한다. 그러나 많은 전문가가 지적하듯이, 대부분의 교육적 노력은 비즈니스 결과에 직접적인 영향을 미치지 못한다. 또한 성과에 영향을 준다 하더라도 명확한 인과 관계를 증명하기 어렵고, 측정을 위해 추가 비용과 인력이 투입되는 경우가 많아 자주 사용되지 않는다.

리더 개발의 경우, 결과 수준 평가에서는 두 종류의 지표를 고려해 볼 수 있다. 첫째는 조직적 성과로, 앞서 언급한 재무적 성과, 투자 수익률, 생산성, 이직률 등의 객관적 지표를 의미한다. 둘째는 부하 직원이 지각하는 리더십의 효과로, 조직이 얼마나 지원적인가에 대한 의견 등 연례 조직 및 리더십 평가와 유사한 항목을 사용할 수 있다.

그러나 우리가 리더십을 리더와 팔로워의 상호작용을 통한 공통의 목표 성취 과정으로 정의했듯이, 리더는 직접 성과를 내는 것이 아니라 팔로워를 통해 조직적 성과를 추구하는 사람이다. 따라서 리더 훈련의 결과로 네 번째 수준인 비즈니스 성과를 측정하는 것이 과연 타당한 접근인지에 대한 근본적인 이슈가 존재한다. 이에 우리는 리더와 비즈니스 성과 간의 관계에 대해서는 리더십 효과성을 다루는 11장에서 본격적으로 논의할 것이다.

3) 효과적인 리더 훈련 프로그램 개발의 원칙: 연구를 통한 교훈

지금까지 우리는 효과적인 리더 개발을 위한 훈련 프로그램의 개념, 개발 접근법, 그리고 훈련 프로그램의 효과를 평가하는 방안에 대해 살펴보았다. 이 장의 마지막 부분에서는 이를 종합적으로 이해하는 데 도움이 되는 한 가지 흥미로운 연구를 소개하고자 한다.

해당 연구는 콜로라도 주립대학교 크리스티나 라세렌자(Christina N. Lacerenza) 교수가 동료 연구자들과 함께 수행한 것으로, 리더 훈련의 설계, 실행, 평가에 관한 학술 연구들을 종합적으로 분석한 연구이다. 이 연구는 1951년부터 2014년까지 수행된 335편의 리더 훈련 연구를 대상으로 한, 가장 체계적이며 광범위한 연구 보고서로 평가된다. 이 논문을 통해 연구자들은 리더십 훈련 프로그램의 효과는 어떠한지와 그 과학적 근거를 탐색하며, 이러한 결과들을 종합하여 리더 훈련 프로그램의 효과를 극대화하기 위한 설계, 전달, 실행의 원칙을 함께 제시하고 있다.

① 리더 훈련의 효과: 미디어 vs 연구

리더십 및 인재개발 관련 전문가들은 미디어로부터 지속적으로 회의적인 시선을 받아왔다. 예를 들어, 세인트 존스 칼리지(St. John's College)의 총장인 크리스토퍼 넬슨(Christopher Nelson)은 포브스 기고문을 통해 경영대학이 리더십보다는 재무, 회계, 마케팅 등 경영 기법에 치중하고 있으며, 기업에서 운영하는 며칠간의 리더십 개발 프로그램 효과는 매우 미미하므로 즉시 폐지하고 셰익스피어 서적을 읽게 하는 것이 더 낫다고 주장했다. 리더십 분야의 베스트셀러 작가이자 연설가인 제이콥 모건(Jacob Morgan) 또한 "관리자는 만들어지지만 리더는 태어나는 것이므로, 리더십을 가르치려는 행위는 시간 낭비일 뿐"이라고 주장했다. 이뿐만 아니라, 카버 연방 저축은행(Carver Federal Savings Bank)의 인재개발 임원인 데이비드 켈리(David Kelly)는 직원들이 조직에서 제공하는 훈련이 성과와 직접 관련 없어 보이고 실용적이지 않다는 이유로 훈련을 싫어한다고 주장하기도 했다.

이러한 주장들은 여러 미디어에서도 유사하게 제기되며 그럴싸하게 들릴 수 있으나, 사실 그 어떤 주장도 과학적으로 검증된 바 없다. 라세렌자 교수팀의 연구는 이처럼 미디어에서 제기하는 리더 훈련 프로그램, 나아가 리더십 개발의 무용론(無用論)에 대한 강력한 반론을 제기한다. 그들의 연구에 따르면, 1951년부터 2014년까지 수행된 연구 결과를 종합적으로 고려했을 때, 리더십 훈련은 반응(.63), 학습(.73), 전이(.82), 그리고 결과(.72)를 개선하는 데 효과적이었음을 밝혀냈다(괄호 안의 숫자는 효과 크기(effect size)로, 0.5 이상은 중간 정도, 0.8 이상은 큰 효과가 있다고 해석할 수 있다). 리더 및 인재개발 담당자들에게 또 하나의 긍정적인 소식은 리더 훈련 프로그램이 학습과 전이에 미치는 영향은 해당 기간 동안 일정했지만, 비즈니스 성과에 미치는 영향은 꾸준히 증가해 왔음이 증명되었다는 것이다. 이는 전체적으로 볼 때 리더 훈련이 우리가 일반적으로 생각하는 것보다 훨씬 더 큰 가치를 지닌다는 것을 시사한다.

이 연구의 결과는 리더십 개발의 효과에 대한 대중과 미디어의 결론이 부정확하다는 것을 시사한다. 먼저 반응, 즉 만족도의 효과 크기로 보았을 때 리더 훈련은 일반적으로 직원들이 훈련이나 교육을 싫어한다는 켈리의 주장을 반박한다. 개인적인 차이는 존재하겠지만, 누적된 통계적 수치는 전반적으로 리더들이 훈련 프로그램에 긍정적으로 반응한다는 것을 보여준다. 아마도 리더십 개발 프로그램에 참여하는 것은 리더들로 하여금 유용한 지식과 기술을 배우는 동시에 재충전(refresh)할 수 있는 기회를 제공하기 때문일 것이다. 또한 무엇보다 조직이 자신에게 관심을 갖고 지원한다는 인식 또한 긍정적인 반응을 이끌어낸다. 아울러 이 연구에서 보고된 효과 크기는 리더 훈련이 효과적이며, 소수의 경험과 의견을 기반으로 한 미디어의 관점보다 훨씬 더 효과적이라는 것을 명확히 보여주고 있다.

이처럼 리더 훈련, 나아가 리더십 개발은 어느 정도 효과가 있다. 그러나 라세렌자의 연구는 수백 개의 리더 훈련 프로그램 결과를 모두 합친 결과이다. 즉, 매우 효과가 없는 프로그램과 상당히 효과적인 프로그램들이 모두 하나로 뒤섞여 있다. 아마도 자연스럽게 다음과 같은 질문이 머릿속에 떠오를 것이다. '그렇다면 성공적인 리더십 프로그램의 특징은 무엇인가?' 다행스럽게도 라세렌자와 연구팀도 같은 의문을 해결하고자 하였다. 이제, 이 질문에 대한 답으로 옮겨갈 차례이다.

② 리더십 훈련 프로그램의 효과를 높이기 위한 설계와 운영의 원칙

라세렌자 연구팀은 리더 훈련 프로그램의 성과를 확인한 것에 그치지 않고 구체적인 설계와 전달, 그리고 실행의 원칙을 확인하기 위한 가설을 세우고 이들 가설에 따라 2, 3, 4 수준의 평가 결과가 어떠한 관계를 보이는 지를 추가적으로 검증했다(1수준인 반응은 제외했다). 이들이 설정한 흥미로운 가설과 각 가설 검증의 결과는 다음과 같다.

가설 1. 요구분석을 통해 리더십 교육의 효과를 높일 수 있는가?

앞서 제시한 리더 훈련 프로그램의 네 가지 접근법을 기억하는가? 리더 프로그램에 관한 335개 연구의 분석 결과, 요구 분석(Needs analysis)을 기반으로 내용을 도출한 경우, 즉 바람직한 리더의 수준과 현재 수준을 진단하고 이들 간의 차이(gap)를 메우기 위한 내용으로 구성한 경우 리더의 학습과 전이에 미치는 효과가 크다는 것이 밝혀졌다. 그러나 네 번째 수준인 결과에는 영향을 주지 않았다.

가설 2. 자발적인(Voluntary) 리더십 교육 프로그램이 의무적인(Mandatory) 프로그램보다 더 효과적인가?

성인 학습 이론에 따르면 학습은 자발적으로 일어날 때 효과적이라고 한다. 이에 따라 많은 훈련 프로그램은 일종의 선택 과목처럼 원하는 사람만이 참여하는 방식으로 운영된다. 그러나 자발적 출석은 양날의 검이 될 수 있다.

연구 결과는 참여 방식이 학습에는 영향을 미치지 않았으며, 전이는 증가하였지만 조직 성과는 오히려 감소했음을 보여주었다. 자발적으로 참여한 경우, 스스로 학습 내용을 필요로 하는 경우가 많으므로 현업에 복귀했을 때 이를 적용하려는 시도 자체는 늘었다. 그러나 자발적 참여는 필연적으로 참여 인원수의 감소로 이어지고, 이는 절대적인 규모에서 역량 감소로 이어지므로 비즈니스 성과 차원에서는 부정적인 효과를 보였다. 따라서 특정 인원의 활발한 전이 행동이 필요한 경우에는 자발적 참여를 유도하고, 전사적인 변화가 필요한 경우에는 참여를 의무화할 필요가 있다.

가설 3. 시간적 간격을 둔 여러 개의 세션으로 이루어진 훈련이 단발적이나 장시간 집중적으로 이뤄지는 훈련 세션보다 더 효과적인가?

짧게 나누어 여러 번 진행되는 훈련과 한 번에 몰아서 실시하는 훈련 모두 학습에서는 차이가 없었다. 그러나 전이 및 결과 측면에서는 시간적 간격을 두고 여러 개의 세션으로 진행되는 프로그램이 대규모 교육 세션보다 효과적이었다. 이는 배운 내용을 현업에 적용해 볼 기회가 더 자주 주어지며, 이에 따라 비즈니스에 미치는 영향도 커지는 것으로 예상된다.

가설 4. 리더십 훈련은 상위 리더보다 하위 리더에게 더 효과적인가?

우리는 앞서 대부분의 리더 훈련이 임원급의 상위 리더보다는 중간관리자 이하를 대상으로 하는 경우가 많고, 상위 임원으로 올라갈수록 개발 활동 및 자기 개발이 더 빈번하게 이루어진다고 이야기했다. 그러나 과학적인 연구 결과는 우리의 통념에 또 한 번 반기를 든다.

비록 하위 리더군이 행동/전이 수준에서 더 높은 효과를 보였으나, 중간관리자급과 임원급에서는 차이가 없었으며, 두 번째 수준인 학습과 네 번째 수준인 결과에서는 상위, 중간, 하위 리더 모두 비슷한 효과를 경험하는 것으로 나타났다. 이는 리더의 수준에 관계없이 훈련을 통해 효과적인 학습이 일어날 수 있으며, 이를 통해 조직 및 부하 직원의 관련 성과가 개선될 가능성이 동일하다는 것을 보여준다.

가설 5. 자기주도적 리더 훈련 프로그램이 조직 내 인재개발팀 담당자 혹은 외부 전문가에 의해 실시되는 프로그램보다 덜 효과적인가?

자기 주도적으로 실시하는 리더십 교육 프로그램은 내부 또는 외부 강사가 진행하는 교육보다 효과가 떨어지는 것으로 나타났다. 먼저, 자기 주도로 이루어지는 개인 학습과 내/외부 전문가 주도의 프로그램 모두 비즈니스 성과에서는 차이가 없었다. 그러나 학습과 전이 측면에서는 내/외부 전문가에 의해 운영되는 프로그램이 더 효과적인 것으로 드러났다. 이는 조직 지원 인식(perceived organizational support)의 차이가 만들어 낸 결과로 보인다. 조직이 자원을 투입하여 진행하는 공식 프로그램은 리더들에게 조직이 자신들을 지원하고 있으며 중요하게 여긴다고 느끼게 한다. 이러한 인식은 프로그램에 대한 만족뿐만 아니라 학습과 행동 변화에 대한 동기를 부여한다. 물론 내/외부 전문가가 제공하는 여러 효과적인 학습 및 전이를 위한 도구 역시 이러한 차이를 만들어 낼 수 있다.

가설 6. 실습 기반(Practice-based) 전달 방법이 정보 기반(Information-based) 및 시범적(Demonstration-based) 방법보다 더 효과적인가?
7. 다양한 전달 방법을 사용하면 리더십 훈련 프로그램의 효과가 증가하는가?

강의를 통해 지식만을 전달하는 정보 기반 방식은 학습 측면에서 가장 효과적이었다. 그러나 직접 실습을 통해 학습하는 경우가 결과에 더 큰 영향을 미쳤으며, 흥미롭게도 행동/전이에서는 차이가 없었다. 이 세 가지 방법을 모두 적절히 혼용하는 것이 가장 효과적이라는 것은 두말할 필요가 없을 것이다.

가설 8. 피드백이 리더십 훈련의 효과를 높일 수 있는가?
9. 360도 피드백이 단일 소스의 피드백보다 더 효과적인가?

앞서 이야기했듯이, 현업 적용성 평가와 연례 리더십 진단에 관용적으로 사용되는 것이 바로 다면 평가, 혹은 360도 피드백이다. 이는 다양한 관점에서 리더를 조망함으로써 더욱 풍부한 피드백을 제공할 수 있다는 매우 '상식적인' 가정하에 이루어진다.

먼저 연구 결과에 따르면 피드백은 리더십 훈련 프로그램 후 전이 시도를 크게 개선하는 것으로 나타났다. 그러나 학습과 결과에서는 차이가 없었다. 또한 리더십 훈련 프로그램에서 360도 피드백을 사용하는 경우, 단일한 소스(예컨대 상사나 동료, 부하 중 하나)를 사용했을 때보다 결과에서는 더 높은 효과를 보인 반면, 놀랍게도 학습 및 전이 수준은 더 낮은 것으로 나타났다. 즉, 360도 피드백이 단일 소스 피드백보다 반드시 효과적이지 않을 수 있으며, 무엇보다 부정적인 피드백을 여러 군데에서 받는 경우 리더는 자신을 변호하고 지키기 위해 더욱 움츠러들거나 지금의 모습을 고수하려 했다. 또한 위와 아래에서 상반된 의견을 받는 것보다는 하나의 소스에서 받은 평가에만 집중하면 되므로 개선이 좀 더 용이하기도 하다. 따라서 360도 피드백의 효과적인 사용을 위해서는 매우 세심한 설계가 동반되어야 한다(이는 다음 장에서 다시 한번 다루겠다).

가설 10. 현장(On-site)에서 이뤄지는 프로그램이 연수원 혹은 외부(Off-site) 훈련 프로그램보다 더 효과적인가?

리더십은 팔로워들과 함께 일하는 현장에서 발현되기에 맥락이 매우 중요하다. 연구 결과에 따르면, 현장에서 이루어지는 프로그램은 연수원에서 진행되는 프로그램에 비해 결과 개선에 더 큰 효과를 보였다. 하지만 학습 및 전이 측면에서는 동일한 효과를 나타냈다. 연수원에서 진행되는 프로그램은 더 넓은 범위의 리더(예컨대 전사 리더 혹은 사업부 리더)를 대상으로 하다 보니 현장에서 이루어지는 프로그램에 비해 맥락과의 관련성이 떨어지고 다소 획일적인 내용을 다루게 되어 현장에서의 적용이 어려울 수 있다(알파벳 수프를 기억하는가?). 물론, 이러한 결과는 업무 관련성뿐만 아니라 연수형 프로그램이 가진 리프레시 효과와도 관련이 있을 수 있다는 점을 기억해야 한다.

가설 11. 비대면(Online or Virtual) 리더 훈련 프로그램이 대면(Face-to-Face) 프로그램보다 덜 효과적인가?

교육공학자(Educational Technologist) 등 비대면 교육을 옹호하는 이들은 비대면 훈련이 대면 훈련과 마찬가지로 효과적이며, 나아가 더 효과적이라는 연구 결과를 제시해 왔다. 그러나 본 연구는 그와는 반대이며, 일반 대중의 통념에 더욱 부합하는 결과를 제시한다. 바로, 대면 방식의 리더 훈련이 비대면 방식에 비해 전이(transfer)에 더 큰 효과를 보인다는 것이다. 하지만 학습에서는 차이가 없었으며, 아쉽게도 결과 수준은 이전 연구의 수가 부족하여 확인하지 못했다. 이는 앞서 가설 6-7과 마찬가지로 실습과 적용의 기회가 부족하기 때문인 것으로 판단된다.

가설 12. 어떤 리더 훈련 프로그램 콘텐츠가 다른 콘텐츠보다 더 큰 성과를 보이는가?

연구팀은 훈련 프로그램을 크게 네 가지, 즉 대인관계(interpersonal) 역량, 비즈니스 역량, 리더십 역량 및 자기 내적(intrapersonal) 역량으로 구분했다. 이 중 학습과 전이 모두 비즈니스 역량(예. 문제 해결, 데이터 분석, 예산 모니터링)을 훈련하는 프로그램이 가장 효과적인 것으로 나타났다. 다시 말해, 비즈니스 스킬은 네 가지 역량 중 훈련을 통해 개발하기 가장 쉬운 영역이라는 것이다. 반면 소프트 스킬에 속하는 리더십, 대인관계, 자기 내면 역량은 결과 수준에서 더 높은 효과를 보였다. 이는 결국 리더로서 성과를 달성하려면 소프트 스킬 향상을 통해 팀과 조직을 성공으로 이끌어야 한다는 이론적 관점을 뒷받침한다.

가설 13. 실무자와 연구자가 팀을 이루어 평가한 리더 훈련 프로그램이 학자나 실무자만이 평가한 프로그램에 비해 더 큰 결과를 가져오는가?

사회 과학의 어떠한 분야를 막론하고 이론과 실무 간의 간극은 필연적으로 존재한다. 그러나 역설적으로 이러한 간극을 실무자와 연구자로 구성된 팀이 유기적으로 협력하여 해소한다면, 더욱 고도화된 성과를 창출할 수 있음은 자명한 사실이다. 실제로 이들의 연구결과에 따르면, 연구자와 실무자 집단이 공동으로 평가한 리더 훈련 프로그램은 학계 또는 실무 분야의 단일 전문가 집단이 평가한 프로그램에 비해 학습 및 전이 측면에서 현저히 우수한 성과를 발현했다. 이 결과는 해석에 있어 정밀한 주의를 요한다. 이는 연구자와 실무자가 평가에 참여했을 경우 훈련 효과 자체가 증대되었다는 의미가 아니다. 오히려 연구자들의 이론적 통찰과 다양한 분석 기법, 그리고 실무자들의 현장 경험이 융합되어 더욱 높은 타당성과 신뢰성을 갖춘 평가 결과가 도출되었음을 시사한다. 즉, 평가 과정의 질적 심화가 이루어졌음을 방증하는 것이다.

가설 14. 리더 훈련 프로그램의 기간이 길수록 더 효과적인가?

우리는 공부를 단순히 오래한다고 해서 공부를 잘하지는 못할 거라 생각하는 경향이 있다. 그러나 리더 훈련에 있어서는 그렇지 않다. 연구에서는 훈련 기간과 학습 및 전이 사이의 관련성을 발견하지 못했지만, 훈련 기간과 결과 수준 사이에는 명확한 선형 관계가 있는 것으로 나타났다. 이러한 결과는 복합적인 요인에s 기인하는 것으로 분석될 수 있다. 첫째, 훈련 기간이 연장됨에 따라 리더가 학습한 내용을 실제 업무 환경에 적용할 수 있는 기회가 비례적으로 증가하기 때문일 수 있다. 둘째, 리더 훈련에 긴 시간을 투자한다는 것은 조직이 리더십 개발에 상당한 자원과 노력을 투입하고 있다는 방증이다. 이는 조직 전반에 걸쳐 조직 지원 인식을 제고하여 리더뿐만 아니라 팔로워들의 동기와 행동에도 긍정적인 영향을 미칠 수 있다.

종합하면, 리더 훈련 프로그램은 리더의 학습, 행동 변화 및 전이, 그리고 비즈니스 성과에 긍정적인 영향을 지속적으로 미쳐왔으며, 이는 비과학적이거나 주관적 경험에 기반한 미디어의 회의론보다 유의미하게 더 효과적임을 입증하였다. 그러나 모든 리더 훈련 프로그램이 동일한 효과를 나타내는 것은 아니며, 보다 효과적인 프로그램과 그렇지 못한 프로그램 간의 차이 또한 명백히 존재한다. 본 장에서는 효과적인 리더 훈련 프로그램 개발을 위한 접근법과 평가 방식, 그리고 더 나은 프로그램 개발로 나아가기 위한 몇 가지 과학적인 원리들을 살펴보았다(라세렌자 및 동료 연구진의 연구에서 제시된 원리들은 표 4-1에 요약되어 있다).

이전 장에서 밝힌 바와 같이, 리더 개발은 훈련, 개발 활동, 그리고 자기 개발의 세 가지 방식으로 구성된다. 다음 장에서는 단기적인 훈련의 범주를 넘어, 보다 장기적인 관점에서 리더의 학습과 경험을 통해 성장을 촉진하는 주요 개발 활동에 대해 심도 있게 논의한다.

표 4-1 리더십 교육 프로그램 설계를 위한 증거 기반 최선의 실천 전략

1. 교육이 해결하고자 하는 문제가 교육만으로는 해결 불가능한 경우를 명확히 한다.
2. 교육 목표를 설정할 때, 이해관계자들이 바라는 결과(성과)를 기준으로 한다.
3. 가능하면 실제 업무 환경에서 훈련, 시연, 피드백, 반복 학습을 제공하는 실습 중심의 방법을 사용한다.
4. 단일한 방식보다는 **다양한 전달 방법(multiple delivery methods)**을 사용하는 것이 효과적이다.
5. 360도 피드백(다수의 평가자 피드백)이 단일 출처 피드백보다 효과적이라는 연구 결과가 있다.
6. 단기 훈련보다는 여러 번 나눠서 제공되는 반복 훈련이 효과적이다.
7. 위의 사항들이 모든 맥락에 꼭 맞는 것은 아니므로, 현장 전문가의 조언을 참고하여 맥락에 맞는 프로그램을 설계한다.
8. 프로그램은 원하는 성과(학습, 전이, 결과)에 따라 적절히 설계되어야 한다.

학습	전이	성과
• 다양한 전달 방식 사용 • 실제 업무 기술 포함 (예. 비즈니스 스킬) • 대인관계 및 리더십 기술 포함	• 다양한 전달 방식 사용 • 실제 분석 수행 • 피드백 제공 • 자발적 참여 가능하도록 설계	• 다양한 전달 방식 사용 • 높은 참석률 요구 • 자발적 참여 요구 • 다양한 세션 활용 • 실습 기반일수록 효과적

참고문헌

1. Alliger, G. M., Tannenbaum, S. I., Bennett Jr, W., Traver, H., & Shotland, A. (1997). A meta-analysis of the relations among training criteria. *Personnel Psychology*, *50*(2), 341-358.
2. Day, D. V. (2000). Leadership development:: A review in context. *The Leadership Quarterly*, *11*(4), 581-613.
3. Day, D. V., & Thornton, A. M. A. (2018). Leadership development: The nature of leadership development. The nature of leadership, 354-380.
4. Dick, W., Carey, L., & Carey, J. O. (2009), *Systematic design of instruction*(7th ed). Merrill/Pearson.
5. Garavan T. N. (1997). Training, development, education and learning: Different or the same? *Journal of European Industrial Training, 21*(2), 39-50.
6. Hammond, M., Clapp-Smith, R., & Palanski, M. (2017). Beyond (just) the workplace: A theory of leader development across multiple domains. *Academy of Management Review, 42*(3), 481-498.
7. Kelly, D. (2012). *Why people hate training, and how to overcome it.* Retrieved from https://www.mindflash.com/blog/2012/03/whypeoplehate-training-and-how-to-overcome-it/
8. Kraiger, K., Ford, J. K., & Salas, E. (1993). Application of cognitive, skill-based, and affective theories of learning outcomes to new methods of training evaluation. *Journal of Applied Psychology, 78*(2), 311.
9. Lacerenza, C. N., Reyes, D. L., Marlow, S. L., Joseph, D. L., & Salas, E. (2017). Leadership training design, delivery, and implementation: A meta-analysis. *Journal of Applied Psychology, 102*(12), 1686-1718.
10. Mager, R. F., & Pipe, P. (1997). *Analyzing performance problems: Or, you really oughta wanna—How to figure out why people aren't doing what they should be, and what to do about it*. Center for Effective Performance.
11. McClelland, D. C. (1973). Testing for competence rather than for" intelligence.". *American Psychologist, 28*(1), 1-14.
12. Morgan, J. (2015). Why giving managers leadership training is a waste of time. Retrieved from http://www.forbes.com/sites/jacobmorgan/2015/10/01/why-giving-managers-leadership-training-is-a-waste-of-time/#441d1e0141a5
13. Nelson, C. (2016). *Ditch your corporate leadership training program: Launch a*

Shakespeare book club instead. Retrieved from http://www.forbes.com/sites/christophernelson/2016/04/06/ditch-your-corporate-leadership-training-program-launch-a-shakespeare-book-club-instead/#1946b8f539d6

14. Rothwell, W. J., & Kazanas, H. C. (1994). Management development: The state of the art as perceived by HRD professionals. *Performance Improvement Quarterly, 7*(1), 40-59.

15. Swanson, R. A. (2022). *Foundations of human resource development* (3rd ed.). Berrett-Koehler Publishers.

CHAPTER

05

리더 개발의 방법 II. 개발 활동

1. 리더 개발 활동(Leader Developmental Activities)
2. 리더 개발을 위한 주요 개발 활동

CHAPTER 05

리더 개발의 방법 II. 개발 활동

앞서 언급했듯이, 리더 개발의 주요 세 가지 방법 중 조직에서 적극적으로 활용하는 것은 훈련과 개발 활동이다. 전통적으로, 그리고 현재도 기업의 인재개발 부서에서는 훈련 프로그램 중심의 리더 개발이 이루어지고 있다. 그러나 조직을 둘러싼 경영 환경이 빠르게 변화하고, 복잡하고 예측 불가능한 문제들이 부상하면서, 단기간에 미리 정해진 지식과 기술을 전수하는 훈련보다는 비교적 장기적인 관점에서 리더의 잠재력을 끌어내는 개발 활동으로 리더 개발의 무게중심이 이동하고 있다.

이 장에서는 먼저 리더의 변화와 성장을 위한 개발 활동의 개념을 살펴본다. 이어서 다양한 개발 활동 중 실무에서 가장 활발하게 활용되는 네 가지 접근법인 코칭, 멘토링, 액션러닝, 그리고 평가센터법을 소개한다.

1 리더 개발 활동(Leader Developmental Activities)

개발 활동이란 학습과 경험을 매개로 리더의 성장과 변화를 이끌어 내기 위해 개인 또는 조직이 의도적으로 설계한 활동을 의미한다. 인적자원개발 전문가인 리처드 스완슨(Richard A. Swanson) 박사는 개발 활동의 목적이 '계획된 지식의 성장과 확장, 그리고 현재의 직무 요건을 넘어서는 전문성'을 높이는 데 있다고 강조한다.

개발 활동은 훈련과 비교할 때 다음과 같은 특징이 있다.

- 미래 지향적 역할과 직무 수행 능력 향상: 현재 직무가 아닌, 미래에 요구될 역할이나 직무 수행 능력의 향상에 초점을 맞춘다.
- 잠재력 확장: 의식적, 무의식적 학습 과정을 촉진하여 대상자의 잠재력을 확장하는 데 기여한다.
- 유연한 목표 설정: 훈련과 달리 구체적인 행동 목표(성취 기준)가 명확하게 설정되지 않을 수 있다.
- 다양한 맥락에서의 발생: 강의실과 같은 형식적인 활동에 국한되지 않으며, 다양한 업무와 비업무 맥락에서 발생 가능하다.
- 학습자 중심: 학습 자체보다는 학습자 개인의 성장과 변화에 더 중점을 둔다.

표 5-1 훈련과 개발의 차이

훈련 (Training)	개발(Development)
학습 경험을 통해 지식, 기술, 태도를 수정하거나 개발하여, 특정 활동 또는 다양한 활동에서 효과적인 성과를 달성하려는 계획적이고 체계적인 노력 (A planned and systematic effort)	"현재 직무 요구 사항을 넘어서는 지식과 전문성을 계획적으로 성장시키고 확장하는 것" (Swanson, 2002, p.6)
1. 현재 직무에 초점을 맞춘 활동 2. 다음의 활동을 포함: • on-and off-the-job training • 젊은 근로자와 성인을 위한 훈련 • 업무 경험을 통한 형식 및 무형식 교육 • 온라인 훈련 3. 행동 목표가 매우 구체적임. 4. 적용 활용 중심(Application driven) 5. 특정 상황에서 즉시 유용한 기술을 전수하는 것을 목표로 함. 6. 개발보다 일반적으로 더 짧은 시간 내에 완료됨. 7. 결과에 보다 중점을 둠.	1. 미래의 역할이나 직무에 초점을 맞춤. 2. 의식적, 무의식적 학습 과정을 통해 개인의 잠재력을 확장함. 3. 행동 목표가 명확하지 않은 경향이 있음. 4. 어디서, 언제, 어떻게 발생하는지에 상당한 다양성을 허용함. 5. 강의장이나 코칭 상황에만 국한되지 않음. 6. 계획된 또는 공식화된 그룹 세션에만 제한된 용어가 아님. 7. 학습 그 자체보다는 학습자에 더 집중함. 8. 리더십 및 관리자 개발.

훈련이 현재 직무 성과 향상에 집중하는 반면, 개발 활동은 향후 수행할 역할 또는 직무 관련 능력 향상에 더 큰 관심을 둔다. 즉, 리더가 현재 직무를 효과적으로 수행하기 위한 지식과 기술 습득에는 훈련이 효과적이지만, 미래의 리더 직무

를 수행할 리더 후보자나 변화된 역할을 요구받는 리더의 경우에는 개발 활동이 반드시 병행되어야 한다.

또한 훈련 프로그램처럼, 개발 활동도 사회과학적 이론 및 근거에 기반하여 설계 및 실행되는 계획적 활동이다. 즉, 우발적으로 일어나거나 의도치 않은 결과를 초래하는 활동은 개발 활동이라 할 수 없으며, 대상자의 학습 과정을 촉진하여 성장을 추구하는 의도적 활동이다.

그럼에도 개발 활동은 훈련처럼 구체적인 성취 기준을 설정하지는 않는데, 그 이유는 특정한 지식이나 기술을 처방적으로 배워 바로 적용하는 것이 아니라, 예상치 못한 상황에 대비하기 위한 적응력의 향상, 그리고 직무 역량을 넘어 자아 개념과 관점의 전환 등을 포함한 리더의 성장 그 자체를 더욱 중요시하기 때문이다. 예를 들어, 더 좋은 팀 리더가 되기 위해 특정한 의사소통이나 성과 관리 기술을 개인적으로 익히는 데 그치지 않고, 한 인간으로서 더욱 성숙하고 유연하게 사고하고 행동할 수 있는 총체적인 성장을 장기적인 관점에서 추구하는 것이 개발 활동의 의의라 할 수 있다.

개발 활동이 지닌 또 다른 특징은 리더의 **의식적, 무의식적 학습 활동을 촉진**한다는 점이다. 학습은 개발 활동의 핵심 메커니즘이다. 훈련과 달리 학습은 치밀한 계획을 바탕으로 하지 않는다. 교육학과 학습 심리학에 따르면 학습은 '자연적 과정(natural process)'이다. 즉, 강의장 밖에서 일어나는 다양하고 때로는 의도하지 않은 경험까지도 포괄하는 총체적인 개념이다. 또한 학습은 그 결과로 비교적 영구적인 변화를 야기한다.

교도소에서 한 방에 수감된 절도범들이 자신들의 범행에 관한 경험과 지식 등을 공유한다고 하여 이를 교육이나 훈련이라 부르지는 않는다. 이는 체계적으로 계획되었거나 사회적으로 가치 있는 문화유산을 배우는 과정이 아니기 때문이다. 그러나 이 과정에서 학습은 발생할 수 있다. 새로운 절도 기술을 배우거나 경찰의 추적을 피하는 행위뿐만 아니라, 타인의 사례를 통해 자신을 성찰하거나 반성하여 더 나은 사람이 되려 할 수 있다.

최근 뜨거운 관심을 받고 있는 '머신러닝(Machine learning, 기계 학습)'의 경우도 마찬가지다. 우리는 기계에 정보를 제공하여 알고리즘의 변화를 가져오는 것을 머신 트레이닝(Machine Training)이나 머신 에듀케이션(Machine Education)이라 칭하지 않는다. 기계가 데이터를 처리하여 특정한 결괏값을 정확히 내놓는 것이 아니라, 데이터 학습을 통해 알고리즘 자체를 수정하며 더 나은 적응적으로 산출하기 때문이다. 기계가 어째서 특정한 내놓았는지 우리는 정확히 파악할 수 없다. 다만, 데이터를 제공하여 학습시킴으로써 더 나은 데이터 처리 알고리즘으로 진화하게 하는 것이다.

마찬가지로, 한 개인이 리더가 되는 과정에서 자신이 겪었던 리더들의 행동을 관찰하며 더 나은 리더가 되기 위해 노력하거나, 자신도 모르게 그러한 리더의 모습을 닮아가는 것 모두 학습의 결과라고 할 수 있다. 이때, 계획된 결과가 아닌 경험의 해석 등 구체적인 부분은 개인에게 달려 있다.

결국 개발 활동, 즉 학습을 통한 성장은 훈련처럼 '어떠한 역량을 개발해야 한다'가 아닌, '어떠한 리더가 되어야 한다'는 방향성이 중요하다. 머신러닝처럼 미리 정해진 결괏값의 출력이 아닌, 스스로의 알고리즘을 수정해 나가듯, 리더 자신의 정체성을 형성하고, 리더로서의 삶과 이를 통한 개인적 성장 자체를 추구하는 것이 바로 개발 활동이라고 할 수 있다.

2 리더 개발을 위한 주요 개발 활동

리더의 성장을 위한 개발 활동은 다양한 방식과 맥락에서 발생할 수 있으며, 일과 삶의 경계를 넘나드는 경우도 많다. 그러나 이 장에서는 개인과 조직 차원에서 특정한 의도를 가지고 참여하고 실행하는 대표적인 개발 활동들을 소개하고자 한다.

1) 코칭(Coaching)

리더의 성장을 위한 개발 활동 중 가장 흔하게 언급되는 것이 바로 코칭이다. 리더 코칭 임원 코칭(Executive coaching) 역시 여러 전문가에 의해 다양한 방식으로 정의되어 왔다. 일반적으로 '리더의 업무 효과성 향상을 목적으로 리더와 코치가 단기 혹은 중기로 맺는 계약적 관계'로 정의할 수 있다. 코칭은 타인에 의해 미리 만들어진 컨텐츠로 지식이나 기술을 습득하는 훈련과는 달리, 리더가 스스로를 이해하고, 더 효과적으로 자신을 개발할 수 있수록 필요한 지식과 기회(혹은 도구)를 제공하는 과정이다.

코치는 해결책을 직접적으로 제시하지 않는다. 그보다는 리더가 생각할 수 있도록 지속적으로 질문한다. 이를 통해 리더에게 '무엇을 하라'고 지시하는 것이 아닌, 리더 스스로 '이렇게 행동해야겠다'고 생각하도록 이끌어준다. 장기간의 훈련 프로그램이나 대규모 세션에 참여하기 어려운 임원들이 주로 코칭을 선호한다. 이들은 자신의 전문성과 경력에 대한 자부심이 크기 때문에, 타인에 의해 주어지는 해결책을 수동적으로 받아들이기보다는 스스로의 성찰과 반성을 통해 깨달음을 얻는 코칭이 효과적이다.

1950년대부터 기업에서 활용되어 온 코칭은 본래 관리자가 직원 업무 수행상의 결함을 교정하는 기법으로 사용되었다. 리더 코칭은 1990년대에 중간 및 고위급 관리자의 행동 변화에 초점을 맞춘 방법으로 부상했다. 당시 미국 기업 내 고위 경영진의 리더십 실패율(경영 성과 저조 또는 리더직 사임 등)은 50%에 달했으며(Hogan, Curphy, & Hogan, 1994), 많은 이들이 경영자들의 리더십에 문제가 있다고 인식했다(Charan & Colvin, 1999; Dotlich & Cairo, 2003). 이에 따라, 리더들이 새로운 리더십 역량을 개발하고, 조직 변화에 대처할 수 있도록 지원하기 위해 기업들은 외부 컨설턴트와 코칭 계약을 체결했고, 일부 임원들은 자발적으로 코칭을 받았다.

코칭은 중간 관리자, 임원 코칭에 관계없이 다음의 세 가지 요소를 갖춘다. 첫째, 코칭은 주로 코치와 코치이 일대일 세션으로 구성된다. 둘째, 코칭은 일반적으로 리더 자신에 대한 진단에서 출발한다. 셋째, 코칭은 현재 자신의 역할에서 리더십 효과성과 효율성을 개선하는 데 초점을 둔다.

코칭은 리더 개발의 중요한 수단으로 발전해 왔으며, 최근에도 가장 활발하게 활용되는 리더 개발 기법 중 하나다. 초창기 코칭은 문제가 있는 직원의 행동을 교정하는 데 주로 사용되었지만, 현재의 코칭은 문제 해결을 넘어 더 나은 리더로 성장하기 위한 방안으로 주목받고 있다. 인적자원개발 분야에서 코칭을 연구해 온 엘링거 교수(Andrea D. Ellinger)와 보스트롬 교수(Robert P. Bostrom)는 코칭이 리더의 학습을 촉진하고 '우수한 성과에서 최고 성과(from excellent performance to peak performance)'로 끌어올릴 수 있는 주요한 방법임을 밝히기도 했다.

리더 개발 활동으로서 코칭은 매우 효과적인 방법이지만 조직에서 활용할 때는 각별한 주의가 필요하다. 리더, 특히 임원들은 코칭을 받고 있음을 외부에 알리는 것을 꺼린다(바로 이것이 코칭이 활발하게 이루어짐에도 연구하기 어려운 이유 중 하나다). 코칭은 보통 리더십 다면평가와 같은 집단과 피드백 이후에 진행되는 경우가 많다. 이 경우, 코칭을 받는 리더는 리더십에 문제가 있다는 시선을 받을 수 있다. 코칭 대상자로 선정된 사실이 알려진다면 조직 내에서 '그럴 줄 알았다'는 식의 여론이 형성될 수 있고, 당사자 역시 더 나은 리더가 되기 위한 자발적 코칭보다는 리더십의 문제점을 지적받았다는 느낌을 강하게 받을 수 있다. 이러한 낙인 효과(Stigma Effect)를 방지하기 위해 임원들은 개인적으로 코치를 고용하기도 한다.

그러나 보다 효과적인 방법은 조직 차원에서 코칭을 제도화하는 것이다. 마치 체력 유지를 위해 일주일에 두 번 개인 PT를 받는 것처럼, 코칭을 일상화하는 것이 필요하다. 코칭이 문제 해결을 위한 처방이 아닌, 더 나은 성과를 위한 발전적인 활동이라는 인식이 조직 전반에 확산될 때, 코칭 문화가 조직에 뿌리내리고 비로소 리더와 조직 모두 윈-윈(win-win)하게 될 수 있다.

① 코칭과 유사활동의 차이

코칭과 더불어 자주 언급되는 개발 활동은 멘토링이다. 최근에는 이직이 활발해지면서 경력 관리를 위해 경력 상담(counseling)을 받는 경우가 늘고 있다. 조직에서는 임직원의 정신적, 신체적 건강을 고려하는 웰빙(well-being)과 웰니스(wellness)의 중요성이 부각됨에 따라 치료(therapy)도 이루어지고 있다. 전통적으로 리더에게 경영 관련 제언을 제공하는 자문(advisory)도 혼용되고 있어, 이들 간의 명확한 구분이 필요하다. 코칭과 유사한 멘토링, 자문, 상담 및 치료의 특징은 다음과 같이 요약할 수 있다.

A. 멘토링(Mentoring)

멘토링은 별도로 다룰 것이므로, 여기서는 코칭과 멘토링의 개략적인 차이점에 중점을 둔다.

코칭은 수평적인 관계의 코치(coach)와 코치이(coachee)가 만나 공식적인 세션을 갖는 반면, 멘토링은 일반적으로 경험이 많거나 전문성이 더 높은 선배 직원이나 상급자가 경험이 적은 후배 직원이 조직에서 자신의 역할을 능숙하게 수행할 수 있도록 돕는 것이다. 코칭은 특정 영역의 전문성을 바탕으로 하기보다는 코칭 모델과 스킬을 배우면 할 수 있지만, 멘토링은 특정 영역의 전문성과 경험을 반드시 필요로 한다. 극단적으로 표현하자면, 코칭은 기법이지만 멘토링은 관계이다.

멘토(mentor)와 멘티(mentee) 혹은 프로테제(protégé)는 조직에 의해 공식적으로 지정되는 경우도 있지만, 상호 간의 필요 또는 호감을 통해 비공식적으로 시작되는 경우도 많다. 멘토링 관계는 1년부터 최대 5년까지 지속되기도 한다. 대조적으로, 코칭, 즉 리더와 코치의 관계는 일반적으로 6~18개월로 기간이 상대적으로 짧으며 비공식적으로 발전하기보다는 공식적으로 계약을 맺음으로써 시작된다. 또한 멘토는 같은 조직의 구성원인 경우가 대부분이지만, 코치는 대부분 외부 코치를 고용하며 개인적인 유대감이나 친밀함을 기반으로 하지는 않는다.

조직은 신입 직원의 조직 사회화를 돕거나 신임 리더가 새로운 직무나 직책을 수행하는 데 필요한 노하우를 전수하기 위해 멘토링을 활용한다. 멘토링은 경력 개발뿐 아니라 사회적 지원 등도 제공하는 것이 특징이며, 일반적으로 경력 초기 단계에 참여했을 때 가장 큰 효과를 경험할 수 있다.

그러나 리더 코칭의 경우, 경력 초기보다는 경력 중반에 발생할 가능성이 더 높다. 따라서 리더 초기에 방향을 잡고, 역할과 책임의 범위를 설정하며, 정체성을 형성하는 데는 멘토링이 효과적이다. 이후 리더 역할을 수행하며 더 나은 리더가 되기 위한 핀포인트 레슨(pinpoint lesson)이 필요한 경우 코칭이 효과적이다. 또한 멘토는 멘티가 처한 문제에 대해 함께 답을 찾아보는 것이 가능하다. 즉, 멘토링 안에서 부분적으로 코칭이 일어날 수 있다. 그러나 코칭 관계가 멘토링으로 발전하는 경우는 드물다.

B. 자문(Advisory)

코칭과 자문은 모두 경영진 혹은 리더를 대상으로 한다는 점에서 유사성을 띤다. 그러나 코칭이 리더 개인의 업무 효과성 증진을 위한 1대1 관계인 점에 반해,

자문은 특정 분야의 전문가가 자신의 비즈니스 통찰력이나 특정 영역의 전문 지식을 리더나 경영진에게 전달함으로써 조직 전반에 기여한다는 점에서 차이가 존재한다. 즉, 자문은 일반적으로 기업의 전략적 또는 운영상의 문제 해결을 위한 지식을 전문가가 리더 및 경영진에게 공유하여 조직의 활동을 계획하거나 실행하는 데 도움을 제공하는 행위로 볼 수 있다. 반면, 코치는 특정 비즈니스에 대한 통찰이나 권고 및 제언 등을 직접적으로 제공하지 않는다.

C. 경력 상담(Career Counseling)

경력 상담은 개인이 자신의 강점과 약점을 평가하여 외부 노동 시장에서 자신에게 적합한 직업을 탐색하도록 돕는 행위를 의미한다. 경력 상담은 상담자와 내담자 간의 1대1 계약 관계이자 비위계적인 수평적 관계라는 점에서 코칭과 가장 빈번하게 혼용되는 개념이다.

그러나 경력 상담의 경우, 조직에서 공식적으로 활용하는 개발 활동이라기보다는 개인이 사적으로 이용하는 서비스로 간주될 수 있다. 또한 리더의 현재 업무 효과성과 효율성 증진을 위해 특정 업무 기술과 능력에 초점을 맞추는 코칭과 달리, 경력 상담은 현재 조직 내부 및 외부의 직무 기회를 탐색하고 평가하기 위해 리더의 직업적 선호도, 가치관, 관심사, 개인적 삶 등에 대한 보다 포괄적인 조사가 이루어진다는 차이점이 있다.

D. 치료(Therapy)

하버드 경영대학의 린다 A. 힐(Linda A. Hill) 교수와 경영 컨설턴트 켄트 라인백(Kent L. Lineback)은 2011년 하버드 비즈니스 리뷰에 기고한 칼럼에서 좋은 리더를 넘어 위대한 리더가 되기 위한 가장 중요한 첫걸음으로 '리더 자신에 대한 관리(Managing Yourself)'를 지목했다. 대부분의 리더는 조직 관리와 성과 창출을 위해 헌신하며, 이 과정에서 정서적·신체적 소진을 경험한다. 신임 리더의 경우 새로운 역할에 대한 기대와 불안을, 고위 임원은 재계약에 대한 불안과 스트레스를 겪기도 한다. 최근 많은 기업이 이러한 리더들의 긴장을 완화하고 심리적 안정을 제공하여 정서적·신체적 소진을 방지하기 위한 상담 및 치료 프로그램에 관심을 기울이기 시작했다.

치료(therapy)는 리더들의 정서 및 행동 관련 문제를 임상적으로 다루는, 면허를 소지한 심리학자가 주로 수행한다. 이는 스트레스와 불안의 근본 원인을 파악하고 리더 개인이 그 고통에 대처하는 방법(coping strategies)을 개발하도록 돕는 행위이다. 치료는 가벼운 스트레스 및 불안 증세에 대한 상담부터 병리적 진단을 받은 환자까지 포괄하며, 치료 프로그램의 기간은 대상자의 문제나 증상의 진척도에 따라 달라진다.

치료는 장기적인 관점에서 근본적인 가치관이나 사고, 감정의 변화를 목표로 한다. 그러나 코칭은 건강한 개인을 대상으로 하며, 구체적인 목표와 이를 위한 제한적인 기간을 갖는다는 점에서 차이가 있다. 또한 코칭은 리더의 감정 변화보다는 행동 변화를 주된 목적으로 한다는 점에서도 구분된다.

2) 멘토링(Mentoring)

멘토링은 코칭과 함께 가장 대표적인 개발 활동으로 언급된다. 월 스트릿 저널(The Wall Street Journal)의 2009년 기사에 따르면, 포춘 500대 기업 중 약 70%가 공식적이고 전통적인 멘토링 프로그램을 제공하는 것으로 알려졌다. 계약관계를 바탕으로 하는 코칭과 달리, 멘토링은 일반적으로 '경험이 많은 개인(멘토)과 경험이 적은 개인(멘티/프로테제) 사이에 이루어지는 전문적이고, 발전 지향적인 대인 관계'로 정의할 수 있다. 즉, 멘토링의 핵심은 관계의 구축을 통해 세대 간의 사고 혹은 전문지식의 격차 등을 해소하기 위한 활동이다.

멘토링 프로그램은 외부 강사, 별도의 강의실, 회의 시설 또는 기타 물적 자원이 필요하지 않아 기존의 훈련 및 개발 활동보다 효율적이다. 따라서 리더 개발뿐만 아니라 다양한 맥락에서 활용되고 있다. 멘토링의 형식 또한 직장 내 신입사원 멘토링, 청소년 멘토링, 학업 멘토링, 리버스 멘토링 또는 동료 멘토링과 같은 다양한 형태를 취한다. 기업에서 가장 많이 활용하는 형태는 경험이 많은 선배 사원이나 상위 직급자, 임원 등을 멘토로 선정하여 경험이 적은 신입 사원이나 신규 팀 멤버, 혹은 신임 리더와 짝을 지어 멘티의 발전을 촉진하고 가속하는 전통적인 방식이다.

일반적으로 멘토는 멘티에게 도구적 지원(Instrumental Support)과 심리사회적 지원(Psychosocial Support) 지원을 제공한다. 도구적 지원은 멘토가 멘티의 경력 목표 달성을 돕기 위해 업무에 대한 피드백을 제시하고, 조직 내에서 멘티의 스폰서 역할을 수행하거나, 사회적 네트워크를 제공하고, 도전적인 업무 과제를 부여하며, 주목받을 수 있는 기회를 제공하는 것 등이다. 심리사회적 지원은 멘토가 멘티의 말을 적극적으로 경청하고 공감을 표하며 성취를 격려하는 정서적 지지를 통해, 멘티가 정서적·사회적으로 유능한 개인으로 성장하도록 돕는 것이다.

이러한 특징 때문에 멘토링은 조직에서 공식적으로 운영하는 프로그램을 통해 멘토와 멘티가 매칭되는 경우가 많지만, 개인적인 호감과 친분에 의해 비공식적으로 이루어지는 경우도 빈번하다. 이처럼 긍정적인 관계를 바탕으로 하기 때문에 멘토링을 운영하거나 참여할 때 주의해야 할 점이 있다. 많은 이들이 멘토링을 멘토와 멘티가 만나 좋은 선후배나 동료 관계를 유지하는 것으로 오해한다. 멘토와 멘티의 성향이나 첫인상, 호감 등은 관계 형성을 위한 촉매일 뿐, 근본적인 목적은 아니다.

멘토와 멘티는 특정한 목적을 가지고 만난다. 단순히 친목을 도모하기 위함이 아니라, 멘토에서 멘티로 반드시 전달되어야 하는 지식과 경험이 존재하기 때문이다. 따라서 어떠한 목적을 달성하기 위해 관계를 형성하는지가 더욱 중요하다. 관계 형성에만 치중한 나머지 본래의 목적을 상실하고 흐지부지되는 멘토링 사례도 있다.

또 하나 명심할 점은 비공식 멘토링의 경우 멘티가 멘토를 선택하는 것이 효과적이라는 것이다. 멘토링을 체계적으로 발전시킨 미국 등 해외에서는 기본적으로 수평적인 문화가 사회 전반에 깔려 있으며, 직장 내 선배라고 하여 타인에게 충고하거나 업무를 가르칠 권한이나 의무가 없다. 우리나라처럼 대규모 공채나 신입사원 훈련 프로그램 또한 진행하지 않고 인턴십을 활용한 상시 채용이 일반적이다. 이로 인해 경력 초기에 도움을 받지 못하는 신입 직원이나 리더가 빈번히 발생했고, 멘토링의 필요성과 그 유용성이 체감되었다.

그러나 우리나라는 기본적으로 위계적인 문화권이며, 직장 내에서도 선후배 관계가 이어진다. 무엇보다 신입사원의 경우 소위 '배우려는 자'가 미덕으로 간주되며, 반대로 선배들에게는 멘토와 같은 태도가 요구된다. 선후배가 비공식적 멘토링을 자연스럽게 시작하는 경우도 많다. 상황이 이렇다 보니 조직에서 멘토링을 공식적으로 운영해도 큰 감흥이 없다. 애초에 팀 내에 멘토의 역할을 자처하는 선배들이 많고, 업무 맥락도 더 잘 알고, 멘티에게 미치는 영향도 크기 때문이다.

문제는 이러한 선후배 관계는 진정한 멘토링이 아니며, 멘티에게 좋은 역할 모델을 제공할 가능성이 낮다는 것이다. 따라서 멘토링이 효과적이기 위해서는 해당 조직의 구조나 문화에 대한 충분한 이해를 바탕으로 해야 하며, 팀 내에서 멘토를 지정할 경우 멘티의 의견을 적극적으로 반영하는 등 보완책이 필요하다.

멘토링의 목적은 멘토링 기간의 지속성과도 관련이 있다. 조직에서 멘토링 프로그램을 운영할 때, 최소한 월 1회 모임을 지정하는 경우가 많다. 만약 한 달에 한 번이 짧다고 생각한다면, 친한 친구나 가족 모임을 일 년에 몇 번 갖는지 떠올려 보자. 월 1회 빈도로 친한 친구를 만나는 사회인은 드물 것이다(리더 직급이라면 더욱 그러하다). 리더 멘토링의 경우 월 1회 만나는 것조차 쉽지 않다. 따라서 관계가 잘 형성된 멘토-멘티는 실제로 만나지 않더라도 이메일, 전화 통화, 화상회의 등 비대면 방식을 통해 대안적인 만남을 추진하기도 한다.

① 멘토링의 강점 및 이슈

리더십 연구자와 현장 실천가들은 리더 개발 과정에서 멘토링이 갖는 중요성을 일관되게 강조해 왔다. 연구와 실천 사례를 통해 밝혀진 리더 개발에서의 멘토링의 장점 및 효과는 다음과 같다.

첫째, 멘토링은 멘토와 멘티의 동반 성장을 가능하게 한다. 특히 리더십 개발에 특화된 멘토링 프로그램은 멘토가 멘티와의 상호작용을 통해 리더로서의 역량과 리더 개발자로서의 통찰력을 동시에 함양하도록 지원하며, 이를 통해 자신이 속한 조직을 더욱 효과적으로 이끌어 갈 수 있는 기반을 마련한다.

둘째, 멘토링은 실질적인 학습 적용 가능성과 높은 맥락적 이해도를 제공한다. 멘토와 멘티는 외부 강사에 의해 진행되는 훈련 프로그램과 달리, 실제 업무 환경에서 발생하는 문제, 이슈, 사례들을 멘토링 세션에서 직접 논의하고 학습한다. 이러한 접근 방식은 '학습된 내용이 실제 적용 과정에서 손실되는 현상(Lost in Translation)'을 최소화하여 학습의 즉각적이고 용이한 현장 적용을 가능하게 한다.

또한 조직 내 인원으로 구성된 멘토링은 코칭과 비교했을 때 맥락에 대한 이해도가 높아 더욱 심층적이고 실질적인 지원을 제공할 수 있다.

마지막으로, 리더십 연구에서 최근 주요 화두로 부상한 리더 정체성 개발과 멘토링의 효과에 대한 증거들이 보고되고 있다. 리더 정체성 개발에 초점을 맞춘 멘토링 프로그램은 초기 리더에게 바람직한 롤모델을 제공함으로써, 리더 개발의 초기 단계에서 중요한 역할을 수행한다. 폴 레스터(Paul B. Lester)의 주도하에 육군사관학교의 생도들을 대상으로 진행된 6개월간의 리더 멘토링 프로그램에서 멘토링은 강의식 수업을 받은 집단과 비교했을 때, 멘티의 '리더 자기 효능감(Leader Self-efficacy)'을 높이는 데 더욱 효과가 있음이 밝혀졌다. 리더 자기 효능감은 리더 개발 및 성과 향상과 가장 관련성이 높은 것으로 여겨지는 리더 정체성의 한 측면으로, '다양한 리더 역할을 수행하고 효과적인 성과를 달성할 수 있다는 리더 스스로의 능력에 대한 믿음'이다. 리더의 효과성을 높이는 데 중요한 역할을 할 뿐만 아니라 어떤 경험과 도전을 추구할지 선택하는 데 영향을 미치기 때문에 향후 리더 개발에도 중요하다.

이처럼 멘토링이 리더 개발 초기 단계의 멘티에게 역할 모델을 제공하고 리더 자기 효능감을 높이는 데 효과적인 것은 분명하다. 그러나 멘티와는 달리 멘토에게 동일한 수준의 성장과 지원이 주어지지 않을 수 있다는 점도 고려해야 한다. 경력 초기 리더의 멘토 역할을 수행하는 리더는 상위 직급에서 훌륭하게 리더 역할을 수행하는 경우가 많다. 이 때문에 이들이 멘토링에서 직접적인 성장을 경험하기는 쉽지 않으며, 오히려 멘토링을 소모적인 프로그램으로 인식할 수도 있다.

실제로 멘토링이 멘토의 성장에 미치는 영향에 대해서는 상반된 연구 결과들이 존재한다. 예를 들어, 2012년 고려대학교 전재욱 교수팀은 한국 기업을 대상으로 한 종단 연구에서 멘토의 변혁적 리더십 행동이 증가했음을 보고했다. 그러나 3년 후인 2015년, 호주 라 트로브 대학(La Trobe University)의 산드라 G. 레가트(Sandra G. Leggat) 교수팀은 호주 간호사를 대상으로 진행한 18개월간의 리더십 개발 프로그램 연구에서, 멘티의 변혁적 리더십은 향상되었지만 멘토의 리더십에는 어떠한 영향도 관찰되지 않았음을 발견했다. 이처럼 멘토링이 멘토의 성장에 미치는 긍정적 영향은 아직 체계적인 연구가 더 필요한 상황이다.

그럼에도 멘토링 연구는 본질적인 특성으로 인해 수행에 어려운 점이 있으며, 이로 인해 연구 수가 제한적이다. 이는 주로 다음과 같은 요인들에서 기인한다. 첫째, 관계의 복잡성이다. 멘토링 관계는 장기간에 걸쳐 역동적으로 진화하며 다양한 형태로 나타나기에, 이를 정량적으로 분석하고 유형화하는 데 어려움이 따른다. 둘째, 데이터 수집의 난이도가 높다. 멘토링의 장기적인 효과를 입증하려면 장기간에 걸친 추적 조사가 필수적이며, 이 과정에서 연구 참여자를 확보하고 유지하는 데 어려움이 따른다. 또한 멘토링 관계의 민감한 특성상 솔직하고 심층적인 데이터를 확보하기가 쉽지 않다. 셋째, 연구 설계 및 윤리적 제약 또한 중요한 요인이다. 멘토링 관계의 특성상 통제된 실험 설계를 적용하기 어렵고, 인간 관계를 다루는 만큼 윤리적 고려 사항이 많아 연구 수행에 제약이 발생한다. 이러한 어려움으로 인해 멘토링의 효과는 엄밀한 과학적 연구보다는 다양한 사례 연구를 통해 확인되는 경우가 많다.

② 리버스 멘토링(Reverse mentoring, 역(逆) 멘토링)

전통적인 멘토링에서 발생할 수 있는 멘토와 멘티 간 성장 불균형을 완화하고, 조직 내 리더십 파이프라인 구축에 더욱 효과적이라고 평가받는 방식이 바로 리버스 멘토링(reverse mentoring)이다. 리버스 멘토링은 젊은 직원과 경영진이 짝을 이루어 전략 및 문화와 관련된 다양한 주제를 학습하고 논의하는 프로그램으로, 젊은 직원이 멘토가 되고 나이가 많거나 직급이 높은 리더가 멘티가 되는 형태를 취한다.

리버스 멘토링은 1999년 GE의 잭 웰치 회장이 최고 경영자 500명에게 인터넷 활용법을 배우도록 지시하면서, 최고 경영자와 젊은 직원을 매칭시킨 과정에서 유래했다. 잭 웰치 회장 또한 직접 젊은 사원으로부터 리버스 멘토링을 받았다. 초기에는 젊은 세대 인재 유지 및 젊은 소비자와의 연결 고리 확보를 위한 방안으로 기업에서 활용되었으나, 오늘날 리버스 멘토링의 영역은 단순한 기술적 지식 공유를 넘어 전략적 문제, 리더십, 업무 접근 방식 등 다양한 사고방식에 대한 교류로 확장되고 있다.

리버스 멘토링은 약 20년의 비교적 짧은 역사를 가지고 있으며, 전통적인 멘토링과 달리 다소 급진적인 특성으로 인해 도입을 시도하는 기업이 적은 편이다. 또한 한국과 같이 유행을 따라 도입했다가 문화적 이질성 등으로 인해 중단하는 사례도 많다. 이처럼 실무적 관심에 비해 리버스 멘토링에 대한 연구는 매우 희소하다.

미국 최고의 기업가 정신 프로그램으로 유명한 뱁슨 컬리지(Babson College)의 웬디 마친쿠스 머피(Wendy Marcinkus Murphy) 교수의 논문에 따르면, 2012년까지 경영학 분야에서 리버스 멘토링 연구는 전무했으며, 교육학 분야에서 단 두 건만이 존재할 정도로 학술적 연구가 매우 제한적이었다.

따라서 본 장에서는 리버스 멘토링에 대한 학술 연구 결과보다는, 전 세계적으로 리버스 멘토링을 가장 성공적으로 활용하고 있는 기업 중 하나인 에스티 로더(The Estée Lauder Companies)의 사례를 통해 리버스 멘토링의 구체적인 방법, 리더 개발에 미치는 효과, 그리고 주요 이슈들을 살펴보고자 한다.

③ 에스티 로더의 CEO 글로벌 리버스 멘토 프로그램

에스티 로더는 화장품 및 패션 등 글로벌 뷰티 사업을 이끌고 있는 리딩 기업으로 스탠더드 앤 푸어스 500 지수(Standard & Poor's, S&P 500 Index)에 포함된 세계적인 대기업이다. 에스티 로더의 CEO 글로벌 리버스 멘토 프로그램은 뉴스, 잡지, 소셜 미디어를 포함한 각종 매체와 세계 유수의 경영대학 수업에서 심도있게 다뤄지고 있다.

에스티 로더의 리버스 멘토링 프로그램은 CEO인 파브리지오 프레다(Fabrizio Freda)의 주도로 2015년에 시작되었다. 당시 젊은 소비자들 사이에서 감지된 소비자 행동 변화에 주목한 프레다는 글로벌 경영 전략 담당 수석 부사장인 페베 패로우 포트(Phebe Farrow Port)에게 빠르게 부상하는 변화와 트렌드를 교육해 줄 인재를 찾아달라고 요청했다. 이에 포트는 소셜 미디어 플랫폼부터 밀레니얼 세대에게 인기 있는 오프라인 매장에 이르기까지 모든 것을 안내해 줄 젊은 직원을 프레다에게 연결했다. 밀레니얼 직원과의 교류를 통해 얻은 통찰력을 바탕으로 프레다는 즉시 임원들을 위한 '리테일 사파리(Retail Safari, 기업 임원이나 직원들이 최신 시장 트렌드와 소비자 행동을 이해하기 위해 다양한 소매점을 직접 방문하고 탐색하는 활동)'를 개설했으며, 한 달 만에 정식 리버스 멘토링 프로그램을 출범시켰다. 현재 에스티 로더는 전 세계적으로 650명 이상의 리버스 멘토 참여자, 300명 이상의 임원 멘티 참여자, 40개 이상의 프로그램을 운영 중이다. 이 프로그램은 비즈니스 동향 파악은 물론, 사내 문화 측면에서도 세대 간 격차를 해소하는 중요한 가교 역할을 수행하고 있다.

리버스 멘토링 참가자 모집을 위해 에스티 로더는 인사 부서를 통해 자사 모든 브랜드, 국가/지역 및 부서 내 젊은 인재 중 성과가 매우 뛰어난 직원들에게 프로그램 지원 및 면접 기회를 제공한다. 이후 경영진이 제기한 문제점을 바탕으로 멘토가 필요한 임원을 파악하고, 해당 임원에게 다른 관점을 제시할 수 있는 직원과 매칭시킨다. 예를 들어, 글로벌 공급망 부서의 사원과 옴니채널 전략(Omnichannel Strategy, 모든 채널을 통합하여 통일되고 일관된 브랜드 경험을 제공하는 전략) 부서의 임원이 파트너가 될 수 있다. 멘토 직원과 멘티 임원은 분기당 최소 1회 만남을 권장하지만 대부분은 월 1회 만나며, 임원이 직원에게 조언을 요청하는 이메일 교류도 활발하다. 멘토 직원에게는 임원들과 교류하고 멘토 역할을 수행하며 리더 경험을 쌓을 기회가 주어지며, 경영진에게 차세대 리더 후보로 노출될 수 있는 기회도 얻는다. 또한 이들의 멘토링 활동은 '자신의 책임을 뛰어넘는(above and beyond their responsibilities)' 성과로 인정되어 인사고과에 긍정적으로 반영된다.

④ 리버스 멘토링의 효과

리버스 멘토링은 왜 리더 개발에 더욱 효과적일까? 머피 교수는 리버스 멘토링이 리더 개발에 대해 갖는 강점을 다음과 같이 정리한다. 먼저, 리버스 멘토링은 젊은 세대에게 리더로서 학습하고 성장하는 중요한 교두보를 제공한다. 특히 고위 임원진과의 일대일 교류 기회는 젊은 멘토가 조직의 비즈니스와 전략에 대한 관점을 확장하고 정교화하는 데 기여한다. 이들은 임원과의 관계 속에서 업무와 목표를 조율하며 리더로서의 역량을 개발하고, 다양한 리더들을 만나 그들의 사고방식과 통찰력을 습득할 수 있다. 또한 리버스 멘토링을 통해 멘토와 멘티 모두 개인적인 네트워크를 강화하고 세대 간의 이해를 증진시켜 조직 내 세대 간 격차를 줄이는 데 기여한다.

리버스 멘토링은 전통적인 멘토링에 비해 더욱 구체적인 목표를 가지고 운영되는 경향이 있다. 이는 멘토의 역할 모호성을 감소시키고 직무 만족도를 높이는 효과로 이어진다. 특히 명확한 방향과 즉각적인 피드백을 선호하는 밀레니얼 세대에게 더욱 매력적으로 작용하여, 핵심 인재의 이탈을 방지하는 데 기여한다. 스위스 국제경영개발원(IMD)의 제니퍼 조던(Jennifer Jordan) 교수와 연구원 마이클 소렐(Michael Sorell)에 따르면, BNY 멜론 퍼싱(BNY Mellon's Pershing)은 리버스 멘토링에 참여한 첫 번째 기수에서 96%에 달하는 높은 핵심 인재 유지율을 기록했다. 마지막으로, 리버스 멘토링은 잠재력이 높은 차세대 리더군을 평가하고 선발하기 위한 귀중한 데이터를 제공함으로써, 조직의 리더십 파이프라인을 효과적으로 구축하는 데 유용한 정보를 제공한다.

⑤ 리버스 멘토링 활용 시 유의점

멘토링과 마찬가지로 성공적인 리버스 멘토링을 위해 가장 주안점을 두어야 하는 것은 역시 멘토-멘티의 매칭이다. 전문가들은 지역, 부서, 직급, 성격 등을 고려한 다양성 기반의 매칭을 강조하며, 공식적인 매칭 이전에 멘티와 상의할 것을 권고한다. 이는 멘토링의 본질이 멘티의 의사를 존중하는 데 있기 때문이다. 조던 교수에 따르면, 대부분의 밀레니얼 세대 멘토는 멘티가 헌신적이기만 하다면 멘티의 성향이나 직급에 상관없이 매칭을 수락하는 경향이 있었다. 반면, 임원급 멘티들은 상사의 시선이나 이해관계 충돌을 우려하여 매칭 선택에 더욱 신중한 태도를 보였다. 즉, 리버스 멘토링 또한 기본적으로 멘토링의 범주에 속하므로, 멘티의 불신과 두려움을 해소하는 과정이 필수적이다. 특히, 수평적인 문화로 알려진 서양에서도 임원들은 자신의 지식 부족을 후배 직원에게 드러내는 것, 혹은 후배 직원이 민감한 정보를 동료와 공유할 가능성을 우려하는 경향이 나타난다.

두 번째 핵심 요소는 멘티로부터의 적극적인 참여 의지와 강한 헌신을 이끌어내는 것이다. 조던 교수와 소렐 연구원은 리버스 멘토링 프로그램이 실패하는 가장 큰 이유로 경영진이 관계를 우선시하지 않는 점을 지적한다. 에스티 로더의 리버스 멘토링 프로그램은 CEO 프레다의 '모든 자리에서의 리더십(Leadership from Every Chair)'이라는 철학으로 모든 경영진의 헌신적인 참여를 이끌어 낼 수 있었다. 그러나 대부분 임원들의 바쁜 일정을 핑계로 세션이 한두 번 취소되면 멘토링을 지속할 추진력이 빠르게 소멸한다. 이를 방지하기 위해 조던과 소렐은 멘토들이 멘토링을 적극적으로 이끌 역량을 갖추도록 사전 훈련 프로그램을 먼저 제공해야 함을 강조한다. 이들의 연구에 따르면, 멘토링 사전 교육을 받지 않은 경우 멘토-멘티 관계의 약 3분의 1만이 성공하고 교육을 받으면 성공률이 약 3분의 2로 증가하는 것으로 나타났다.

국내의 경우 과거 몇몇 기업이 리버스 멘토링 제도를 유행에 따라 도입하였으나, 위계적인 조직문화와 융화되지 못하고 폐지된 경우가 많았다. 그러나 팬데믹 이후, 이른바 'MZ세대'로 불리는 2030세대의 부상과 함께 한층 수평적인 사회분위기가 조성됨에 따라, 최근에는 LG유플러스와 같은 통신 기업뿐만 아니라, 교보생명, 우리금융그룹 등 보수적으로 평가받는 금융업체와 공공기관에도 리버스 멘토링이 도입 및 확산되고고 있는 추세이다.

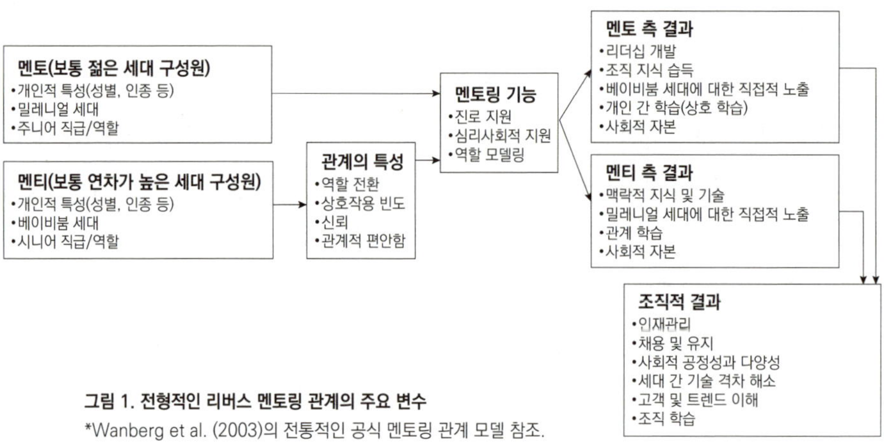

그림 1. 전형적인 리버스 멘토링 관계의 주요 변수

*Wanberg et al. (2003)의 전통적인 공식 멘토링 관계 모델 참조.

그림 5-1 리버스 멘토링의 핵심요소와 결과

하지만 리버스 멘토링을 성공적으로 운영하려면 단순히 시니어들에게 젊은 세대를 이해할 것을 요구하는 데 그쳐서는 안 된다. 에스티 로더와 구찌처럼 리버스 멘토링을 통해 조직 성과 개선과 리더십 승계를 성공적으로 달성하는 기업들은 비즈니스와 리버스 멘토링 간의 명확한 연관성을 지닌다는 특징이 있다. 예를 들어, 뷰티 사업의 경우 주 고객층인 젊은 세대의 생각을 파악하는 것이 중요하므로 리버스 멘토의 의견이 가치 있게 수용될 수 있다. 이는 비즈니스 모델 자체가 젊은 세대의 트렌디한 아이디어를 비중 있게 다룰 여지를 내포하고 있음을 의미한다. 따라서 리버스 멘토링을 도입하려는 기업들은 조직 문화 개선이나 세대 간 소통, 시니어들의 디지털 리터러시 향상 등의 목적에 앞서, 리버스 멘토링이 궁극적으로 비즈니스에 가져올 수 있는 실질적인 이점에 대해 심도 있게 고민할 필요가 있다.

3) 액션러닝(Action Learning)

1945년 10월, 영국 광산협회(The Mining Association of Great Britain)에서 발행한 영국 탄광 산업의 미래에 관한 보고서에 관리자의 훈련과 관련된 흥미로운 내용이 실린다. 당시 광산협회의 교육원장(Direct or Education)을 맡고 있던 레지널드 윌리엄 레반스(Reginald William Revans)는 이 보고서에서 '직원대학(Staff College)' 설립을 제안했다. 그는 직원대학은 현장 관리자들이 집단 토론을 통해 서로에게 배우며 당면한 문제의 해결책을 찾는 훈련 기관이 되어야 한다고 주장했다. 특히 일반 기업의 인재개발원과 달리 직원대학에 상주하는 훈련 전문가나 전임 강사를 두지 말고, 특정 과업 해결에 도움이 필요할 경우에만 해당 분야 전문가나 강사를 초빙할 것을 권고했는데, 이것이 바로 액션러닝의 시초이다.

이후 영국의 석탄 산업이 국유화되면서 국가석탄위원회는 자체적인 직원 대학을 설립하였고, 이에 따라 광산협회의 제안은 더 이상 추진되지 않았다. 또한 제2차 세계대전 직후의 시대적 상황으로 인해 많은 관리자들이 전쟁에 차출되거나 사망하면서, 탄광 운영 실무에 대한 이해가 부족한 석탄 기업 본사의 전문가들이 현장 관리자들에게 일방적으로 문제 해결 방안을 지시하는 것은 불가능했다. 이에 따라 당시 탄광에서 근무하던 관리자들은 자신들이 직면한 조직 관리 문제, 예를 들어 교대 근무 관련 인력 배치, 높은 결근율, 새롭고 익숙하지 않은 미국산 기계의 유지 보수, 모든 원자재 비용 상승에 따른 자재 공급 시스템의 합리화, 주로 어린 소년들과 말을 사용했던 지하 운송 시스템의 개선 등을 해결하기 위해 자발적으로 모여 논의를 시작했다.

관리자들은 실제 업무 과정에서 얻은 지식과 관찰 내용을 직장에서 만나 논의했다. 이들은 문제를 정의하고, 해결 방안을 모색하며, 기대하는 결과를 공유했다.

또한 다음 모임 전에 시도할 수 있는 다양한 실용적인 제안들을 주고받았다. 약 3년간 지속된 이러한 모임을 통해 관리자들은 과거의 경험과 통찰을 효과적으로 활용하여 미래의 문제를 예측하는 방법을 습득했다. 이를 바탕으로 그들은 탄광 운영에 관한 핸드북을 작성했는데, 이 핸드북은 주로 새로운 문제에 직면했을 때 스스로에게 던져야 할 질문들로 구성되었다.

이러한 현장 중심의 학습 경험은 다시 레반스(Revans)에 의해 체계적으로 정리되어 액션러닝의 초기 형태로 발전했다. 이후 액션러닝은 실질적인 문제 해결을 통해 관리자의 역량을 향상시킬 수 있는 효과적인 방법으로 인정받게 되었다. 그 결과 듀폰(Dupont), 보잉(Boeing), 모토로라(Motorola), 노키아(Nokia), GE, 볼보(Volvo), 존슨앤존슨 등 전 세계 수백 개의 기업이 사내 리더십 개발 프로그램에 액션러닝을 도입하게 되었다.

① 액션러닝을 통한 리더 개발: GE의 사례

1990년대 후반부터 액션러닝을 연구해 온 조지워싱턴 대학의 마이클 마쿼트(Michael Marquardt) 교수에 따르면, 리더 개발을 위해 액션러닝을 도입한 선구적인 기업들 중, 가장 오랜 역사와 성공적인 사례로 손꼽히는 것은 바로 GE의 액션러닝 기반 리더 개발 프로그램이다.

1980년대 후반까지 GE의 리더 육성 프로그램은 주로 강의, 사례 연구, 컴퓨터 시뮬레이션으로 구성된 훈련 중심이었다. 이 프로그램은 리더십, 팀워크, 글로벌 경쟁, 비즈니스 전략에 관한 모듈을 포함했으며, 다른 프로그램들과 마찬가지로 다양한 주제를 종합하는 통합 활동으로 마무리되곤 했다. 그러나 당시 CEO였던 잭 웰치(Jack Welch)는 강의장에서 이루어지는 이러한 훈련 중심의 리더 개발 프로그램이 급변하는 경영 환경에서 GE를 이끌어 나갈 리더를 육성하는 데 적합하지 않다고 판단했다. 이에 따라 GE는 강의장에서 이루어지는 인지적 학습 중심의 훈련 모델에서 벗어나, 실제 리스크를 감수하며 조직이 당면한 문제를 해결하기 위한 학습에 기반한 모델로 전환하게 된다.

GE의 액션러닝 기반 리더십 프로그램은 다음과 같은 네 가지 핵심 목표를 가졌다. 첫째, 참여자들이 실제 GE의 사업적 이슈에 적용된 비즈니스 개념과 기술을 학습하고, 이를 적용하며 피드백을 받을 수 있도록 한다. 둘째, GE 사업과 관련된 중요한 이슈 해결에 실질적인 도움을 제공한다. 셋째, 참여자들이 다기능(Multi-functional) 팀을 이끌기 위한 필수적인 리더십 및 팀 기술을 개발할 수 있도록 한다. 마지막으로, 참여자들이 새로운 비즈니스 및 리더십 기술을 업무 환경에 적용하기 위한 개인적 실행 계획(Action Plan)을 개발하도록 지원한다.

GE의 액션러닝 팀은 조직의 비즈니스와 깊이 연관된 실제적이고 중요한 의사결정이 필요한 문제들을 중심으로 구성되었다. 각 팀은 일반적으로 GE의 다양한 부서에서 온 5~7명으로 이루어졌으며, 통상 두 개의 팀이 함께 문제 해결에 나섰다. 액션러닝 프로그램 시작 전, GE의 인재개발담당자는 해결해야 할 이슈를 가진 부서와 협력하여 문제를 명확히 정의하고, 각 문제와 관련된 시장, 고객 및 재무 정보를 정리하여 참가자들이 프로그램을 시작하면서 검토할 수 있도록 제공했다.

리더 개발 액션러닝 프로그램의 첫째 주에는 다양한 팀 빌딩 연습과 함께 참여 리더들은 프로젝트에 대한 브리핑을 받는다. 이어서 2~3주차에는 팀별로 계획을 수립하고, 주요 관리자들에게 질문하며 다양한 진단 활동을 수행한다. 프로그램의 마지막 주차에는 프로젝트를 제공한 클라이언트(해당 부서 임원)를 대상으로 해결방안에 대한 프레젠테이션을 팀별로 진행한다. 클라이언트는 프로젝트의 핵심 이슈와 관련된 핵심 실무자들로 구성된 팀을 동반하여, 이들로부터 각 팀의 리더십과 팀워크에 대해 성찰하고 피드백을 받을 수 있는 기회를 제공받았다.

일례로, 독일 하이델베르크에서 열린 액션러닝 프로젝트에서는 참여자들에게 유럽 내 잠재적인 신규 시장 확보라는 과제가 주어졌다. 첫 주에 참여자들은 유럽 내 GE 운영 현황 개요를 파악했으며, 둘째 주에는 GE의 플라스틱, 조명, 배전 및 제어 사업부의 프로젝트를 학습했다. 각 팀은 창의적인 접근을 통해 GE가 새로운 부가가치를 창출하고 시장을 변화시키며 소매업체와 고객을 만족시킬 수 있는 효과적인 방안을 구상했다. 이들은 유럽 전역을 직접 여행하며 인터뷰를 진행하고, 현지 문화, 언어, 통화, 법률, 세법의 영향과 국가 브랜드에 대한 소비자 선호도를 직접 경험했다. 이 과정에서 참여자들은 서로에게 디브리핑을 하며 아이디어를 공유했고, 최종적으로 보고서를 작성하여 잭 웰치를 포함한 GE 경영진에게 발표했다.

GE의 액션러닝 프로그램은 성공적인 리더 개발 사례로 평가받았으며, 전 세계

기업들은 빠르게 이들의 방식을 벤치마킹했다. 국내에서도 삼성, LG, SK, CJ, 포스코 등 주요 대기업들을 중심으로 액션러닝 프로그램이 도입되어 핵심 인재 및 리더 개발과 조직 혁신 등의 목적으로 운영되고 있다.

② 액션러닝의 특징과 효과

액션러닝은 명칭 그대로 액션(문제 해결)과 러닝(학습)이 결합된 활동이다. 이러한 액션러닝은 기본적으로 경험 학습(Experiential Learning) 이론에 기반하여, 해결책 탐색 및 실행, 과정과 결과에 대한 성찰, 학습, 그리고 다음 단계 계획이라는 순환적인 사이클로 구성된다. 참여자들은 일반적으로 수개월에 걸쳐 이러한 사이클을 반복적으로 경험하며 실제 문제를 해결하고 동시에 학습을 진행한다.

앞서 언급된 사례와 같이, 액션러닝을 통해 조직은 차세대 리더를 개발하는 동시에 조직의 비즈니스 이슈를 해결하는 두 가지 이점을 동시에 누릴 수 있다.

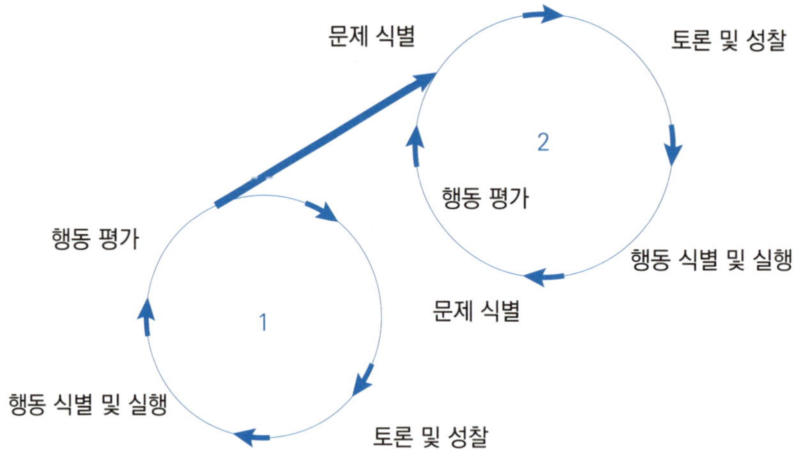

그림 5-2 액션러닝의 사이클

첫째, 리더 개발에 활용되는 액션러닝의 참여자들은 대개 조직 내 핵심 인재로 선정된 차세대 리더 후보군이다. 이들은 '경영진의 밤잠을 설치게 하는 중요한 문제'를 해결하거나 신사업 발굴 및 시장 개척 임무를 수행하는 등, 경영진의 관점에서 회사의 비즈니스를 심층적으로 분석하고 이를 해결하기 위한 전략적 의사결정에 참여하며 경영에 필요한 역량을 함양하게 된다. 또한 다양한 부서에서 선발된 역량 있는 인재들과 협력하는 과정에서 자신의 분야와 관련된 내용을 주도해야 하며, 서로 다른 인재들의 차이점과 다양성을 수용하고 시너지를 도출하는 경험을 통해 조직 관리의 실제를 체득하게 된다.

둘째, 액션러닝의 핵심 활동이라 할 수 있는 질문, 성찰, 탐구를 통해 참여자들은 빠르게 변화하는 경영 환경에 적응하고 앞서 나가기 위해 리더에게 필수적인 학습 민첩성(Learning Agility), 즉 민첩하고 유연하게 지속적으로 학습해 나가는 역량을 개발하게 된다.

리더 개발 전문가들은 액션러닝이 리더들의 다양한 핵심 역량 강화에 기여한다고 주장한다. 구체적으로, 분석력, 전략적 사고, 창의력과 같은 인지적 능력뿐만 아니라, 기획 및 프로그램 관리와 같은 실행력, 그리고 동기 부여 및 의사소통과 같은 관계 형성 능력, 나아가 자기 관리 능력까지 향상시킬 수 있다는 것이다. 또한 리더의 코칭에 관한 저술로 유명한 메리 디 힉스(Mary Dee Hicks)와 데이빗 피터슨(David Peterson)은 리더 개발 방법인 훈련, 코칭, 멘토링, 시뮬레이션, 360도 피드백 등을 액션러닝과 비교하며, 통찰력, 동기 부여, 기술 습득, 실제적 경험, 책임감이라는 모든 측면에서 액션러닝이 다른 방법들보다 더욱 효과적이라고 주장한다. 마쿼트 교수는 대부분의 액션러닝 팀이 2주 또는 3주마다 주기적으로 모임을 갖는다는 점에 주목한다. 이러한 주기적인 간격은 팀원들이 각 사이클 사이에 새로운 지식과 기술을 통합하고 연습할 수 있도록 하여, 학습한 내용의 현업 적용성을 크게 높일 수 있음을 지적한다(이는 5장 후반부의 훈련 설계 원리와 일맥상통한다).

액션러닝은 전문가별로 정의와 절차, 주요 요소에 약간의 차이가 있지만, 다음 세 가지 핵심 특징으로 다른 활동과 구분된다. 첫째, 실제적인 문제 해결에 초점을 맞춘다. 둘째, 참여자 주도의 팀 기반 학습을 지향한다. 셋째, 조직 차원의 해결책 도출을 목표로 한다.

마쿼트 교수에 따르면 액션러닝의 형태는 크게 '단일 프로젝트 프로그램(Single Project Program)'과 '오픈 그룹 프로그램(Open Group Program)'으로 나뉜다. 단일 프로젝트 프로그램은 각 팀이 조직으로부터 부여받은 하나의 중요한 과제를 수행하며,

러닝 코치가 추가로 투입되는 형식이다. 반면, 오픈 그룹 프로그램은 각 팀 구성원들이 관심 있는 문제를 자율적으로 선정하여 여러 이슈를 동시에 해결하는 방식이다. 두 방식 모두 장단점이 존재하지만, 일반적으로 리더 개발을 위한 액션러닝은 단일 프로젝트 프로그램에 더 중점을 둔다. 단일 프로젝트 방식은 여러 인원이 하나의 과제에 집중하고, 조직이 전략적으로 중요한 과제를 선정하므로, 참여자들이 경영진의 관점을 경험하기에 더욱 용이하다. 또한 각 부서별 이슈가 아닌 조직 전체의 과제이기에 강력한 스폰서십을 확보하기 쉽고, 하나의 과제를 해결하는 팀으로서 리더십과 팀워크를 함양하는 데 효과적이다.

액션러닝의 효과적인 실행을 위해서는 두 가지 차원의 인적 지원이 반드시 동반되어야 한다. 첫째는 '학습 코치(Learning Coach)'의 존재다. 이들은 액션러닝 활동의 각 사이클에서 학습을 촉진하는 역할을 한다. 학습 코치는 주로 컨설턴트나 교수와 같은 외부 전문가, 또는 이전에 액션러닝을 수료한 내부 인원이나 인재개발팀 직원으로 구성된다. 이들의 역할은 전체적인 일정 조율, 구성원 간의 상호작용 촉진, 그리고 학습 지원이며, 문제 해결 과정에 직접적인 조언이나 참여는 하지 않는다.

둘째는 스폰서(sponsor)의 역할이다. 조직 내에서 액션러닝 팀의 해결책을 적극적으로 지지하고 이들의 활동을 지원해 줄 스폰서가 필요하다. 액션러닝이 효과적인 리더 개발 및 조직 혁신 도구임에도 많은 경우 단순히 강의장에서 이루어지는 팀 기반 문제 해결 학습이나 워크숍에 그치는 경향이 있다. 이는 주로 팀이 도출한 결과가 실제 사업에 반영될 수 있도록 지원하는 경영진의 스폰서십 부족에서 기인한다. GE의 사례(및 앞서 살펴본 리버스 멘토링의 경우)에서 명확히 드러나듯이, CEO와 경영진의 강력한 스폰서십은 프로그램을 바라보는 조직 구성원의 태도, 참여자들의 동기, 그리고 헌신에 지대한 영향을 미친다.

마지막으로, 액션러닝을 효과적으로 활용하기 위해서는 액션(실천)과 러닝(학습) 간의 균형이 필수적이다. 액션러닝의 초기 등장 배경 자체가 '액션', 즉 실천에 주안점을 두었다. 현장에서 해결 방안을 공유하고 빠르게 적용하며 다시 성찰하는 과정 속에서 탄생한 액션러닝은 GE에 의해 실제 리스크를 감수하며 문제를 해결하는 체계적인 활동으로 재해석되었다.

그러나 아쉽게도 현재 액션러닝을 도입한 많은 조직에서 액션보다는 러닝, 즉 학습을 위한 활동으로 치부하는 경향이 강하다. 이는 '액션(실천)을 더 잘하기 위해 학습을 촉진하는 것'이 아니라, '학습을 위한 수단으로서 약간의 맥락이 더해진 안전한 문제를 해결하는 활동'으로 여겨지곤 한다.

액션러닝 전문가들이 지적하듯이, 과제의 선정은 매우 중요하다. 과제가 경영진이 실제로 고민하는 '진짜 문제'일 때 비로소 참여자들이 깊이 몰입하게 되며, 이 문제 해결 과정 속에서 조직의 차세대 리더를 효과적으로 개발하고 선발할 수 있음을 명심해야 한다.

4) 평가센터법(Assessment Center)

평가센터법(Assessment Center)은 승진, 개발, 배치 등 특정 목적을 위해 개인의 강점과 약점을 파악하고자 활용되는 방식이다. 평가센터의 영문명인 '어세스먼트 센터(Assessment Center)'에서 '어세스먼트(Assessment)'는 심리학에서 지필평가, 지능검사, 성격검사, 인터뷰 등 다양한 기법을 통해 얻은 정보를 지칭한다. 따라서 평가센터법은 여러 기법을 통해 얻은 정보를 종합하여, 평가 대상을 종합적이고 다면적인 관점에서 검증하는 방법이다.

평가센터법은 많은 조직에서 특정 직무나 직책에 적합한 인재를 선발하는 데 활용될 수 있다. 하지만 여러 명의 평가자, 다양한 기법, 그리고 며칠에 걸친 평가 기간 등을 고려할 때, 상당한 비용과 시간 자원이 소요된다. 그렇기에 대부분의 조직에서는 주로 관리자나 리더의 선발 및 평가를 위해 이 방법을 사용한다. 예를 들어, 특정 리더 후보자와 면접을 진행한 후, 1차로 선발된 인원을 대상으로 평가센터법을 적용할 수 있다. 이때 리더 업무 수행 과정에서 발생할 수 있는 다양하고 예측 불가능한 상황을 설정하여 지원자의 반응을 살피거나, 멀티태스킹 능력 및 가상 팀(virtual team)을 이끄는 능력을 테스트할 수 있다. 또한 부하직원을 코칭하는 능력과 문제를 효과적으로 해결하는 능력을 평가하기도 한다.

평가센터법은 그 명칭과 달리 물리적으로 만들어진 특정한 장소를 의미하지 않는다. 이는 표준화되고 객관적인 평가 기준이 적용된 다양한 측정 기법을 사용하여, 복수의 평가자(assessor)가 개인 또는 집단을 평가하는 절차 자체를 지칭한다.

그럼에도 여전히 많은 사람이 평가센터를 물리적인 공간으로 오해하곤 한다. 이러한 오해는 '평가센터'라는 이름 자체가 물리적으로 지어진 특정 '센터'를 연상시키기 때문이다. 또한 평가센터법이 승진이나 선발과 같이 조직 내에서 극히 기밀을 요하는 인사 관련 업무와 연관되다 보니, 외부에 위치한 독립적인 장소에서 실시되는 경우가 많아 해당 장소를 센터로 착각하는 경향도 있다.

① 평가센터법의 역사

평가센터법은 1900년대 초 독일 심리학자들의 연구에서 시작되었다. 제1차 세계대전 중 독일 육군은 장교들의 리더십을 검증하기 위한 방법으로 초기 평가센터법을 도입했지만, 당시 너무 많은 리더들이 실패하면서 폐기되었다. 흥미롭게도 독일의 이 평가센터법은 제2차 세계대전에서 적국이었던 연합국에 의해 채택되고 발전하게 된다.

당시 미국의 전략사무국(the Office of Strategic Services, OSS)은 특히 위험한 정보 수집 임무를 성공적으로 수행할 수 있는 첩보요원의 역량을 검증하고 선발하는 데 상당한 관심을 가졌다. 정부 첩보 기관의 의뢰로, 하버드 대학의 심리학 교수였던 헨리 머레이(Henry Alexander Murray) 박사를 중심으로 한 심리학자들은 첩보원 선발을 위해 현재 널리 사용되는 평가센터법의 초기 버전을 개발했다. 이와 거의 동시에 영국 또한 군 및 공무원 장교 선발을 위한 평가 센터를 개발하기에 이른다.

OSS의 첩보원 프로젝트를 위해 5,000명 이상의 후보자가 평가를 받았으며, 이들 참가자들은 능력과 성격에 대한 전통적인 심리 측정, 임무에 맞춰 상황적으로 설계된 과제, 임무 수행을 위한 특정 기법이나 행동 등을 종합적으로 평가받았다. 이러한 초기 평가 센터의 접근 방식은 오늘날 사용되는 프로세스와 높은 관련성을 지닌다.

성공적인 첩보원을 식별하기 위해 미 전략사무국의 평가 센터에서 활용된 절차는 성공적인 관리자를 식별하는 데 사용되는 절차와 상당히 유사했다. 실제 직무나 요구되는 역량은 분명히 달랐지만, 평가 도구와 절차가 사용되는 과정과 방법은 본질적으로 동일했기 때문이다. 즉, 첩보원이든 관리자이든 성공적인 성과와 관련된 행동 유형에 대한 평가, 이러한 행동을 평가하기 위한 일련의 기법, 그리고 이러한 행동을 해석하고 평가할 인력이 필요했던 것이다.

제2차 세계대전 이후, 첩보 요원 선발을 위한 평가센터는 미국에서 사실상 폐기되었다. 그러나 영국에서는 공무원 관리자 선발, 호주에서는 사관학교 선발 대상자 식별, 남아프리카 공화국에서는 금광 감독자 식별 등 일부 국가에서는 평가센터법이 꾸준히 활용되었다. 이후, 평가센터법은 1950년대 중반, 미국 AT&T가 수행한 야심 찬 종단 연구 프로젝트인 '경영진보연구(Management Progress Study)'를 통해 산업 영역으로 도입되었다. 경영진보연구의 목적은 대규모의 젊은 경영자 표본을 추적하며, 이들이 전화 및 통신 사업에서 경력을 쌓는 동안 어떠한 성장과 발전을 이루었는지 파악하는 것이었다.

이 연구에서 표본인 피평가자들의 초기 특성을 파악하기 위해 특별한 평가센터법이 개발되었다. 이 평가 과정은 심리학자 팀과 특별히 훈련된 임원 및 관리자들이 약 3~4일에 걸쳐 연구에 참여한 젊은 관리자 그룹을 평가하는 방식으로 구성되었다. 피평가자들은 인바스켓(In-basket 또는 In-Tray), 심층 면접, 집단 토의, 다양한 심리 및 성격 측정 검사 등 여러 활동에 참여했다. 이를 통해 리더십, 의사 결정, 조직 관리 및 기획 능력과 같은 역량과 더불어 승진 동기, 편향성, 가치 지향성 등의 특성을 포함한 25가지 경영자적 자질을 평가받았다.

AT&T는 평가센터의 결과를 바탕으로 참가자들이 향후 10년 내에 중간 관리자가 될 가능성에 대한 전반적인 판단을 내렸다. 당시 평가 데이터는 참가자 본인이나 소속 조직에 공개되지 않았다. 이후, 최초 평가 후 8년이 지난 시점에도 여전히 회사에 재직 중인 각 참가자를 대상으로 다시 평가가 실시되었다. 이 후속 평가 결과를 포함하여, 연구에 참여한 대졸 관리자 274명의 성장 과정은 AT&T 연구진에 의해 1974년 『비즈니스의 형성기(Formative Years in Business: A Long-term AT&T Study of Managerial Lives)』라는 제목의 서적으로 출간되었다. 이후 AT&T는 매년 각 참가자와의 인터뷰 및 상사 데이터를 포함한 후속 데이터를 1980년에 이르기까지 꾸준히 수집하였다.

AT&T의 연구는 평가센터 프로세스의 타당성을 확립하는 데 지대한 영향을 미쳤다. 평가센터 결과를 토대로 이루어진 예측과 이후의 경력 성장 사이에는 강력한 상관관계가 존재했으며, 평가와 재평가 간의 성과 안정성은 평가된 역량에 대한 신뢰도와 일관성을 뒷받침했다. 또한 특정 역량을 평가하는 다양한 기법 확립에도 기여하였다.

당시 AT&T의 연구에 자극받은 많은 전화 회사들이 평가센터를 도입하기 시작했다. 미시건 벨(Michigan Bell Telephone)은 중간 관리자 선발에 평가센터를 도입하며 AT&T의 자문을 구했고, 이후 수많은 기업들이 이들의 평가센터법을 벤치마킹하게 되었다. 이에 따라 평가센터법은 지속적으로 개량되어, 단순한 테스트보다는 행동 평가에 주안점을 두었다. 이는 고위 경영진 평가뿐만 아니라 신입 사원의 잠재력을 조기에 파악하기 위한 프로그램, 그리고 영업사원 및 엔지니어 등 다양한 직업군을 위한 평가센터 등으로 폭넓게 활용되고 있다.

② 평가센터법의 절차와 특징

일반적으로 평가센터법은 6명에서 12명의 피험자를 한 그룹으로 묶어 진행된다. 이들은 특정 역량이나 특성을 포함한 직무/직책 잠재력을 측정하기 위해 고안된 다양한 활동과 기법에 참여한다. 이러한 기법들은 매우 다양하지만, 대표적으로는 인바스켓(In-basket/In-Tray), 역할극(Role-playing), 심리검사(Psychometric testing), 모의 면접, 집단 토의, 개별 프레젠테이션, 그리고 특별히 설계된 상황적 시뮬레이션(예. 고객 불만 처리 혹은 부하 직원의 규정 위반 후속 조치 등) 등이 포함된다.

이 중 인바스켓은 국내 공공기관의 리더나 고위 공무원 채용과 선발 등에서 특히 많이 사용된다. 인바스켓은 관리자 책상의 '미결재 서류'를 넣어두는 미결 서류함을 가리키는 것으로, 미처리된 안건을 피평가자가 어떠한 순서와 방법으로 제한된 시간 내에 얼마나 적절하게 처리하는지를 관찰하여 평가하는 기법이다. 예컨대, 정해진 시간 내에 업무의 우선순위를 어떻게 정하고 해당 업무를 직원들에게 어떻게 배분할 것인지, 또는 특정 보고서를 요약하는 식의 업무 관련 서류 처리가 주된 활동이다.

이러한 활동은 숙련된 평가자 팀에 의해 관찰되는데, 이 평가자 팀은 일반적으로 해당 직무나 역량을 보유한 조직 내부 인원(리더 평가의 경우, 상위 임원이나 평가센터 경험이 있는 리더, 인사담당자 등)과 관련 분야 외부 전문가들로 구성된다. 평가센터는 평가자의 잠재적인 편견을 최소화하고, 효과적인 평가 능력 및 일관성을 확보하기 위해 평가자 전원에게 사전 교육을 제공한다.

각 피평가자는 최소 2명 이상의 평가자에 의해 관찰된다. 평가자들은 피평가자의 관찰된 행동에 대한 의견을 다른 평가 팀원과 공유하며, 함께 관찰된 행동의 효과성을 판단한다. 이처럼 피평가자의 행동에 대한 복수의 관찰자와 구체적으로 정의된 성과 기준은 평가센터의 객관성을 높이는 데 기여한다.

마지막으로, 평가자에 의해 평가 결과를 설명하는 보고서가 작성된다. 평가센터의 목적에 따라 이러한 보고서에는 단순히 피평가자의 강점과 약점에 관한 진단 정보가 포함될 수도 있고, 피평가자가 향후 리더 혹은 특정한 직책에서 성공할 수 있는 잠재력을 예측하는 내용이 포함되기도 한다.

③ 평가센터법의 효과

리더 후보군의 잠재력 평가를 통해 리더 선발과 승진, 배치 등이 이뤄진다는 점에서 평가센터가 리더 개발에 갖는 이점은 분명하다. 먼저, 조직은 리더가 실제 직무 환경과 유사한 상황에서 어떻게 반응하는지 직접 확인할 수 있다. 평가센터는 지원자가 리더로서 직면할 작업, 활동, 문제 시나리오를 실제와 유사하게 제공하고, 이를 해결하는 능력을 관찰함으로써 해당 후보자가 조직의 리더에 적합한지 심층적으로 파악할 수 있다.

또한 평가센터는 피평가자에게도 유용한 정보를 제공한다. 평가를 통해 해당 직무에 필요한 지식과 기술을 명확히 인지할 수 있다. 또한 해당 직무나 직책에 대한 일종의 '미리보기'를 통해 업무와 조직 문화가 자신에게 적합한지 가늠해 볼 수도 있다.

리더 개발에 있어 평가센터는 단순히 평가 기능뿐만 아니라 개발 기능도 수행한다. 교육학적 관점에서 보면, 시험을 치르는 행위는 행정적 관점의 평가일 뿐, 문제 풀이 자체는 인지적 활동을 통한 학습으로 볼 수 있다. 즉, 학생들은 시험 중 문제 해결을 통해 학습한다. 평가센터는 시뮬레이션 기법의 일종으로 실제 업무와 유사한 기준을 적용한다. 따라서 평가 지표 자체가 조직이 중요하게 여기는 역량이나 행동의 기준점을 제시하게 된다. 리더 후보자 등 피평가자들은 좋은 평가를 받기 위해 이러한 역량을 개발하게 되며, 이는 해당 직무/직책의 후보자로 선발되려면 조직이 설정한 기준에 합당한 역량을 개발해야 한다는 전제를 깔고 있기 때문이다. 결과적으로, 평가센터는 조직에서 리더가 되기 위한 역량 개발을 촉진하는 효과가 있다.

단, 평가센터법은 무엇보다 높은 비용과 복잡한 절차라는 단점을 지닌다. 평가자 모집 및 훈련, 일정 관리 비용, 다양한 기법의 적용 및 측정, 해석을 위한 전문가 비용, 그리고 평가센터 운영에 소요되는 절대적인 시간은 다른 개발 활동에 비해 훨씬 많다. 이러한 이유로 현재 국내에서 운영되는 많은 평가센터법은 본래의 시뮬레이션 기법보다는 테스트에 가까운 형태로 변형된 경우가 많다. 예를 들어, 5급 사무관 승진 시험에 사용되는 인바스켓은 업무 상황을 문제로 제시하고 이에 대한 답안을 작성하는 에세이형 시험으로 치러지는 경우가 잦으며, 심지어 이러한 시험을 준비하기 위한 교육이나 서적까지 존재한다.

그러나 성공적인 사례와 학술 연구를 통해 밝혀진 효과적인 평가센터는 다음과 같은 특징을 공유한다. 평가 대상 직무에 대한 이해가 높은 평가자를 확보하고, 지필 시험보다는 시뮬레이션 활용도가 높으며, 후보자의 성향이나 개인적 특성보다는 구체적인 결과를 기준으로 예측을 수행한 경우였다. 반대로 실패한 프로그램들은 대부분 시뮬레이션보다는 테스트에 더 많이 의존하고, 특정 행동에 대한 예측보다는 성격 특성에 대한 설명을 주로 사용했다는 점에 주목해야 한다.

5장과 6장에 걸쳐 우리는 리더 개발을 위한 대표적인 훈련 및 개발 활동들을 살펴보았다. 리더를 육성하는 것은 결코 쉬운 일이 아니며, 이러한 활동들이 개별적으로 효과가 있음에도 단일한 방법 하나만으로 리더를 개발하는 경우는 존재하지 않는다.

오히려 훈련과 개발 활동들을 적절히 혼합하여 리더의 선발, 배치, 개발, 승진 등 리더십 사이클에 맞춰 제공하는 것이 효과적이다. 예를 들어, 리더 후보자 선발 및 차세대 리더 육성을 위해서는 액션러닝, 리버스 멘토링, 그리고 평가센터를 활용할 수 있다. 선발된 신임 리더의 기본적인 역량 개발 및 정체성 형성을 위해서는 신임 리더 온보딩 훈련과 멘토링을 제공하며, 리더 직무 수행 중 지속적인 개발을 위해서는 훈련, 코칭, 멘토링을 지속적으로 제공한다.

실제로 현장의 인재개발 실무자들은 최소 1년이라는 기간 동안 이러한 활동들을 적절히 배치하기 위해 노력하고 있으며, 기업에서는 이 모든 활동이 '교육훈련과정'으로 묶여 통합적으로 운영되는 경우가 많다.

참고문헌

1. Ellinger, A. D., & Bostrom, R. P. (1999). Managerial coaching behaviors in learning organizations. *Journal of Management Development, 18*(9), 752-771.
2. Eby, L. T. D. T., Allen, T. D., Hoffman, B. J., Baranik, L. E., Sauer, J. B., Baldwin, S., … & Evans, S. C. (2013). An interdisciplinary meta-analysis of the potential antecedents, correlates, and consequences of protégé perceptions of mentoring. *Psychological bulletin, 139(2), 441-476.*
3. Chun, J. U., Sosik, J. J., & Yun, N. Y. (2012). A longitudinal study of mentor and protégé outcomes in formal mentoring relationships. *Journal of Organizational Behavior, 33*(8), 1071-1094.
4. Feldman, D. C., & Lankau, M. J. (2005). Executive coaching: A review and agenda for future research. *Journal of Management, 31*(6), 829-848.
5. Grocutt, A., Gulseren, D., Weatherhead, J. G., & Turner, N. (2022). Can mentoring programmes develop leadership?. *Human Resource Development International, 25*(4), 404-414.
6. Hill, L. A., & Lineback, K. (2011). Are you a good boss--or a great one?. *Harvard Business Review, 89*(1-2), 124-31.
7. Jordan, J., & Sorell, M. (2019, October 3). Why reverse mentoring works and how to do it right. *Harvard Business Review*. Retrieved from https://hbr.org/2019/10/why-reverse-mentoring-works-and-how-to-do-it-right
8. Leggat, S. G., Balding, C., & Schiftan, D. (2015). Developing clinical leaders: the impact of an action learning mentoring programme for advanced practice nurses. *Journal of Clinical Nursing, 24*(11-12), 1576-1584.
9. Lester, P. B., Hannah, S. T., Harms, P. D., Vogelgesang, G. R., & Avolio, B. J. (2011). Mentoring impact on leader efficacy development: A field experiment. *Academy of Management Learning & Education, 10*(3), 409-429.
10. Marcinkus Murphy, W. (2012). Reverse mentoring at work: Fostering cross-generational learning and developing millennial leaders. *Human resource management, 51*(4), 549-573.
11. Marquardt, M. J. (2000). Action learning and leadership. *The Learning Organization, 7*(5), 233-241.
12. Moses, J. L., & Byham, W. C. (Eds.). (2013). *Applying the assessment center method: Pergamon general psychology series* (Vol. 71). Elsevier.

13. Stead, V. (2005). Mentoring: a model for leadership development?. *International Journal of Training and Development, 9*(3), 170-184.
14. Revans, R. W. (1982). What is action learning?. *Journal of Management Development, 1*(3), 64-75.
15. Skipton Leonard, H., & Lang, F. (2010). Leadership development via action learning. *Advances in Developing Human Resources, 12*(2), 225-240.
16. Smith, P. A. (2001). Action learning and reflective practice in project environments that are related to leadership development. *Management Learning, 32*(1), 31-48.
17. Volz-Peacock, M., Carson, B., & Marquardt, M. (2016). Action learning and leadership development. *Advances in Developing Human Resources, 18*(3), 318-333.
18. Yukl, A. G., & Gardner, L. W. (2020). *Leadership in organizations* (9th ed.). Pearson. pp. 1051-1097.
19. Fine (2021). https://wwd.com/feature/estee-lauder-advancing-innovation-through-reverse-mentorship-1234885901/
20. Sandler (2019). https://www.glossy.co/beauty/how-the-estee-lauder-companies-is-using-millennials-and-gen-z-to-modernize-its-corporate-structure/
21. Jordan, J., & Sorell, M. (2019, October 3). Why reverse mentoring works and how to do it right. Harvard Business Review. Retrieved from https://hbr.org/2019/10/why-reverse-mentoring-works-and-how-to-do-it-right

CHAPTER

06

리더 개발: 생애주기적 접근

1. 리더십과 삶의 경험: 두 리더의 사례
2. 탁월한 리더의 초기 경험
3. 리더 개발의 생애주기적 접근
4. 리더 개발 생애주기 관점의 의미

CHAPTER 06

리더 개발: 생애주기적 접근

리더십이 선천적인 자질인지 아니면 후천적인 노력과 학습의 산물인지에 대한 논쟁은 여전히 진행 중이지만, 점차 후천적인 개발 가능성으로 귀결되고 있다. 리더십이 타고나는 것이 아니라 개발될 수 있다는 관점을 견지한다면, 결국 리더와 리더십은 경험을 통해 형성된다고 볼 수 있다. 리더의 경험은 크게 세 가지로 분류할 수 있다. 이는 업무를 통해 얻는 경험, 업무 외적 경험을 통한 성장, 그리고 학습을 통한 간접 경험이다.

앞서 살펴보았듯이, 리더십 개발은 영어의 '디벨롭먼트(development)'라는 단어로 설명된다. 이 '디벨롭먼트(development)'는 두 가지 서로 다른 의미로 번역될 수 있다. 첫째는 '개발(開發)'로, 개인의 성장을 이끌어 내기 위해 의도적으로 설계된 경험을 의미한다. 둘째는 '발달(發達)'로, 이는 의도적이거나 비의도적인 경험을 모두 포함하는 자연스러운 성장을 뜻한다.

그러나 기존의 리더십 연구들은 주로 성인기의 실무 경험을 통한 리더십 개발에 초점을 맞추고 있으며, 성인기 전후에 발생하는 리더의 발달 경험이나 직장 밖에서 발생하는 경험을 통합한 연구는 거의 이루어지지 않았다. 리더의 성장 단계 역시 조직 내 리더 경력의 시작과 끝이라는 시간적·공간적 경계 안에서 다루어졌으며, 이때 '리더의 일생'이라는 표현은 일종의 메타포로서 사용되었을 뿐이다.

예컨대, 리더십 이론과 실천의 대가이며 서던 캘리포니아 대학의 교수였던, 워렌 베니스(Warren G Bennies)는 셰익스피어가 인간의 일생을 7단계로 나눈 것을 차용하여, 초임 리더부터 경력 말기까지의 과정을 7개의 단계로 나누고 이를 '리더의 7가지 나이(The seven ages of the leader)'라 불렀다(Bennies, 2004). 베니스는 리더가 초임기에 멘토가 필요한 '유아(infant)' 리더의 시기를 거쳐, 만인의 평가의 대상이 되는 '학생(schoolboy) 시기', 조직의 문제를 해결하며 감정적인 어려움을 겪는 '연인(lover)' 시기, 리더 자리에 익숙해짐에 따라 팔로워들과의 관계를 염두에 두어야 하는 '군인(soldier)' 시기 그리고 자신의 관점을 고수하며 묵묵히 진군하는 '장군(general)' 시기를 거친다고 주장했다. 또한 경력의 후반을 유연하게 준비하는 '정치가(statesman)' 시기를 지나, 이윽고 은퇴를 앞두고 다음 세대의 리더와 건강한 유대를 형성하는 '현자(sage)'의 단계를 거친다고(혹은 거쳐야 한다고) 보았다.

그러나 최근 리더십 학자와 전문가들은 리더(십) 개발이 전 생애에 걸친 과정이라는 점에 동의하고 있다. 이는 제도적 교육을 받기 전인 생애 초기부터 시작되어 은퇴 후에도 계속되는 지속적이고 장기적인 생애 전반적 과정을 지칭한다. 따라서 리더 개발, 나아가 리더십 개발을 정확히 이해하기 위해서는 의도되고 계획된 성장으로서의 '개발'만이 아닌, 아동기부터 성인기에 이르는 생애주기(Life-span)에 따른 리더의 성장 과정에 대한 이해 역시 중요하며, 이러한 리더십 개발의 생애주기적 관점이 최근 많은 학자들의 주요 화두가 되고 있다.

이번 장에서는 리더의 성장 과정을 다룬 연구들을 통해, 각 단계마다 리더의 성장에 영향을 미치는 요인들에 대해 알아본다. 리더의 생애주기에 따른 발달과 다양한 요인들의 영향에 관한 이해는 리더의 선발과 조직 안에서의 개발 활동, 나아가 리더와 팔로워의 관계 형성에 대한 중요한 통찰을 제공할 것이다.

1 리더십과 삶의 경험: 두 리더의 사례

여기 매우 대조적인 삶을 살아온 두명의 리더들을 짤막하게 소개해 보고자 한다. 먼저 첫 번째 인물은 미국인 남성으로, 하와이 대학의 학부에서 만난 캔자스 출신의 백인 아버지와 아프리카 케냐 출신의 흑인 어머니 사이에서 태어났다. 그러나 그가 두 살 때 부모는 이혼하였고, 이후 그는 다른 유학생과 재혼한 모친을 따라 인도네시아로 건너가게 된다. 그는 6세부터 10세까지 인도네시아에서 어머니와 양아버지와 함께 살면서 가톨릭과 이슬람이라는 상반된 종교재단이 운영하는 학교를 다녔다. 이러한 유년기의 경험을 통해, 그는 인도네시아인이자 하와이안, 흑인이자 백인의 정체성을 형성한다. 이 아이는 바로 훗날 미국의 44대 대통령으로 자라나는 버락 오바마이다.

두 번째 인물 역시 미국인 남성으로, 그는 뉴욕 퀸즈의 한 백인 가정에서 다섯 자녀 중 넷째로 태어났다. 겉으로는 더할 나위 없이 부유한 환경이었으나, 그의 유년기는 가부장적이고 고압적인 아버지의 그림자 아래 놓여 있었다. 아버지는 그를 학대했으며, 어머니마저 그가 두 살이 된 이후부터는 돌봄을 방기하였다. 이렇듯 그들 형제자매는 부모로부터의 애정이 결핍된 환경에서 성장했다. 특히 그는 형이 어린 시절부터 성인이 될 때까지 아버지의 폭언과 폭행에 시달리는 참담한 광경을 목도했다. 결국 그의 형은 이 깊은 상처의 후유증으로 알코올 중독에 빠져들었고, 꽃다운 42세의 나이에 스스로 생을 마감하는 비극을 맞이했다. 그의 집안은 철저히 남성 중심적이었기에, 아들들에게는 가업인 건설업을 익히게 하려 방학과 주말에도 일을 시켰으나, 딸들에게는 그러한 기회조차 주어지지 않았다. 이 격동의 유년기를 보낸 인물이 바로 미국의 제45, 47대 대통령이 된 도널드 트럼프이다.

많은 전문가들은 오바마가 가톨릭과 이슬람, 백인과 흑인 부모, 동양과 서양이라는 극단적인 배경 속에서 차이와 차별을 체득했으며, 이러한 삶의 경험을 통해 형성된 가치관이 대통령 재임 시절 펼쳤던 다양성과 이민자에 대한 그의 포용적 정책에 깊은 영향을 미쳤을 것으로 분석한다.

반면, 미디어나 존 볼턴 전 보좌관 등 측근의 회고록, 그리고 전문가들의 묘사에 따르면 트럼프는 부하들에게 맹목적인 충성을 강요하면서도 그들을 도구처럼 취급하는 마피아 두목에 비견되거나, 고집불통이며 동정심과 공감이 부족한 나르시시스트, 공사의 구분을 못하는 인물로 그려진다. 오바마의 뒤를 이어 대통령이 된 트럼프는 이민자와 다양성에 대해 극히 적대적인 태도를 보였으며, 여성에 대한 혐오 발언과 성추문에 휩싸이기도 했다. 그는 기본적으로 사회의 통합보다는 갈등을 조장했다는 평가를 받고 있다.

오바마와 트럼프의 삶의 궤적과 그들의 리더십은 실로 극단적인 대조를 이룬다. 그렇다면 과연 유년기의 경험을 포함한 삶의 여정이 리더십의 유형에 결정적인 영향을 미치는 것일까? 절대적이라고 단언할 수는 없겠으나, 어느 정도는 분명한 영향을 미칠 것이다. 프랑스 인시아드(INSEAD) 경영대학원의 석좌교수이자 글로벌 리더십 센터장인 만프레드 케츠 드 브리스(Manfred Kets de Vries) 교수에 따르면, 성공적인 리더의 상당수가 부모의 정서적 지원과 강한 애착 관계를 바탕으로 성장했으며, 많은 경영자들을 이끄는 내면의 욕망은 어린 시절의 양육 방식과 경험에서 비롯된다는 점을 지적하였다.

그렇다면 구체적으로 어떤 경험이 어떠한 방식으로 리더십의 발현에 영향을 미치는 것일까? 이에 관한 두 가지 흥미로운 연구를 소개하고자 한다.

2 탁월한 리더의 초기 경험

2008년, 리더십에 관한 생애사적 접근의 전문가인 미국 네브래스카 오마하 대학교의 지나 스콧 리곤(Gina Scott Ligon) 교수와 동료들은 뛰어난 리더들이 어린 시절 겪었던 특정한 '발달 사건(developmental events)'이 이들의 리더십 스타일 및 방향성 형성에 미친 영향을 추적하는 연구를 수행하였다.

리곤 교수와 동료들은 리더십을 세 가지 유형으로 분류했다. 첫째는 '카리스마적 리더십(Charismatic Leadership)'으로, 현재 상태와 근본적으로 다른 미래에 대한 열정적인 비전을 가진 유형으로 정의된다. 둘째는 '이데올로기적 리더십(Ideological Leadership)'으로, 개인적인 신념 체계와 가치관을 의사결정의 기준으로 삼는 유형이다. 마지막으로 '실용적 리더십(Pragmatic Leadership)'은 문제 해결형 리더십으로, 비즈니스와 관련된 일상적인 문제를 해결하기 위해 환경을 면밀히 분석하고 해결하는 데 중점을 두는 유형으로 정의된다.

다음으로 이들 연구진 리더의 성향(orientation), 즉 리더십의 방향성을 개인적(personalized) 성향과 사회적(socialized) 성향의 두 가지로 구분하였다. 개인적 성향의 리더는 위협을 통해 다른 사람을 통제하고 복종시키는 데 관심이 있다. 이러한 리더는 종종 타인을 불신하며 팔로워들의 복지나 안전, 또는 행복을 거의 고려하지 않는다. 이들은 또한 소속감이 낮은 반면, 지배 욕구는 높기 때문에 위기가 닥치면 집단을 희생하면서까지 자신을 보호하기 위해 충동적인 행동을 취할 수 있는 유형이다. 이와 달리, 사회적 성향의 리더는 문제를 파악하고 해결하는 데 있어 개인보다는 타인 및 집단의 이익을 더욱 중시하며, 자신의 안위보다는 집단의 생존을 우선시한다. 이들은 이타적이고 자기 통제적이며, 팔로워들에게 자기 책임감과 주도성을 부여하여 조직 문제를 해결한다.

리곤 교수의 연구팀은 이러한 리더십의 유형과 리더의 성향 사이의 관련성이 있을 것으로 보았다. 이들은 추가적으로, 이러한 리더십의 유형과 성향에 영향을 주었을 것으로 예상되는 특정한 삶의 경험을 심리학자인 맥애덤스(McAdams)의 인생 사건(life events) 유형을 차용하여 분석하였다. 맥애덤스의 인생 사건 유형은 다음과 같다.

- **원초적 사건**(Originating Events)
경력 경로의 기원이 되는 최초의 사건 혹은 경험으로, 이러한 사건은 개인 삶과 경력에서의 장기적 목표 및 이러한 목표달성을 위한 암묵적 계획의 시초가 됨.
- **전환점**(Turning Points)
삶의 방향을 급작스럽게 바꾸게 하는 에피소드. 점환점은 장기적인 목표지향성과 동기부여의 차원에서 원초적 사건과 유사하나, 이전에 세웠던 계획을 변경하게 하는 차이점이 있음.
- **고정 사건**(Anchoring Events)
신념 체계의 토대가 되는 사건. 고징 사건의 결과, 리더는 삶에시 가치 있게 여겨야 할 것에 대한 신호와 피해야 할 것에 대한 경고를 상기시켜주는 멘탈 모형을 형성하게 됨.
- **유사 사건**(Analogous Events)
현재 상황이 구조적으로 유사한 과거 사건의 기억을 유발하여 현재의 의사 결정에 영향을 줄 수 있을 때 발생. 과거의 사건에서 얻은 교훈을 토대로 해야 할 일과 하지 말아야 할 일을 상기하게 됨. 신념이나 가치관이 아닌, 유사한 사건의 패턴을 기반으로 한다는 점이 고정 사건과의 차이점
- **구원 사건**(Redemption Events)
처음에는 부정적으로 보였으나, 후에 인생에 긍정적인 영향을 미친 것으로 간주되는, 일종의 새옹지마형 사건. 이러한 사건은 개인에게 나쁜 상황도 긍정적인 결과를

가져올 수 있다는 멘탈 모형을 형성하게 함.

• **오염 사건**(Contaminating Events)

구원 사건과 반대되는 사건으로, 한때 긍정적인 것으로 여겨졌으나, 후에 부정적인 결과를 초래한 경험. 이러한 사건은 리더에게 실패를 상기시키는 역할을 함.

• 특정 리더십 유형type(카리스마적charismatic, 이데올로기적ideological, 실용적pragmatic)과 성향orientation(사회화 또는 개인화)이 특정 유형의 발달 사건과 관련이 있다는 사실을 발견

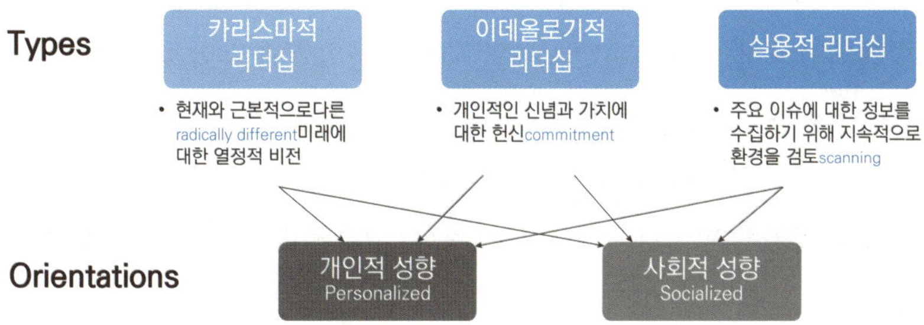

그림 6-1 리더십의 유형과 리더 성향

리곤 교수의 연구팀은 리더의 유형과 경험 간의 관계를 탐구하기 위해, 20세기에 활동한 지도자들에 관한 전기와 사료를 면밀히 검토하여 역사적으로 주목할 만한 리더 120명을 선정했다. 이 120명의 리더는 개인적 유형과 사회적 유형이 각각 60명씩 배정되었는데, 개인적 리더의 범주에는 아돌프 히틀러, 마오쩌둥과 같은 정치가부터 존 록펠러, 헨리 포드 같은 기업가들이 포함되었다. 사회적 리더 역시 로널드 레이건(Ronald Reagan), 존 F. 케네디(John F. Kennedy) 등의 정치가와 월트 디즈니(Walt Disney), 워렌 버핏(Warren Buffett) 등 저명한 경영자, 그리고 존 듀이(John Dewey)와 같은 교육자들을 망라했다.

이들 120명의 리더들은 다시 세 가지 유형의 리더십과 두 가지 유형의 성향의 조합으로 이루어진 여섯 가지 카테고리(예컨대, 사회적-카리스마형)에 각 20명씩 선정되었다(리더들의 선정에 관한 체계적인 절차는 이들의 논문에 상세히 기술되어 있다). 이러한 절차를 거쳐 연구팀은 리더들의 성향, 유형 및 이들이 경험한 인생의 결정적인 발달 사건들을 모두 코딩한다음, 상관관계를 분석하였다.

분석결과는 어땠을까? 리더들의 자서전을 토대로한 사건들을 분석한 결과 고정 사건이 431건으로 가장 빈번하게 나타났으며, 원초적 사건이 304건으로 뒤를 이었다. 다음으로는 오염 사건이 264건, 구원 사건이 206건 그리고 전환점이 174건이었다. 유사 사건은 19건으로 매우 적었는데, 연구진은 그 이유가 연구의 초점이 뛰어난 리더들의 어린 시절 경험에 맞추어졌기 때문일 것으로 추측하였다. 즉, 시간차를 두고 겪어야 하는 유사한 사건이 어린 시절에 빈번하게 발생하기는 확률적으로 어렵다는 판단이다.

또한 우리가 충분히 예측 가능하듯, 오염 사건의 경우 개인화된 리더들에게서 더 많이 발견되었으며(147건 vs 117건), 구원 사건은 사회화된 리더들에게서 더 많이 나타났다(127건 vs 79건). 이러한 결과는 상식에 부합한다고 볼 수 있다. 실망스럽거나 굴욕적인 경험은 부정적인 삶의 관점을 형성하는 경향이 있는 반면, 다른 사람의 도움을 통해 위기를 벗어나거나 성공한 경험은 보다 긍정적이고 친사회적인 세계관을 형성할 가능성이 높기 때문이다.

리더의 유형과 경험의 관계에 대한 분석 결과, 카리스마형 리더나 실용적 리더에 비해 이데올로기적 리더들이 어린 시절 고정 사건에 직면하는 경우가 많았다. 반면, 카리스마적 리더들은 다른 두 리더 유형들보다 전환점 사건에 노출될 가능성이 높았다. 마지막으로 실용적 리더들은 기원적 경험에 노출될 가능성이 가장 높았다.

이러한 결과를 바탕으로 리곤 교수의 연구팀은 리더들의 삶의 궤적과 경로를 형성하는 시기에 발생하는 특정 유형의 사건 혹은 경험이 리더들의 멘탈 모형과 세계관 및 리더십의 방향성을 형성하는 데 영향을 미쳤다고 결론지었다. 이들의 연구에 따르면, 특정 유형의 리더는 특정한 유형의 사건을 어린 시절부터 더 많이 경험했으며, 이처럼 아동기부터 성인 초기에 겪은 경험은 리더들이 뛰어난 리더십을 향해 나아가는 경로를 짐작게 한다는 것이다.

3 리더 개발의 생애주기적 접근

리곤 교수의 연구는 리더가 어린 시절, 즉 성장기에 겪는 경험이 향후 발현되는 리더십의 유형과 방향성에 영향을 미칠 수 있음을 분명히 했다. 그렇다면 뛰어난 리더를 선발하거나 육성하기 위해 프로이트와 같은 정신분석학자들처럼 유년기의 양육과 교육에만 개입하는 것이 유일한 방법일까? 만약 그렇다면 이 책은 애초에 쓰이지 않았을 것이다. 사실, 현대의 리더 개발 분야에서는 실무 경험이 그 어느 때보다 중요하게 평가받고 있다.

생애주기의 관점에서 보면, 리더는 유년기부터 청소년기, 청년기, 성인기, 그리고 노년기에 이르기까지 전 생애에 걸쳐 다양하고 의미 있는 경험에 노출된다. 즉, 삶의 각 단계별로 리더가 성장할 수 있는 특정 발달 경험이 제공되는 것이다. 리더의 유년기 혹은 은퇴 후의 삶에 대한 탐구가 이루어져야 한다는 것은, 성인기의 리더 개발에서 삶의 다른 시기로의 관점 전환이 아닌, 관점의 확장을 요구한다.

요약하자면, 생애주기적 리더(십) 개발 접근법은 '삶의 각 단계에 걸쳐 리더의 잠재력과 성과를 극대화하는 데 필요한 역량의 확장을 지원하고, 촉진하며, 장려하는 모든 형태의 성장 또는 개발 활동을 고려해야 한다'는 점을 강조한다. 이는 필연적으로 조직 안과 밖에서의 리더 삶에 대한 통합적 고찰을 요구한다.

2021년 미국 클레어몬트 대학교 심리학과의 로널드 리지오(Ronald E. Riggio) 교수를 필두로 한 크레비스 리더십 연구소(Kravis Leadership Institute) 연구팀은 리더의 생애주기별 단계와 각 단계에서 리더의 발달과 성장에 영향을 미치는 요소들을 6단계로 정리한 논문을 발표했다. 리더의 생애주기별 발달 단계를 정리한 이 논문은 미취학 아동기부터 직장에서 경력을 쌓는 성인기와 은퇴 후의 노년기까지, 사실상 리더 개인의 전 생애에 걸친 발전과 주요 과업 등을 총망라하였다. 각 단계별 내용은 다음과 같다.

1) 리더 생애주기 1단계: 발현 단계(Nascent Stage, 0~6세)

리더 생애주기의 가장 첫 단계는 미취학 아동기인 0 ~ 6세 기간으로, 이 기간에 성공적인 리더의 성장에 영향을 미치는 주요한 요소로 '애착형성과 놀이'를 강조한다. 발달 심리학에 따르면, 생후 첫 3년은 양육자인 부모와 아이가 애착 관계를 형성하는 데 가장 중요한 시기이며, 이때 아동은 다양한 유형의 놀이에 많은 시간을 쏟는다. 애착과 놀이는 모두 개인의 리더 개발에 잠재적으로 영향을 미치는 중요한 요인들이다. 애착 이론(Attachment Theory)에 따르면, 초기 부모–자녀 간의 깊고 안정적인 애착(안정 애착, Secure Attachment)은 아이로 하여금 자신과 타인에 대한 관점 및 세계관을 형성하게 하며, 이는 훗날 리더의 정서적·사회적 측면을 예측하는 강력한 요인으로 작용한다(리곤 교수 팀의 연구를 떠올려 보라). 흥미롭게도, 유아기의 부모와의 안정된 애착은 성인이 된 후 카리스마적 리더십 발현과 관련이 있으며(Towler, 2005), 유아기에 안정적인 애착을 경험한 개인은 15년 후인 청소년기에 리더십 역량에서 더 높은 평가를 받았다. 이는 유아기에 안전한 애착을 형성한 개인이 리더십을 발휘하는 데 필요한 건강한 자아 및 사회적 자본을 더 많이 갖기 때문으로 해석된다.

이 시기의 아이들은 또한 놀이를 통해 집단에 소속되기, 차례 지키기, 협력하기, 갈등 해소하기 등 여러 가지 사회적 상호작용을 경험하며, 이는 아동의 인지 및 사회성 발달에 중요한 역할을 한다. 더욱이 이 시기의 아이들은 놀이 과정에서 이미 특정 유형의 리더십을 보이기도 한다.

2) 리더 생애주기 2단계: 외부 주도 단계 (Externally-driven Stage, 6~12세)

리더 생애주기의 두 번째 단계는 6세부터 12세에 이르는 초등 교육 시기로, 부모, 교사 등 권위 있는 외부 주체에 의해 발달 과업이 부여되므로 '외부 주도 단계'라고 명명된다. 이 시기의 아동은 가정과 학교에서의 다양한 활동을 통해 의사소통 능력, 인지 능력, 그리고 사회성을 체계적으로 키우게 된다.

우선, 초등학교 입학은 아동에게 현대 교육의 핵심 목표인 팀워크와 협업을 체계적으로 익힐 기회를 제공한다. 아동기의 협동 학습 경험은 응집력 있는 그룹 활동과 소통을 통해 아이들이 리더로 성장할 수 있는 바탕을 마련한다.

과거부터 가사노동 참여는 아동의 사회심리적 기능에 큰 영향을 미치는 중요한 사회화 수단으로 여겨졌다. 특히 서구 사회의 경우, 설거지나 잔디 깎기 같은 가사노동 또는 자신의 침구를 정리하거나 가족을 돌보는 등 스스로의 영역에 속하는 과업을 배정받아 수행하게 된다. 발달 심리학에 따르면, 이러한 가사노동 참여는 아이들에게 책임감을 길러줄 뿐만 아니라, 향후 리더 발달에 중요한 친사회적 행동(Prosocial behavior)과 이타심을 함양하는 데 기여한다.

마지막으로, 형제자매 간의 상호작용 또한 리더십 관련 자질을 개발하는 데 영향을 줄 수 있다. 자녀가 둘 이상인 가정은 아동이 대인 관계를 익힐 수 있는 훌륭한 환경을 제공한다. 특히 전통적인 형제 관계에서 장남은 일반적으로 동생을 돌보고 동생의 롤모델이 될 것으로 기대되기에, 형은 동생을 가르치고, 관리하며, 리더처럼 이끄는 역할을 수행한다. 이처럼 출생 순서가 리더십 스타일에 영향을 미칠 수 있으며, 형제자매 간의 상호작용은 의사소통, 협상, 과제 지향적 기술 등 리더십과 관련된 다양한 기술을 키우는 데 도움이 되는 것으로 나타나고 있다.

3) 리더 생애주기 3단계: 실험적 탐색 단계 (Experimental Exploration Stage, 12~18세)

청소년기(12 ~ 18세)는 급격한 신체적·정서적·정신적 변화를 겪는 중요한 시기이다. 이 시기에 개인은 자신이 누구인가 하는 정체성 개념과 세상을 어떻게 바라볼지에 대한 관점을 형성하기 시작한다. 이 시기 리더십과 관련된 주요 발달 경험으로는 정규 교육 외의 과외 활동, 또래 집단 간의 상호작용, 부모의 양육 행동, 그리고 역할 모델의 발견이 있다.

중등 교육 단계에 접어들며 개인은 학교 수업 외에도 스카우트와 같은 클럽 활동이나 아르바이트 등의 과외 활동을 시작한다. 리더십 개발의 세계적 전문가인 영국 에든버러 대학 경영학과의 수잔 머피(Susan Murphy) 교수는 이러한 그룹 활동이 개인에게 리더십 관련 기술을 학습하고 실제적인 맥락에서 적용할 기회를 제공하여, 리더십 잠재력을 개발할 수 있도록 돕는다고 강조한다. 최근 수행된 리더십 개발 관련 종단 연구들 또한 경쟁적인 스포츠 활동, 스카우트 활동, 그리고 지역사회 봉사 프로그램에 참여한 학생이 리더십 발현 빈도, 리더십 효과성, 리더 정체성, 및 집단 소속감 측면에서 더 높은 결과를 보인다는 점을 밝히고 있다.

사춘기 또는 청소년기는 또래와의 사회적 상호작용을 통한 심리적 발달이 큰 영향을 미치는 시기이다. 또래 집단과의 상호작용은 동성 친구 집단 간의 우정 및 이성 친구와의 관계 형성을 포함하며, 또래 집단의 정서적 지원이나 소속감 등은 리더십 발현과 관련이 있는 것으로 밝혀졌다. 특히, 또래 집단에서 인기가 많은 청소년은 종종 친구들 사이에서 리더로 여겨지는 경향이 있다.

어느 정도 신체적·정신적으로 성숙해지는 시기임에도 청소년기는 여전히 부모의 영향력 아래에 놓여 있다. 머피 교수는 어린 시절의 애착 형성에 더해, 부모의 청소년기 양육 행동이 장기적인 관점에서 리더 발달에 영향을 미친다고 주장한다. 청소년 시기 부모-자녀 관계는 리더-팔로워의 관계와 유사하며, 이는 자녀가 미래의 리더십 스타일을 형성하는 데 큰 영향을 준다. 특히, 캘리포니아 주립(California State University)의 아동청소년학과 교수인 파멜라 올리버(Pamella H. Oliver) 교수를 중심으로 한 연구팀은 12세 아동 106명이 29세가 되는 17년간을 추적한 '풀러턴 종단 연구(Fullerton Longitudinal Study, FLS)'의 데이터를 사용하여 청소년기 따뜻한 지원과 권위적인(authoritative) 양육 방식을 가신 부모의 존재가 변혁석 리더십의 발현과 관련이 있다는 것을 밝혔다. 변혁적 리더들이 팔로워에 대한 애정을 바탕으로 개인화된 지원과 성장의 기회를 제공함과 동시에, 카리스마적 모습으로 비전을 제시하는 모습은 이 시기의 부모-자녀 관계와 매우 유사하다고 볼 수 있다. 같은 맥락에서, 리지오 교수와 데이빗 데이 교수 등은 공동으로 수행하여 발표한 2019년의 연구를 통해해 과잉 양육(Overparenting), 예를 들어 미국의 헬리콥터 양육이나 싸커맘처럼 아이의 사고와 행동을 지나치게 통제하고 간섭하는 방식은 오히려 자존감 및 리더 효능감을 떨어뜨려, 결과적으로 리더십 발현을 억제하는 것을 밝히기도 하였다.

자아 정체성을 확립하는 청소년 시기에는 부모, 교사, 친구, 역사적 위인, 연예인이나 유명인 등 다양한 롤모델을 가지는 것이 청소년의 리더십 성장 과정을 촉진하고 잠재적인 리더십 스타일을 내면화하도록 돕는다. 청소년의 진로에 관한 많은 연구에 따르면, 희망 진로와 관련하여 롤모델이 있는 청소년, 특히 도덕적인 롤모델이 있는 경우는 진로에 대한 동기 부여뿐만 아니라, 윤리적 리더 개발 측면에서도 긍정적인 영향을 받는다. 우리가 자라나는 청소년들에게 위인전을 읽게 하는 중요한 목적 중 하나는 바로 이러한 롤모델을 통해 사회 각계각층의 리더로서 성장하기를 기대하는 데 있다. 물론, 리더 개발 전문가들이 여성 리더의 수가 많지 않은 주요 원인 중 하나로 여성 리더 롤모델의 부족을 꼽고 있듯이, 성별에 따른 롤모델을 갖는 것 또한 리더 개발에 유의미한 영향을 미친다.

4) 리더 생애주기 4단계: 자신 및 기회 지향 단계 (Self- and Opportunity-oriented Stage, 18~30세)

리더 생애주기의 네 번째 시기는 대학에 입학하거나, 취업을 하여 본격적인 경력을 쌓기 시작하는 18세부터 30세 사이의 기간으로, '초기 성인기(Emerging adulthood)'로 불린다. 또한 성인으로서 스스로의 결정권을 갖고 자기 계발 및 경력에서 주도적인 선택을 하므로, '자신 및 기회 지향 단계'로 정의되기도 한다. 최근에는 국내외를 막론하고 결혼과 출산 등을 30세 이후로 미루는 경향이 있어, 이 시기에는 개인의 경력 발달에 많은 시간과 에너지가 투입된다. 물론, 취업 연령대가 점점 늦어지고 남성들의 병역 의무가 존재하는 국내의 특성상 이 단계가 다소 늦춰지는 경향이 있으나, 전반적으로 이 시기의 연령대와 활동이 연구와 동떨어진다고 보기는 어렵다.

이 시기는 리더(십) 개발과 관련하여 크게 네 가지의 주요 활동이 이루어진다. 첫째, 학부나 대학원에서 '리더십'을 하나의 교육 프로그램으로 접하게 된다. 사회초년생의 상당수는 대학에서 약 4년을 보내는데, 거의 모든 대학의 경영학과 혹은 학부 교양 수업에는 리더십 과목이 존재하며, 이러한 리더십 과목은 리더십 정체성 형성에 중요한 리더십 관련 지식과 스킬 등을 체계적인 형태로 학습할 기회를 제공한다.

둘째, 리더십 스킬을 개발하고 발휘할 기회가 확대된다. 이 시기의 개인들은 대학 캠퍼스 내외부에서 동아리를 비롯한 다양한 활동을 하게 되며, 공식적 혹은 비공식적인 리더의 역할을 수행하게 된다.

셋째, 인턴십 및 첫 직장 경험을 통해 리더십을 접하고 개발하게 된다. 개인차는 있으나, 이 단계에서 개인은 대부분 취업을 하고 조직에서 실무 경험을 쌓기 시작한다. 특히 직장 경험은 멀티태스킹 등 일하는 방식이나, 상사 및 동료와의 관계를 형성하고 유지하는 데, 즉 리더십을 발휘하는 데 매우 결정적인 역량의 밑거름이 된다. 첫 직장이 중요한 의미를 갖는 것은, 경력에서의 공식적인 첫 번째 리더를 만나기 때문이다. 변혁적 리더십 이론으로 유명한 버나드 배스(Bernard Bass)는 신입사원 시절 만나는 첫 번째 상사가 이후의 경력에서 리더십의 좋은 혹은 나쁜 롤모델로 작용하여 리더의 정체성 형성에 영향을 준다고 주장하였다 (이 부분은 사실 매우 중요한 내용으로 이 책의 후반부에서 이론적으로 깊이 있게 다룰 것이다).

마지막으로, 연애 관계를 통한 관계 기술의 개발이다. 성인으로서 맺는 연인 관계에서의 친밀감과 사랑은 기능적으로 유아기의 애착과 유사하다. 따라서 리더십 개발 전문가들은 양질의 연애 관계를 형성하고 유지한 경험은 좋은 리더-팔로워 관계를 유지하기 위한 중요한 관계 기술을 개발하는 데 도움이 될 수 있다고 주장한다.

5) 리더 생애주기 5단계: 목적 지향 단계 (Purpose-driven Stage, 30~60세)

다섯 번째 단계는 본격적인 직장 내 경력을 쌓고 성과를 창출하는 30세부터 60세 사이의 성인기이다. 이 시기의 개인은 자신이 무엇을 향해, 왜 달려가고 있는지를 깊이 성찰하며 달성하기 위해 노력한다. 또한 일과 삶의 균형, 직장 내 다음 세대와 이전 세대 사이의 조화 등도 이들의 어깨에 달려 있으며, 동시에 여러 가지 재정적인 여유 혹은 반대로 어려움에 처할 수 있는 복합적인 시기이다.

이 연령대는 기업의 인적 자원 투자의 중심에 있으며, 조직의 관심뿐만 아니라 성공적인 경력 개발과 유지를 위해 개인들의 자기 계발에 대한 관심과 투자 또한 높은 시기다. 이 시기에 리더(십) 개발과 관련한 주요한 경험은 다음과 같다.

첫째, 본격적인 리더십 개발 프로그램에 참여하게 된다. 이 책의 서두에서부터 강조해 온 기업의 리더십 개발 노력들은 거의 모두 이 시기의 인적 자원 개발에 집중되어 있다. 조직의 리더십 개발 프로그램은 가장 중요한 인적 자원 투자 중 하나로, 직급별 훈련, 코칭, 멘토링, OJT 등 여러 가지 형태로 이루어지며, 그 대상 또한 신입사원부터 임원에 이르기까지 거의 모든 구성원에게 리더십 역량의 필요성이 강조되고 있다.

둘째, 직장 내 발달 과업(Developmental challenges at work)에 직면한다. 개인이 직장에서 승진 등을 통해 직급이 상승함에 따라, 팀을 이끌거나, 비즈니스 협상에 참여하거나, 신제품 개발 및 신사업 추진 등 새롭고, 복잡하고, 불확실한 다양한 과제에 직면하게 된다. 이러한 과업들은 단순히 개인의 역량보다는 조직 구성원 혹은 외부인과의 협력과 협상을 통해 진행되므로, 수준 높은 전략적, 인지적, 행동적 리더십 스킬을 개발하는 데 지대한 영향을 미치게 된다.

셋째, 결혼과 양육의 경험이다. '전이 이론(Spillover theory)'에 따르면, 일-가정은 서로에게 영향을 주며, 행복한 가정을 이루는 경험은 리더십은 물론 업무 성과에도 긍정적인 영향을 미친다(물론 반대로도 기능한다). 이는 쉽게 말해, '가화만사성(家和萬事成)'을 일컫는 것이다.

어린 시절에는 부모의 양육 태도에 의해 자신의 리더십 개발에 영향을 받았다면, 이 시기의 개인은 결혼과 부모의 역할을 수행함으로써 리더십에 요구되는 다양한 정서적·사회적 기술, 자기 조절, 책임감, 그리고 갈등 해결 역량을 더욱 발전시키게 된다. 미국 뉴욕에 위치한 빙햄튼(Binghamton) 대학교의 티파니 켈러(Tiffany Keller Hansbrough) 교수 역시 부모-자녀 관계가 리더-팔로워의 관계와 유사하다는 점을 지적한다. 앞서 언급한 애착 이론의 관점에 따르면, 좋은 부모는 좋은 리더가 될 가능성이 높으며, 개인의 성격 발달에 관한 연구들 또한 결혼과 부모 역할 수행을 통해 리더십이 향상된다는 것이다. 결혼과 자녀 출산을 통해 개인은 성실함과 관대함 등의 성격에 긍정적인 변화를 경험할 수 있으며, 이는 리더십의 발현과 높은 관련성을 지니기 때문이다.

6) 리더 생애주기의 마지막 단계: 유산 만들기 단계 (Legacy-making Stage)

리더 개발의 생애주기 마지막 단계는 60세 이후의 후기 성인기로, 이는 곧 자신만의 유산(legacy)을 창조하는 시기이다. 이 시기의 개인은 지금까지 살아온 시간보다 앞으로 자신에게 남아 있는 시간을 더욱 중요하게 여기며, 일반적으로 생물학적 유전자, 물질적 자원, 그리고 가치관이라는 세 가지 차원에서 유산을 남기고자 한다.

이 시기의 개인은 리더십 승계(Leadership Succession) 과정에서 핵심적인 역할을 수행한다. 시니어 리더는 단순히 개인의 리더십 개발을 넘어, 조직적 차원에서 차세대 리더를 선발하고 개발하는 중요한 전략적 프로세스에 참여하게 된다. 조직의 승계 계획이 수립되면, 은퇴를 앞둔 리더는 후계자 그룹을 선발하는 시기, 대상, 기준 등에 깊은 관심을 기울이거나, 자신의 노하우와 같은 지적 유산, 인적 네트워크를 물려줄 방법을 고심한다. 이러한 승계 작업은 윤리적 의사결정 과정 및 조직의 지속가능성(sustainability) 차원에서 매우 중요한 의미를 지닌다.

경험이 풍부한 리더들은 은퇴 후, 리더십 코치나 멘토의 역할을 수행하는 경우가 많다. 연구에 따르면, 은퇴 후의 리더들은 재직 시절보다 더욱 원숙하게 관계를 형성하며, 섬세한 접근 방식을 취한다고 한다. 이들은 또한 영리/비영리, 공공/사기업 맥락을 넘나들며 리더십 관련 지식과 스킬을 공유하며, 책이나 회고록 등을 통해 대중과 후속 세대에게 자신의 리더십 지식과 전문성을 전수하기도 한다. 일부 리더들은 은퇴 후에도 자원봉사나 지역사회 봉사 등을 통해 지속적으로 리더십을 발휘하며 사회에 기여하기도 한다.

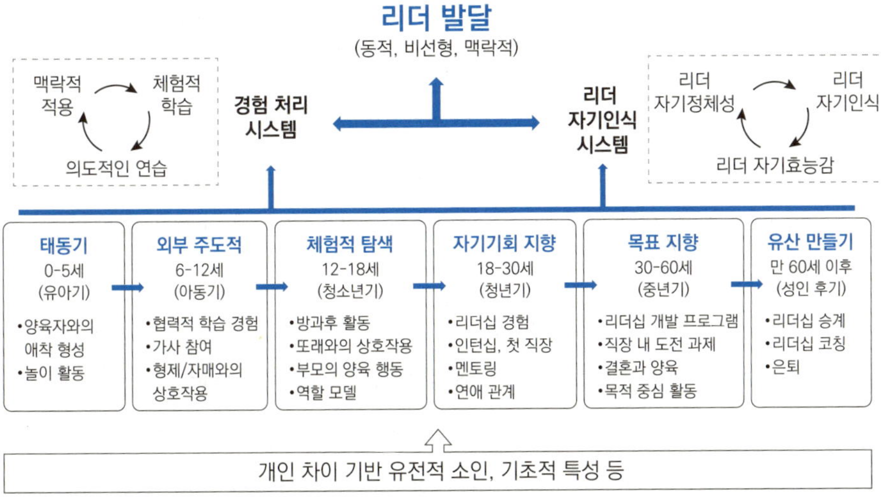

그림 6-2 전 생애에 걸친 경험을 통해 이루어지는 리더십 개발

4 리더 개발 생애주기 관점의 의미

한 개인의 어린 시절부터 은퇴 후 노년기에 이르는 삶의 궤적에 따른 경험을 추적하는 것이 리더십과 리더 개발 관점에서 어떤 의미를 지닐까? 어쩌면 이 내용을 접한 경영자나 인사 부서 담당자는 '그래서 어쩌라는 것인가? 어린 시절부터 인생을 모조리 조사해서 리더를 뽑으라는 건가?' 하는 현실적인 의문을 가질지 모른다. 그러한 접근법은 물론 매력적이긴 하나, 현실적인 차원에서 실행하기에는 매우 어렵다.

그럼에도 불구하고 리더의 생애 경험에 대한 강조는 리더 경력의 전, 중, 후 모든 단계에 걸쳐 리더십 개발이 일어난다는 생애사적 접근법의 필요성을 더욱 부연한다. 훌륭한 리더를 길러내는 것은 결국 한 개인의 인생에 걸쳐 일어나는 장대한 프로세스이며, 이는 부모의 양육, 사회의 시스템과 제도, 조직의 투자, 그리고 개인의 노력들이 총체적으로 요구됨을 의미한다.

리더 개발의 생애사적 경험은 또한 리더를 이해하는 견고한 틀을 제공한다. 최근에는 인공지능이나 데이터 과학 등 분석 기술이 급속도로 발전하고 있으며, 이러한 데이터 분석 기술을 활용하여 리더에 관한 가능한 많은 자료를 수집하고 이를 통해 리더십 프로파일(profile)을 구축하는 것에 관심이 증대되고 있다. 이 경우, 리더의 조직 내 활동에 대한 데이터뿐만 아니라, 개인적인 면담이나 사적인 자료(법적인 테두리 안에서)를 확보할 수 있다면 리더들에 대한 보다 폭넓고 깊은 이해가 가능할 것이다. 이때 생애주기 관점은 이러한 분석과 해석의 과정을 견인할 수 있는 강력한 틀이 될 것이다.

이는 결코 허황된 이야기가 아니다. 실제로 리더십 연구자들은 최근 들어 다시 리더의 선천적 특성에 깊은 관심을 갖게 되었다. 옥스퍼드 대학의 장 엠마누엘 드 네브(Jan-Emmanuel De Neve) 교수와 연구팀은 2013년에 리더십의 출현과 관련한 선천적인 성향을 밝히기 위해 쌍둥이들을 대상으로 수행한 연구에서, 리더십 역할의 유전 가능성을 24%로 제시하였다. 이들은 리더십 역할을 차지하는 것이 유전적 영향과 환경적 요인의 복합적 산물이며, 특히 이 과정에서 'rs4950'이라는 단일 염기 다형성(SNP)이 중요한 역할을 함을 밝혀냈다. 이미 10여 년 전에 이러한 연구가 수행되었으니, 기술과 과학이 더욱 발전한 지금은 인간 윤리의 선을 넘지 않고도 리더십의 메커니즘을 밝혀 낼 수 있는 새로운 방법들이 얼마든지 가능할 것이다.

이렇듯 리더 개발에 대한 생애주기적 시선을 통해 경영자와 인사 부서의 실무자들은 리더의 선발에 관한 좀 더 확장된 접근을 시도할 수 있다. 즉, 리더의 채용이나 승진 등 선발 과정에서 이들의 삶을 더욱 면밀히 조망하고, 경력 초기의 행동과 이에 대한 평가를 주의 깊게 검토할 필요성이 있다. 리곤 교수의 연구가 궁극적으로 말하고자 하는 바는, 결국 성장기 혹은 경력 초기에 긍정적인 경험과 배려 등의 사회적 지원을 통해 성장한 리더가 고통스럽고 굴욕적인 상황 속에서 성장한 리더에 비해 공감력과 이타심, 그리고 조직과 사회를 더 아끼는 리더가 될 가능성이 높다는 것이다. 공감과 배려, 포용성이 더욱 높은 가치를 갖는 현대 기업의 맥락에서 이는 적지 않은 시사점을 지닌다.

참고문헌

1. Bass, B. M., & Bass, R. (2008). *The Bass handbook of leadership: Theory, research, and managerial applications* (4th ed.). New York: Free Press
2. Bennis, W. G. (2004). The seven ages of the leader. *Harvard Business Review, 82*(1), 46-53.
3. Coutu, D. L. (2004). Putting leaders on the couch: A conversation with Manfred FR Kets de Vries. *Harvard Business Review, 82*(1), 64-64.
4. De Neve, J. E., Mikhaylov, S., Dawes, C. T., Christakis, N. A., & Fowler, J. H. (2013). Born to lead? A twin design and genetic association study of leadership role occupancy. *The leadership quarterly, 24*(1), 45-60.
5. Keller, T. (2003). Parental images as a guide to leadership sensemaking: An attachment perspective on implicit leadership theories. T*he Leadership Quarterly, 14*(2), 141-160.
6. Kniffin, K. M., Wansink, B., & Shimizu, M. (2015). Sports at work: Anticipated and persistent correlates of participation in high school athletics. *Journal of Leadership & Organizational Studies, 22*(2), 217-230.
7. Ligon, G. S., Hunter, S. T., & Mumford, M. D. (2008). Development of outstanding leadership: A life narrative approach. *The Leadership Quarterly, 19*(3), 312-334.
8. Liu, Z., Riggio, R. E., Day, D. V., Zheng, C., Dai, S., & Bian, Y. (2019). Leader development begins at home: Overparenting harms adolescent leader emergence. *Journal of Applied Psychology, 104*(10), 1226-1242.
9. Liu, Z., Venkatesh, S., Murphy, S. E., & Riggio, R. E. (2021). Leader development across the lifespan: A dynamic experiences-grounded approach. *The Leadership Quarterly, 32*(5), 101382.
10. Murphy, S. E. (2011). Providing a foundation of leadership development. In S. E. Murphy, & R. J. Reichard (Eds.). *Early development and leadership: Building the next generation of leaders* (pp. 3-37). New York, NY: Routledge.
11. Murphy, S. E., & Johnson, S. K. (2011). The benefits of a long-lens approach to leader development: Understanding the seeds of leadership. *The Leadership Quarterly, 22*(3), 459-470.
12. Oliver, P. H., Gottfried, A. W., Guerin, D. W., Gottfried, A. E., Reichard, R. J., & Riggio, R. E. (2011). Adolescent family environmental antecedents to transformational leadership potential: A longitudinal mediational analysis. *The*

Leadership Quarterly, 22(3), 535-544.

13. Parkhill, A., Deans, C. L., & Chapin, L. A. (2018). Pre-leadership processes in leadership training for adolescents. *Children and Youth Services Review, 88*, 375-379.
14. Reitan, T., & Stenberg, S. Å. (2019). From classroom to conscription. Leadership emergence in childhood and early adulthood. *The Leadership Quarterly, 30*(3), 298-319.
15. Towler, A. (2005). Charismatic leadership development: Role of parental attachment style and parental psychological control. *Journal of Leadership & Organizational Studies, 11*(4), 15-25.
16. 곽기영. (2012). 리더십과 경험: 개념적 정리 및 향후 연구방향. *리더십연구, 3*(4), 81-102.

CHAPTER

07

리더 개발: 리더의 정체성

1. 정체성: 유동적 자아의 형성
2. 리더 정체성과 리더 개발

CHAPTER 07

리더 개발: 리더의 정체성

지금까지 우리는 리더십의 본질을 정의하고, 리더 훈련 및 개발의 제반 과정을 심층적으로 고찰하며, 한 리더의 일생에 걸친 경험이 리더십 형성에 미치는 지대한 영향을 탐구해 왔다. 리더 개발의 대장정을 마무리하는 본 장에서는 리더 정체성이라는 핵심 주제에 천착하고자 한다. 특히, 리더 정체성은 다음 장에서 논의될 팔로워십과 더불어, 프로세스 중심 리더십 개발의 근간을 이루는 리더-팔로워 프로세스를 이해하는 데 있어 필수불가결한 요소이다. 본 장을 통해 독자 여러분은 리더 개발의 최종 단계로서 리더 정체성이 가지는 심오한 의미와 리더십 발현 및 성장에 기여하는 그 역할에 대한 보다 심도 있는 이해를 얻게 될 것이다.

1 정체성: 유동적 자아의 형성

정체성이란 기본적으로 "나는 누구인가?" 혹은 "우리는 누구인가?"라는 근원적인 질문에 대한 답으로 정의될 수 있다. 이러한 정체성은 결코 고정불변의 실체가 아니며, 살아가면서 겪는 다양한 경험과 사회적 맥락에 따라 끊임없이 변화하고 다양화된다. 쉽게 말해, 정체성은 우리가 삶을 영위하는 동안 계속해서 추가되거나 변모하는 역동적인 개념이다. 예를 들어, 회사원이었던 한 개인이 결혼과 동시에 남편이자 사위라는 정체성을 새롭게 획득하며, 출산을 통해 아빠라는 정체성이 생성된다. 아이가 성장함에 따라 자연스레 학부형이라는 역할이 추가되고, 대학원에 진학하게 되면 대학원생 혹은 졸업 후 석사나 박사로서의 정체성도 형성된다. 더 나아가 직장 내에서 승진을 하는 경우 리더로서의 정체성을 갖게 되는 것처럼, 인간은 삶을 통해 층층이 정체성을 쌓아 올린다.

우리 모두는 '나'라는 보편적인 정체성을 지니고 있으나, '나'가 누구인가를 단 한마디로 정의하는 것은 거의 불가능에 가깝다. '나'라는 대표적인 정체성의 아래에는 시간과 장소에 따라 유동적으로 변화하는 수십 개의 하위 정체성이 존재하며, 이 각각의 하위 정체성이 '지금 나는 누구인가'를 규정한다. 예를 들어, 집에 있을 때는 부모, 아내, 남편, 아들, 딸의 정체성을 지니지만, 학교에서는 학생이나 교수, 회사에서는 팀 리더, 팀원, 상사, 부하 등, 맥락에 따라 해당 상황에서의 역할에 가장 적합한 정체성을 표출한다. 물론 퇴직이나 전직, 가족의 사망과 같은 중요한 사건에 의해 사라지거나 변모하는 정체성 또한 존재한다.

이러한 이유로 '내가 누구인가?'라는 근본적인 질문은, 맥락에 따라 '나는 누구였는가?', '지금 나는 누구인가?', '나는 앞으로 누구이고 싶은가?'와 같은 질문으로 확장된다. 리더 정체성과 관련하여 이 각각의 질문에 답하는 것은 리더(십) 개발을 위한 매우 의미 있는 작업이다.

1) 정체성의 유형: 역할 정체성과 사회적 정체성

정체성과 관련된 연구는 주로 사회심리학 분야에서 활발히 이루어져 왔다. 학자들은 역할 정체성(Role Identity)과 사회적 정체성(Social Identity)이라는 두 가지 주요 관점에서 정체성에 대한 논의를 전개해 왔다. 이 중 역할 정체성 이론은 개인을 특정 역할의 점유자(occupant)로 간주하고, 그 역할에 의미를 부여하며, 역할 수행에 대한 기대, 즉 역할 기대에 대한 기준을 설명한다. 이러한 역할 기대가 충족되지 않았을 경우, 즉 사회적으로 마땅히 기대되는 해당 역할에 대한 기대와 의미가 어긋났을 때 리더는 비난을 받을 수 있다. 역할 정체성에서는 특정 역할의 행동을 안내하는 일련의 표준적인 역할 기준이 존재하며, 역할자는 그러한 기준에 따라 평가받게 된다. 예를 들어, 업무 처리 과정에서 팀원 중 일부가 타 부서와 갈등을 겪고 있다고 가정해 보자. 이 경우, 팀원들은 리더가 나서서 부서 간의 갈등을 조정하거나, 자신들의 입장을 대변하는 등, 팀과 구성원들을 보호하는 행위를 기대할 것이다. 그러나 만약 리더가 갈등을 회피하거나 오히려 팀원들의 뒤에 숨어서 갈등이 해결되기를 기다린다면, 팀원들로부터 원망을 사게 될 것이다. 조직에서는 이처럼 리더 자신이 생각하는 리더의 역할과 팔로워 등 조직 구성원이 생각하는 리더로서의 역할이 일치하지 않는 경우가 종종 발생하는데, 이는 리더의 역할에 대한 인식 차이에서 비롯되며, 근본적으로 역할 정체성에서 기인하는 현상이다.

한편, 사회적 정체성은 '우리가 누구인가'라는 질문, 다시 말해, 개인이 속한 사회적 범주나 집단이 어디인가에 관한 것이다. 사회적 정체성을 이루는 범주는 성 정체성이나 인종과 민족성은 물론, 나이, 사회경제적 지위 등 쉽게 확인할 수 있는 것부터, 지적 능력 및 가치관에 이르기까지 실로 다양하다. 조직 내의 사회적 정체성 또한 소속 부서, 직급, 직책, 근속 연수뿐만 아니라 핵심 인재풀 여부, 공채/상시 채용 여부 등 다층적으로 형성된다. 사회적 정체성 관점에서 리더는 관리직과 소속 팀이라는 사회적 범주에 동시에 속하게 된다. 개인은 사회적 비교 과정을 통해 자신과 유사한 사회적 정체성을 가진 사람은 내집단(in-group)으로, 자신과 다른 사회적 정체성을 가진 사람은 외집단(out-group)으로 구분한다. 이때 개인은 자신이 소속된 집단에 더 우호적인 평가나 행동을 보이는 **내집단 편향**(ingroup favoritism)을 드러낸다. 흔히 말하는 학연, 지연, 혈연에 의한 승진이나 성과 평가의 차이가 바로 이러한 내집단 편향의 영향이다. 만약 어떤 리더가 소속 팀보다 관리자 집단에 더 강한 동질감을 느낀다면, 관리자 집단의 이익을 대변하거나 팀을 이끄는 과정에서 고압적인 자세를 보여 팀원들과 대립할 가능성이 있다. 반면, 소속된 팀에 더 강한 동질감을 느낀다면 팀의 이익을 지향하므로, 팀원들과는 더욱 끈끈한 관계를 형성할 수 있으며, 필요한 경우 다른 리더들과 갈등을 빚을 수도 있다.

2) 정체성 작업(Identity Work)

정체성은 어떻게 생겨나거나 변화하는 것일까? 리더십과 정체성 관련 세계적인 석학인 스웨덴 룬드 대학 경영대의 스테판 스베닝손(Stefan Sveningsson) 교수와 매츠 알베슨(Mats Alvesson) 교수는 개인이 정체성을 안정적이고 일관적으로 유지하기 위해 주변의 반응을 살피고 스스로를 성찰하는 과정을 '정체성 작업(Identity Work)'이라 정의하였다. 정체성 작업은 개인이 자신의 정체성을 형성하고, 수정하거나 강화 및 유지하는 일련의 과정으로, 정체성과 관련된 개인의 모든 활동을 포함하는 포괄적인 용어라고 할 수 있다. 이제 리더의 정체성과 관련하여 정체성 작업의 구성요소를 간략하게 살펴보고자 한다.

① 정체성 형성(Identity Construction)

정체성은 갑작스러운 이벤트에 의해 급진적으로 생겨날 수도 있고, 서서히 점진적으로 형성될 수도 있다. '자리가 사람을 만든다'는 격언처럼, 상사의 퇴사나 이직, 혹은 신규 부서로의 발령 등으로 인해 뜻하지 않게 리더 보직을 수행하게 된 경우에는 빠르게 리더로서의 정체성을 형성하는 것이 시급한 과제가 될 것이다. 반면, 말단 시절부터 스스로를 갈고닦으며 차근차근 리더로서의 역량을 키워나가며 정체성을 다져 가는 경우도 존재한다. 어떤 경우든, 리더가 진정한 정체성을 형성하기 위해서는 반드시 필수적인 상호작용이 요구된다. 바로 '내가 보는 나(I)'와 '남이 보는 나(Me)'가 일치해야 한다는 점이다. 다시 말해, 나 스스로를 리더로 자각하고, 동시에 나의 상사나 부하들 또한 나를 리더로 받아들이고 인정할 때 비로소 리더 정체성이 온전히 형성된다는 것이다. 이 책에서 반복적으로 강조하는 중요한 메시지는 바로 리더십이 리더와 팔로워의 상호작용에 의해 발휘된다는 점이다. 리더가 스스로는 물론, 주변으로부터 진정한 리더로 인정받지 못한다면 리더십을 효과적으로 발휘하기 어려우며, 따라서 리더 정체성을 형성하는 과정에서 팔로워의 참여는 매우 중요한 요소로 작용한다.

정체성의 형성은 크게 두 가지 양상으로 일어난다. 하나는 '새로운 정체성이 추가되는 것'이고, 다른 하나는 '기존의 정체성이 변화하는 것'이다. 가령, A팀의 팀장이면서 동시에 새로운 TF팀의 임시 프로젝트 매니저(PM) 직을 수행하게 되었다면, PM으로서의 정체성이 기존의 정체성에 더해지는 것이다. 반면, 정체성 변화(Identity Change)는 팀원에서 팀장으로 정체성이 반영구적으로 변화하는 경우를 의미하며, 이때 팀원과 팀장이라는 두 개의 정체성은 공존할 수 없다. 따라서 기존의 팀원 정체성은 폐기되고, 팀장 정체성만이 남게 된다. 반대로, 팀장 자리에서 물러나 다시 팀원으로 강등되는 경우라면, 팀장 정체성이 사라지고 다시 팀원 정체성을 형성하게 된다.

② 정체성 위협(Identity Threat)

정체성 위협이란, 개인 또는 집단이 자신들의 정체성을 인식하거나 유지함으로써 사회적으로 받는 위협을 의미한다. 이러한 정체성 위협은 주로 사회적 정체성과 밀접하게 관련되는데, 여성이나 동성애자라는 이유로, 혹은 유색인종이라는 이유로 차별과 혐오의 대상이 되어 해당 정체성을 유지하는 데 어려움을 겪는 상태를 지칭한다.

많은 연구에 따르면, 여성 리더의 경우 종종 리더라는 직책보다 '여성'이라는 사회적 범주로 더 강하게 인식되며, 이로 인해 효과적으로 리더 직책을 수행하지 못하는 경우가 보고되고 있다. 예를 들어, 리더가 된 이후에도 외모에 대한 품평, 여성성에 대한 고정적인 요구, 혹은 여성이 리더에 부적합하다는 인식이 그러하다. 이는 여성 리더의 정체성에 직접적인 위협이 되며, 이를 대응하고 리더 정체성을 유지하기 위해 일부 여성은 스스로 남성과 유사한 외모와 권위적인 리더십 스타일을 형성하는 극단적인 경우도 있다. 이러한 현상을 여왕벌 신드롬(Queen-bee Syndrome)이라 부르며, 주로 남성이 지배적인 산업 분야에서 남성과 같은 방식으로 성공하며 다른 여성과 자신을 차별화하는 여성 리더들을 일컫는 표현으로 사용된다.

③ 정체성 이동(Identity Shift)과 정체성 갈등(Identity Conflict)

우리는 다수의 하위 정체성을 보유하고 있지만, 정해진 시간과 공간이라는 사회적 맥락 속에서는 하나의 정체성만이 활성화된다. 예를 들어, '부모'라는 하위 정체성은 자녀의 담임 선생님을 만나는 상황에서 두드러지게 활성화되지만, 직장에서는 '리더'라는 하위 정체성이 활성화되고 부모 정체성은 비활성화된다. 따라서 제아무리 뛰어난 리더일지라도, 집에서는 배우자 혹은 부모의 역할을 수행하게 되는 것이다. 이처럼 주어진 상황에 따라 활성화되는 하위 정체성이 달라지는 현상을 '정체성 이동(Identity Shifting)'이라 한다.

조직의 중간 관리자인 팀 리더의 경우, 직속 부하인 팀원과 대화하는 상황에서는 리더십에 대한 인지 구조가 활성화되어 리더 정체성이 발현되지만, 대화 중에 상급자인 임원이 개입한다면 팔로워십에 대한 인지 구조가 활성화되어 팔로워 정체성이 더욱 두드러지게 될 것이다.

이처럼 일반적으로 사람들은 맥락에 따라 하위 정체성을 유연하게 전환하지만, 특정 시점에 두 개 이상의 정체성을 동시에 활성화하는 것은 불가능하다. 그런데 특정 상황에서 두 개 이상의 정체성 중 무엇이 활성화될지 불명확하여 내적 갈등을 빚는 경우가 발생하곤 하는데, 이를 '정체성 갈등(Identity Conflict)'이라 한다. 인시아드(INSEAD)의 나탈리아 카렐라이아(Natalia Karelaia) 교수와 스페인 에사데(ESADE) 경영대의 로라 기언(Laura Guillén) 교수가 2017년 공동으로 수행한 연구에서, 한 여성 리더는 "하루에 10시간씩 매일 남성적 경쟁 의식에 휩싸여 있다 퇴근 후에 갑자기 상냥하고 애교 있는 여성미를 발휘하는 것은 매우 어려운 일"이라 고백한다. 이는 일과 삶의 균형을 유지할 때 여성 리더들이 겪는 정체성 갈등을 생생하게 보여주는 예시이다. 이처럼 정체성 갈등은 개인으로 하여금 하나의 정체성을 선택하도록 강요하며, 정체성 갈등을 해소하기 위한 개인의 선택은 보다 중요하게 생각하는 역할(정체성)로 기울게 된다.

2 리더 정체성과 리더 개발

리더 정체성은 리더로 하여금 자신이 누구이며 무엇을 해야 하는지, 그리고 자신의 강점과 한계를 이해하는 데 기초가 된다. 나아가 리더로서의 역할 및 리더십 스타일, 팔로워에 대한 정의 등, 리더십의 발현과 관련된 모든 활동의 기반이 되는 사고와 관점의 중추라 할 수 있다.

리더 정체성 연구의 핵심적인 주제들은 리더 정체성의 형성과 이를 통한 리더십의 발현에 주목해 왔다. 본질적으로, 효과적인 리더 개발은 리더십과 개인 삶의 경험, 가치관, 그리고 정체성을 차별화하고 통합하는 과정이다. 이전 챕터에서 다루었던 리더의 생애주기 경험은 개인으로 하여금 스스로의 정체성에 리더 정체성이라는 하위 정체성을 추가로 형성하는 중요한 밑거름을 제공한다. 부모-형제와의 관계, 학교에서의 경험, 연애와 직장에서의 경험 등을 통해 개인은 리더로서의 자질을 개발하고 자신만의 고유한 리더십 스타일을 내재화한다. 이러한 리더로서의 잠재력을 바탕으로, 자신과 주변의 관점이 리더로서 일치하는 순간 비로소 정체성이 형성되는 것이다. 즉, 리더 정체성은 리더 스스로 '나는 리더이다' 혹은 '나는 리더가 되고 싶다'는 '자기관(Self-view)'을 갖는 것과 동시에 주변 구성원의 "저 사람이 우리의 리더이다"라는 평가가 일치할 때 온전히 형성된다.

1) 리더십 스킬과 리더 정체성

뛰어난 리더로 발돋움하기 위해서는 다각적인 리더십 관련 스킬을 함양하기 위한 잠재적 리더 후보자의 부단한 노력이 필수적으로 수반되어야 한다. 여기서 리더십 스킬은 단순히 개별 기술의 습득을 넘어, 지식과 기술을 통합한 총체적 역량, 즉 리더십 역량을 지칭하는 포괄적인 개념이다. 이러한 복합적인 리더십 스킬을 개발하고 역량을 심화시키기 위해서는 리더십에 대한 관심이 단기적인 수준을 넘어 수년, 혹은 그 이상의 기간 동안 지속적으로 유지되어야 한다. 이렇듯 지난한 과정 속에서도 좌절하지 않고 리더로서의 스킬을 연마하며 이를 내재화하기 위해서는 강력한 자기 동기 부여와 고도의 자기 조절 능력이 핵심적인 요건으로 작용한다. 리더십 분야의 최신 연구들은 리더의 정체성이 더욱 확고할수록, 즉 '리더로서 응당 어떠한 존재가 되어야 하며, 어떠한 행동을 수행해야 하는가'에 대한 인식이 명확할수록 리더로서의 행동을 촉진하고 리더십 스킬을 발전시키고자 하는 내적 동기가 더욱 강력해짐을 시사한다. 이는 3장에서 고찰하였듯이, 많은 기업에서 신임 리더 온보딩 프로그램에 자기 인식, 자기 조절, 리더로서의 마인드셋 및 역할과 책임(R&R) 등 핵심 요소를 포함시키는 근본적인 이유와 일맥상통한다.

리더십 개발의 권위자이자 영국 더럼(Durham) 대학교의 로버트 로드(Robert G. Lord) 교수와 로잘리 홀(Rosalie Hall) 교수는 2005년 발표한 연구를 통해 리더의 정체성과 리더십 스킬 발달 간의 밀접한 연관성을 규명하였다. 이들은 리더십 스킬이 초보자(Novice) – 중급자(Intermediate) – 전문가(Expert) 수준으로 점진적으로 발전하며, 리더십 스킬 개발을 위한 적절한 모델은 표면적으로 관찰 가능한 기술의 습득에 초점을 맞추는 경향이 있는 단순한 훈련이나 자기 주도적 학습의 차원을 넘어서는 심층적 접근을 요구함을 역설한다.

리더십 수준의 각 단계별 인지적 구조에 따라 리더십 스킬은 개발되고 활용된다. 이 단계 구분은 하위 리더에서 상위 임원급 리더로의 직급 상승을 의미하는 것이 아니라, 리더 역할을 처음 수행하는 자, 리더의 역할이 어느 정도 익숙해진 자, 그리고 리더로서 풍부한 경험을 축적한 자의 차이를 지칭한다. 리더들이 이러한 단계를 거치면서 그들이 습득하고 활용하는 스킬은 변화하며, 이에 따라 리더들의 정체성 또한 개인 지향 – 관계 지향 – 조직 지향의 단계로 진화하게 된다.

초보 단계(Novice)에서의 리더는 부하 직원에게 표출되는 행동, 그러한 행동에 대한 부하 직원의 즉각적인 반응 등, 효과적인 리더십 발휘 과정에서 직접적으로 관찰 가능한 표면적 스킬의 습득에 주력한다. 대부분의 리더 개발 훈련에서 다루는 동기 부여 방법, 커뮤니케이션 전략 등이 여기에 속한다. 이 초기 단계의 리더 정체성은 '차별화'에 중점을 둔다. 즉, '나는 리더로서 무언가를 보여주어야 하며 팔로워들과는 구별되어야 한다'는 차별화를 지향한다. 따라서 초보 리더는 팀원들과의 관계에서 주도권을 상실할까 두려워하며, 적극적으로 리드하는 역할에 과도하게 의미를 부여하기도 한다.

중급 단계(Intermediate)로 들어서면서 리더는 일반적인 개념의 리더가 아닌, 자신의 상황에 맞는 리더의 이미지를 내면화하기 시작하며 자신과 주변 상황을 더 효과적으로 이해하기 위한 모니터링 스킬에 집중한다. 팔로워들의 피드백을 수용하며 '그래, 나 혼자 일하는 것이 아니지, 이들과 함께해야지' 하는 관계 지향적 사고방식이 형성된다. 이 단계의 리더는 자신의 정체성을 리더 개인에게서 벗어나, 팔로워들과의 관계를 통해 정의하고 의미를 부여한다. 즉, '나는 이 팀원들의 리더이다'라는 관계 지향적 관점을 갖게 되는 것이다.

전문가 단계(Expert)의 리더는 자기만의 확고한 비전과 가치, 조직 시스템에 대한 심층적인 이해를 바탕으로 보다 큰 틀에서, 조직 전체를 염두에 두고 리더십을 발휘하기 시작한다. 이 단계의 리더는 팔로워들의 반응에 일희일비하기보다는 전체 맥락을 파악하며, 리더십에 대한 자신의 명확한 관점을 바탕으로 조직의 목표를 최우선에 두며, 감정 조절 및 메타인지와 같은 고차원적인 스킬을 구사하게 된다. 즉, '지금 당장 비난을 받더라도 이 일은 이 방향으로 추진해야 한다'는 식의 전략적 결정을 내릴 수 있는 경지에 이르게 되는 것이다.

요약하자면, 성공적인 리더가 되기 위해서는 리더십 스킬의 지속적인 개발이 요구되며, 이를 가능케 하는 핵심 동인(driver)이 바로 정체성이다. 리더의 정체성과 스킬은 리더가 초보에서 전문가 단계로 나아가며 개인 지향적 관점에서 조직적 관점으로 그 범위가 확장된다.

2) 정체성 기반의 리더 개발: 가능성의 자아와 리더십의 본질적 전환

런던 비즈니스 스쿨(London Business School) 교수이자 리더십 연구의 권위자인 허미니아 아이바라(Herminia Ibarra)는 인시아드에 재직하던 2008년 동료들과 함께 「정체성 기반의 리더 개발(Identity-based Leader Development)」이란 연구보고서를 발표한다. 아이바라 교수와 동료 연구자들은 기존 리더 개발 방식이 학습을 통해 얻은 지식과 통찰력을 실제 업무 맥락에서 적용하는 것, 즉 '아는 것(knowing)'과 '행하는 것(doing)' 사이의 간극을 메우는 데만 머물러 진정한 리더 개발을 달성하지 못했다고 비판한다. 이들은 리더십 스킬의 개발이 궁극적으로 리더 정체성의 발전과 불가분하게 얽혀 있음을 역설하며, 단순히 습득한 지식을 상황에 맞게 적용하는 것을 넘어 '리더가 되는 것(being)'으로의 본질적 전환이 이루어져야 한다고 강력히 주장한다. 이는 다시 말해, 훌륭한 리더가 되기 위해서는 단순한 지식 습득과 적용만으로는 불충분하며, 리더 스스로가 자신이 리더라는 확고한 의식을 지니고 그 역할에 임할 때 비로소 학습된 리더십 스킬 또한 더욱 효과적으로 발현될 수 있다 것이다.

이들은 또한 리더의 정체성이 그가 살아 온 삶의 경험과 학습에 의해 축적되고 형성된 역사적 구성물일 뿐만 아니라, 현재 부여된 역할에 대한 사회적 협상의 산물이며, 동시에 미래를 향한 능동적인 투영임을 강조한다. 즉, 6장에서 심층적으로 고찰하였듯이, 한 개인의 삶의 궤적은 리더로서의 정체성 형성을 촉진하는 결정적 계기가 될 수 있으며, 나아가 리더로서 자신에 대한 주변의 기대와 내재된 자아 개념을 조화시키기 위해 자신의 행동과 사유 방식을 조정하거나, 외부로부터의 역할 기대와 그 수준을 적극적으로 수정해 나가는 일련의 역동적인 협상 과정의 결과물이 바로 리더 정체성이라 할 수 있다.

아이바라 교수는 리더 정체성을 형성하는 과정에 지대한 영향을 미치는 핵심적인 자아 개념으로, 미래에 '자신이 될 수 있는 잠재적 모습' 또는 '궁극적으로 되고자 하는 이상적 자아'와 관련된 '가능성의 자아(Possible Self)'를 제시한다. 이 가능성의 자아는 개인이 추구하는 이상적인 리더로서의 미래상이나 특정 롤모델에 대한 집중을 유도하며, 자신에게 주어진 기회와 제약 요소를 명확히 인식하게 함으로써 미래 행동에 대한 강력한 동기를 부여하고, 그 결과에 대한 심층적인 해석을 촉진하는 역할을 수행한다.

가능성의 자아는 리더 개발에 있어 특히 중차대한 의미를 지니는데, 이는 리더 정체성을 확립하는 데 필수불가결한 '리더 자아 효능감(Leader Self-Efficacy)'과 불가분하게 연결되어 있기 때문이다. '과연 내가 리더가 될 수 있을까?' 혹은 '리더로서 성공적으로 역할을 수행할 수 있을까?' 하는 의구심과 두려움에 효과적으로 맞서는 강력한 심리적 기제가 바로 자아 효능감이다. 자아 효능감이 높은 개인은 실패에 대한 두려움이 상대적으로 낮아 도전적인 과제를 기꺼이 수용하는 경향을 보이며, 스스로를 강력하게 동기 부여할 뿐만 아니라 탁월한 문제 해결 능력을 발휘한다.

성장기 아동들에게 위인전을 읽게 하는 근본적인 목적은 스스로 롤모델을 탐색하고 이를 통해 가능성의 자아를 형성하도록 돕는 데 있다. 위인전을 접한 후 개인들의 반응은 크게 두 가지 유형으로 나뉜다. 하나는 위인의 삶을 자신과는 동떨어진, 비범한 인물들의 이야기로 치부하는 경우이며, 다른 하나는 위인과 자신을 직접적으로 비교하기보다는, '나 또한 이와 같이 시도해 봐야겠다'는 긍정적인 추종의 의지를 보이는 경우이다. 후자의 경우가 바로 높은 효능감을 지닌 이들에게서 나타나는 특징이다. 위인전을 읽은 아동의 사례처럼, 개인이 리더로서 거듭나기 위해서는 높은 리더 효능감이 필수적이며, 가능성의 자아는 이러한 리더의 효능감과 결합하여 리더 정체성 형성의 견고한 밑거름이 된다.

3) 리더 정체성 전환과 폐기학습

정체성 기반 리더 개발(Identity-based Leader Development)은 리더 개발이 궁극적으로 정체성을 전환하는 방식으로 전개된다고 가정한다. 이는 개인이 기존의 정체성에서 벗어나 새로운 자아를 탐색하고, 궁극적으로는 대안적인 정체성을 자신의 하위 정체성으로 통합하는 과정으로 이해될 수 있다.

잠시 기억을 더듬어 3장에서 다루었던 리더십 파이프라인(Leadership Pipeline), 즉 리더십의 핵심 경로를 떠올려 보자. 리더십 파이프라인은 단순히 한 단계씩 수직적으로 상승하는 것이 아닌, 때로는 반대 방향으로 크게 꺾이며 지그재그 형태로 상승하는 모습으로 묘사되었음을 기억할 것이다. 리더로 성장한다는 것은 단순히 실무자에서 관리자로, 혹은 주니어 전문가에서 시니어 전문가로 역할을 전환하는 것만을 의미하지 않는다. 상위 리더로 나아갈수록 각 단계별로 새로운 역할을 수행하는 과정에서 리더들의 사고방식과 행동 양식, 역량 및 가치관 등에 걸친 근본적인 변화가 요구된다.

초보 리더에서 고위급 경영진으로 성장해 나가는 과정에서 리더들은 크게 세 가지의 중대한 장애물에 직면하게 된다. 첫째는 이끄는 조직의 범위가 확장됨에 따라 비즈니스 전반에 대한 이해의 폭을 심화해야 한다는 것이며, 둘째는 효과적으로 조직을 이끌기 위한 변화 관리 및 이해관계자 관리의 난이도와 복잡성이 증대된다는 점이다. 마지막으로, 직급이 상승함에 따라 더 높은 비율의 '권한 위임(Empowerment)'을 수행해야 한다는 것이다.

특히 초임 리더 혹은 이제 막 다음 단계의 리더로 진급한 경우, 성장에 수반되는 이러한 문제들이 생소하거나 까다롭게 느껴지기 마련이며, 따라서 문제를 효과적으로 다루지 못하거나 그 가치를 제대로 부여하지 못할 수 있다. 기존에 자신이 수행하던 역할과 매우 상이한 업무를 수행해야 하므로, 기존의 직업관과 충돌하는 경험을 겪기도 한다.

이러한 리더십 파이프라인의 단계별 전환 과정이 수반하는 장애물들을 성공적으로 다루는 것은 정체성과 깊게 연관되어 있다. 리더십 파이프라인의 단계별 전환을 성공적으로 이루기 위해서는 리더가 기존의 직업적 정체성과의 이별, 즉 '정체성의 상실과 폐기 학습(Unlearning)'의 과정을 경험해야 한다.

정체성 관련 이론을 다루며 우리는 하나의 맥락에서 하나의 가장 적합한 하위 정체성만이 활성화된다고 언급한 바 있다. 조직에서 리더가 갖는 하위 정체성은 리더와 팔로워처럼 상황적 위계에 따라 유연하게 전환되는 것도 있지만, 관리직과 실무자처럼 반영구적으로 변화해야 하는 것도 존재한다. 초임 리더는 자신을 이 자리까지 오게 한 원동력이었던 실무자 정체성을 온전히 내려놓을 때 비로소 리더의 정체성으로 성공적으로 옮겨갈 수 있게 된다. 바로 이러한 이유로 기업에서 운용하는 대부분의 리더 온보딩 프로그램에는 리더로서의 마인드셋 재정립과 역할 재정의에 대한 내용이 핵심적으로 포함되어 있는 것이다.

폐기 학습(Unlearning)은 개인이 지금까지 고수해 왔던 방식과 사고를 의도적으로 버리고 새로운 방식을 수용하는 개념이다. 이는 새로운 지식을 효과적으로 활용하거나 새로운 역할에 신속하게 적응하기 위해 기존의 사고방식이나 행동 패턴을 의식적으로 망각하거나 중단하는 것을 의미한다.

아이바라 교수와 동료들은 프랑스의 저명한 문화인류학자인 아놀드 밴 게닙(Arnold Van Gennep)이 1960년에 제시한 '정체성 전환(Identity Transition)' 모형을 통해 리더의 정체성 전환에 수반되는 일련의 복합적인 과정을 설명한다. 리더 정체성 전환은 '분리(Separation)–전환(Transition)–통합(Integration)'의 3단계 과정을 거친다. 첫 번째 단계인 '분리(Separation)'에서는 앞서 설명한 정체성의 상실, 즉 기존의 개인 기여자(Individual Contributor)인 실무자의 정체성과의 단절을 통해 새로운 역할인 리더로서의 정체성을 수용할 준비를 해야 한다. 새로운 직책인 리더의 역할을 수행하는 초기에는 아직 정체성이 확고하게 형성되지 않으므로, 이 시기의 개인은 공식적인 조직의 역할에서 벗어나 익숙하게 수행하던 업무와의 심리적 분리를 경험한다. 새로운 업무 방식, 새로운 관계 형성, 혹은 새로운 접근 방식을 통해 조직 구성원들과 상호작용하면서 리더는 자신이 누구인가에 대한 자기 관념을 정립하고 주변인들로부터의 역할 기대를 확인하며, 새로운 역할인 리더에 대한 스스로의 관점을 구축하여 고유한 의미를 부여한다. 동시에 이전의 역할, 즉 실무자로서의 활동이 감소하거나 중단됨에 따라 이와 관련된 규범 등에 대한 집착이 약화된다. 이 단계에서 리더는 종종 새로운 활동과 관계 속에서 '가능성의 자아'를 시험해 보기도 하며, 이러한 모든 활동은 기존 정체성으로부터의 분리를 촉진하는 역할을 한다.

'전환(Transition)' 혹은 '경계성(Liminality)'이라 불리는 두 번째 단계에서는 새로운 역할에 수반되는 변화와, 아직 완전히 단절되지 않은 과거 정체성 사이에서 모호함과 불확실한 상태를 경험하게 된다. 영어로 '경계'를 뜻하는 'liminal'의 어원은 '문턱'을 의미하는 라틴어 'limen'에서 유래했다. 이 시기의 리더는 아직 실무를 완전히 놓지 못하여 실무를 병행하거나, 불안감에 부하들의 업무를 모두 챙기는 마이크로매니징을 보이기도 한다. 이렇듯, 전환기에 있는 인물들은 마치 공중에 부유하는 것처럼, 일종의 진공 상태에서 이도 저도 아닌 애매한 정체성을 느끼게 된다. 특히 전문가로서의 정체성이 강한 직무(예컨대, 프로그래머나 회계사 등)에서 연차가 쌓이고 진급함에 따라 원치 않음에도 관리직을 맡아야 하는 경우, 전환 과정에서 겪는 혼란과 스트레스가 더욱 강렬하며, 이 단계를 어떻게 극복하는가에 따라 리더로서의 성패가 판가름 나기도 한다(이때 '리더의 램프 업'을 상기해 볼 수 있다). 앞서 언급했듯이, 바로 이러한 이유로 진급한 리더의 정체성 형성을 촉진하기 위한 온보딩 프로그램과 코칭 및 멘토링이 이 시기에 집중적으로 운용된다.

리더 정체성 전환의 마지막 단계는 '통합(Integration)'으로, 새로운 자아인 리더 정체성을 확고히 정립하는 단계이다. 이 단계에서는 리더 자신과 조직 구성원들과의 상호작용을 통해 점진적으로 새로운 자아인 리더 정체성을 수용하며, 이를 자신의 확고한 하위 정체성 중 하나로 완벽하게 통합시키게 된다. 리더 정체성의 통합 단계는 리더 개발에 있어 매우 중요한 시사점을 제공한다. 성인의 행동 변화는 단순히 경험적인 학습뿐만 아니라, 개인이 스스로 행동의 결과를 평가 및 성찰하고 대안적인 행동 방침을 고려할 수 있는 메커니즘에 의해 촉진된다. 즉, 리더는 자신이 현재 지닌 리더로서의 모습과 '가능성의 자아'로서의 리더상 간의 차이를 비교하여 자신이 실제로 어떠한 상태인지에 대한 내적 평가를 내리며, 이 평가에 따라 새로운 자아를 유지하거나 거부하게 된다. 새로운 정체성의 통합은 교육이나 훈련 등의 프로그램만으로는 불충분하며, 실제 맥락 속에 참여하여 행동의 의미와 그 결과에 대한 판단을 습득하는 사회적 경험이 필수적이다. 즉, 리더 정체성의 통합을 위해서는 실제 업무 맥락에서 팔로워들과의 심도 있는 상호작용을 통한 자기관념과 역할 기대의 일치가 반드시 이루어져야 한다.

요약하자면, 리더 정체성은 실무자에서 관리자로, 팔로워에서 리더로 전환하는 과정에서 비로소 형성되며, 이는 기존 정체성의 상실과 새로운 역할과의 조우를 수반한다. 이 과정에서 개인은 팔로워 정체성과 리더 정체성 사이를 오가는 혼란스러운 상황을 거치며, 최종적으로 리더 정체성을 자신의 고정적인 하위 정체성의 일부로 완벽하게 수용한다. 조직이 정체성 전환의 과정을 돕기 위해 제공하는 리더 개발 프로그램은 전환 및 경계성 단계에 있는 리더의 불안을 경감시키고, 리더의 '가능성의 자아' 형성을 촉진한다. 나아가 조직은 실제 업무 환경에서 리더의 정체성이 견고하게 형성될 수 있도록 코칭, 멘토링 및 리더십 다면 평가 등을 통해 지속적으로 지원한다.

4) 리더 개발 프로그램을 통한 리더 정체성 변화사례

지금까지 리더 정체성의 개념과 그 형성 과정에 대해 정리해 보았다. 사실, 리더 개발의 궁극적인 지향점이자 리더십 발현 메커니즘의 핵심적 동인이라 할 수 있는 리더 정체성은 2000년대 후반에 이르러서야 학계와 업계의 관심을 받기 시작했다. 2010년 이전의 리더 정체성 관련 연구들은 주로 개념적·이론적인 측면에서 다루어졌으며, 따라서 앞서 언급한 아이바라 교수의 정체성 전환 모형 역시 이론적인 수준에 머물러 있었다. 그러나 리더 정체성이 학문적·실무적 관심의 중심에 본격적으로 부상하기 시작한 2010년대 이후에는, 실제 데이터를 활용하여 리더 정체성의 형성과 리더 개발 간의 유기적 관계를 실증적으로 규명하는 연구들이 잇따라 출현하기 시작하였다.

특히 리더 개발 및 정체성 분야의 석학인 데이 교수와 네덜란드의 다르야 미센코(Darja Miscenko) 교수, 한네스 권터(Hannes Guenter) 교수로 구성된 연구팀은 2017년에 리더 정체성과 리더십 스킬 개발 간의 긴밀한 연관성을 명징하게 밝혀낸 기념비적인 연구 결과를 발표하였다.

이들은 몇 주에 걸친 리더 개발 프로그램에서 리더십 스킬을 학습하는 가운데 리더 정체성이 어떻게 형성되는가를 추적하였다. 이 연구의 참여자들은 네덜란드 경영대학원의 리더십 과정에 참여한 대학원생들로, 평균 1년 이상의 직장 경험을 보유하고 있었다. 총 7주간 매주 두 차례, 각 2시간씩 진행된 프로그램의 개별 세션마다 두 명의 참가자가 리더십과 관련된 특정 주제를 선정하여 발표하였다. 모든 참가자들은 해당 주제와 관련된 자료를 사전에 숙지하였으며, 세션에서는 비디오 시청, 역할극, 집단토론 등 다채로운 상호작용적 활동 및 발표가 활발하게 이루어졌다. 각 세션이 종료된 후, 모든 참가자는 해당 세션의 주제가 자신이 수행하는 리더십과 어떻게 연관되는지를 기술한 성찰 노트를 제출하였다.

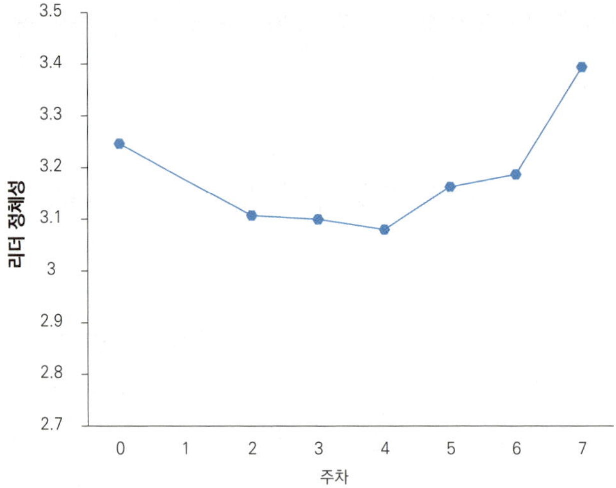

그림 7-1 리더 개발 프로그램 참가자들의 리더 정체성 변화 궤적

그림 7-1은 7주간의 교육 프로그램에 참여한 참가자들의 리더 정체성이 변화한 궤적을 제시한다. 이를 토대로 연구팀은 연구 결과가 기존의 리더 정체성 전환 이론을 명확히 뒷받침한다는 점을 발견하였다. 그래프에 나타난 참가자들의 리더 정체성 변화는 알파벳 J와 유사한 곡선의 형태를 띠는데, 특히 1-2주차 사이에 급격한 정체감의 하강이 관찰된다. 이후 완만한 하강과 상승의 패턴을 반복하다가 6-7주차 사이에서 다시 급격히 상승하는 양상을 보인다.

이러한 결과는 무엇을 시사하는가? 앞서 설명했듯이, 정체성의 변화는 개인이 리더 역할에 대한 의미를 부여하고 이를 자신의 관점과 일치시킬 때 비로소 가능해진다. 프로그램 시작 시점(0주차)에 참가자들은 나름의 관점에서 정의한 리더로서의 자아를 어렴풋이 지니고 있었으나, 1주차 프로그램이 진행되면서 자신의 기존 관점과는 다른 새로운 사례들을 접하게 된다. 예를 들어, 리더는 타고나는 것이라는 신념을 가진 참가자가 특정 계기를 통해 리더로 성장한 사례를 만난 경우, 기존의 리더관이 흔들리게 되는 것이다. 새로운 리더십 사례들을 만나면서 리더가 되는 과정이 생각했던 것보다 어렵고 힘들다는 것을 깨달음에 따라, 리더로서 자신의 역량을 의심하게 되고, 결과적으로 프로그램 초기인 1-2주차에는 리더로서의 자신을 낮게 평가한 것으로 해석된다. 이후 참가자들은 3주차부터 6주차까지 다양한 프로그램 활동에 참여하는데, 이 기간 동안 이들의 리더 정체성은 소폭의 상승과 하강을 반복하지만 전반적으로 낮은 수준을 유지한다. 이는 아이바라 교수의 리더 정체성 전환 이론의 두 번째 단계인 '경계성(Liminality)'의 특징과 유사하게, 참가자들이 리더로서의 자신에 대한 확신을 갖지 못한 불확실한 상태에 놓여 있음을 의미한다. 프로그램에 지속적으로 참여하는 가운데, 이들은 마침내 리더로서의 새로운 관점을 수용하게 되고, 이를 자신의 정체성 중 하나로 통합시킨다. 7주차에 이르러 이들의 리더 정체성은 프로그램 이전의 정체성(0주차)보다 훨씬 높은 수치를 보이는데, 이는 참가자들이 이전에 비해 더욱 확실하고 자신 있게 리더로서의 자아를 형성했음을 나타내는 것이다.

지금까지 리더 개발의 마지막 장인 7장에서 리더의 정체성과 그 형성 과정에 대해 심도 있게 살펴보았다. 좋은 리더, 즉 효과적인 리더가 되기 위해서는 높은 수준의 리더십 스킬을 함양해야 하는 것은 물론, 이러한 성장의 근원적 동기를 제공하는 리더로서의 정체성이 확고히 형성되어야 한다. 리더로서 자신이 추구하는 바와 주변의 기대에 부응하고자 하는 모습이 일치할 때, 비로소 리더십이 발현될 수 있는 견고한 토대가 마련될 수 있다.

우리는 리더 개발의 핵심 단계인 리더 정체성을 끝으로 리더 개발에 대한 논의를 일단락하고자 한다. 그러나 이 책의 궁극적인 목적인 리더십 개발에 도달하기 위한 여정은 아직 많이 남아있다. 성공적인 리더가 되었다는 것은 리더십의 효과적인 발현을 통해 확인 가능하며, 리더십이 리더와 팔로워 간의 상호작용이라는 본질적 특성을 고려할 때, 리더로서 강한 정체성을 가졌다는 것은 성공적인 리더가 되기 위한 필요조건일 뿐, 충분조건일 수는 없다. 제아무리 뛰어난 사람이라 할지라도 자신을 따르는 팔로워가 없다면 리더로서의 정체성을 온전히 가질 수 없으며, 리더십을 발휘할 기회조차 없기 때문이다.

프로세스 기반의 리더십 개발의 핵심은 바로 리더와 팔로워의 상호작용에 있다. 사실 본 장에서는 의도적으로 리더에 중점을 두어 정체성을 설명했지만, 리더의 정체성은 팔로워와의 상호작용에서 핵심적인 역할을 하며, 많은 경우 그러한 상호작용의 결과로서 형성된다. 따라서 리더십 개발을 위해서는 리더-팔로워 프로세스에 대한 심층적인 이해가 필수적이다. 이를 위해 다음 8장에서는 먼저 팔로워란 누구이며 어떠한 특성을 가졌는지, 그리고 리더십 개발에서 그들의 역할은 무엇인지를 중점적으로 다루고자 한다.

참고문헌

1. Bass, B. M., & Bass, R. (2008). *The Bass handbook of leadership: Theory, research, and managerial applications* (4th ed.). New York: Free Press.
2. Epitropaki, O., Kark, R., Mainemelis, C., & Lord, R. G. (2017). Leadership and followership identity processes: A multilevel review. *The Leadership Quarterly, 28*(1), 104-129.
3. Day, D. V., Harrison, M. M., & Halpin, S. M. (2008). *An integrative approach to leader development: Connecting adult development, identity, and expertise*. Routledge.
4. Ibarra, H., Snook, S., & Guillen Ramo, L. 2008. *Identity-based leader development*. INSEAD.
5. Kragt, D., & Guenter, H. (2018). Why and when leadership training predicts effectiveness: The role of leader identity and leadership experience. *Leadership & Organization Development Journal, 39*(3), 406-418.
6. Lord, R. G., & Hall, R. J. (2005). Identity, deep structure and the development of leadership skill. *The Leadership Quarterly, 16*(4), 591-615.
7. Miscenko, D., Guenter, H., & Day, D. V. (2017). Am I a leader? Examining leader identity development over time. *The Leadership Quarterly, 28*(5), 605-620.
8. Sinclair, A. (2011). Being leaders: Identities and identity work in leadership. In A. Bryman, D. Collinson, K. Grint, B. Jackson, & M. Uhl-Bien (Eds.), *The sage handbook of leadership* (pp. 508-517). Sage.
9. Sveningsson, S., & Alvesson, M. (2003). Managing managerial identities: Organizational fragmentation, discourse and identity struggle. *Human Relations, 56*(10), 1163-1193.
10. Staines, G., Tavris, C., & Jayaratne, T. E. (1974). The queen bee syndrome. *Psychology Today, 7*(8), 55-60.

CHAPTER

08

팔로워와 팔로워십 개발

1. 팔로워십: 어제와 오늘
2. 팔로워십의 유형
3. 효과적인 팔로워의 개발
4. 리더-팔로워 관계의 변천사

CHAPTER 08

팔로워와 팔로워십 개발

리더십에 대한 프로세스 정의가 학술적으로는 광범위하게 수용되고 있지만 실무자들이 직관적으로 이를 온전히 받아들이기란 쉽지 않다. 이러한 간극을 고려하여, 우리는 대학(원)이나 기업을 대상으로 강의나 세미나를 진행할 때 참석자들에게 '리더는 어떤 사람인가'에 대해 질문을 던진다. 사실, 기업의 실무자들은 리더십에 대한 이론을 머리가 아닌 피부로 체감하며 살아가기에, 매우 통찰력 있는 답변들을 들을 수 있다. 그중 가장 빈번하게 제시되는 답변 중 하나는 "리더란 다른 사람들을 이끌어 목표를 달성하는 사람"이라는 것이다. 이는 리더십의 프로세스적 관점이 잘 녹아 있는 정의라 할 수 있다. 그러나 냉정하게 평가하자면, 이는 80점짜리 답변이다(오해는 마시길, 학습 이론의 관점에서 80점은 완전 학습이 이루어졌다는 증거이기도 하다). 우리는 이 훌륭한 정의를 조금 더 다른 관점에서 조명하고자 한다. 바로 "리더란 다른 사람들이 따르는 사람"이라는 관점이다. 이제 리더를 따르는 사람들, 즉 팔로워(Follower)에 대해 이야기할 차례이다.

1 팔로워십: 어제와 오늘

이 책의 서두에서도 지적했듯이, 대다수의 사람들은 한 기업(혹은 국가)의 흥망성쇠가 오롯이 리더의 역량에 달려 있다고 믿는 경향이 있다. 이에 따라 현대의 거의 모든 조직은 역사적인 리더들의 사례를 탐구하고, 탁월한 자질을 갖춘 리더 및 리더 후보를 외부에서 영입하거나 조직 내부에서 육성하기 위해 막대한 비용과 시간을 투자하고 있다.

그러나 리더십 프로세스 접근법의 기본적인 가정은 리더십이 리딩(Leading)과 팔로잉(Following)이 결합된 행동을 통해서만 발현될 수 있다는 것이다. 리더가 아무리 이끌려고 노력해도 그를 따르는 사람들이 없다면, 즉 존중하고 협력하는 행동으로 반응하지 않는다면 리더는 고독할 뿐이며, 어떠한 영향력도 발휘할 수 없을 것이다. 결국 리더란 누가 그를 따르는가에 의해 그 존재와 능력을 인정받을 때 비로소 리더십을 효과적으로 발휘할 수 있다.

1) 팔로워십에 대한 오해

로버트 켈리(Robert Kelly)는 카네기멜론 대학(Carnegie Mellon University)의 교수로 재직하던 1988년, 하버드 비즈니스 리뷰에 「팔로워들을 찬양하며(In Praise of Followers)」라는 기념비적인 논고를 기고하였다. 이 글은 현대적 의미의 팔로워에 대한 체계적인 분석이자, 가장 영향력 있는 팔로워십 유형을 제시한 것으로 평가받으며 지난 30년간 리더십 분야의 연구와 실제에 지대한 영향을 미쳐왔다.

켈리는 그의 아티클에서, 조직의 성패가 부분적으로는 리더의 역량에 좌우되기도 하지만, 다른 한편으로는 팔로워들이 리더를 얼마나 효과적으로 따르는지에 따라서도 결정되는 측면을 결코 간과할 수 없다고 지적하였다. 그는 1987년 구조조정을 겪었던 한 은행의 사례를 통해, 리더가 부재한 상황에서도 팔로워들이 어떻게 주체적으로 역량을 발휘할 수 있는지를 생생하게 제시한다.

당시 미국 동부에 위치한 한 은행은 실적 악화로 인해 대규모 감원을 단행해야 하는 상황에 직면하였다. 그러나 구조조정 작업에 투입될 관리자의 수에 비해 지점과 인원의 수가 현저히 많았다. 업무량을 도저히 감당할 수 없었던 한 부서장은 마침내 자신의 업무 일부를 부하 직원들에게 몇 가지 지침과 함께 위임하였다. 비록 이 행위가 의도적인 임파워먼트(Empowerment), 즉 권한 위임은 아니었으나, 해당 부서장은 그러한 목적을 갖고 있지 않았다. 그럼에도 그 효과는 예상 밖으로 막대하였다. 리더로부터 부여받은 권한과 지침, 그리고 내재된 자율 의지를 지닌 직원들이 리더의 대행자로서 해당 업무를 성공적으로 처리하고 조직의 혼란을 수습하는 데 결정적인 역할을 수행하였던 것이다.

켈리 교수는 이러한 사례들을 통해, 과연 리더에게만 모든 공과를 돌리고 그 중요성을 과도하게 중시하는 것이 온당한지에 대한 근본적인 질문을 던졌다. 그는 대다수 사람들이 팔로워로서의 삶을 영위하고 있음에도 불구하고, 그들의 사고방식이 리더 역할에 대한 숭배와 집착으로 가득 차 있어 현실을 제대로 직시하지 못하고 있음을 날카롭게 지적한다.

사실 대부분의 직장인은 경력의 특정 시기, 혹은 직장에서의 하루 일과 중에도 리더와 팔로워의 두 가지 역할을 동시에 수행한다(이전 챕터에서 다룬 리더 정체성 이론을 상기해 보자). 많은 경우, 우리는 두 역할을 모두 효과적으로 수행하기보다는 상대적으로 더 주목받고 성과를 인정받기 쉬운 리더 역할에 더욱 큰 비중을 두는 경향이 있다. 리더십에 대한 이러한 일종의 집착이 우리 삶과 조직에서 훨씬 더 많은 부분을 차지하는 팔로워십의 진정한 의미와 그 중요성으로부터 우리의 시야를 가리고 있기 때문이다.

그러나 리더십에 쏟아지는 과도한 관심에 대한 경계와 팔로워십의 중요성을 환기하고자 했던 켈리 교수의 비판과 노력에도 불구하고, 팔로워십에 대한 사람들의 상대적인 무관심은 최근까지도 지속되어 왔다.

하버드 케네디 스쿨(Harvard Kennedy School)에서 공공정책을 가르치는 바버라 켈러만(Barbara Kellerman) 교수 역시 2007년에 하버드 비즈니스 리뷰에 발표한 아티클에서 지난 수십 년간 리더십 업계가 리더의 중요성에만 치우쳐 팔로워십을 푸대접해 왔음을 날카롭게 지적한다. 켈러만에 따르면, 성공했거나 실패한 리더, 윤리적이거나 비윤리적인 리더, 그리고 초임이거나 은퇴 시기의 리더 등, 리더와 관련된 모든 것은 이야깃거리가 되어 수없이 많은 책과 연구의 소재가 되어 왔다. 그에 반해, 팔로워십은 제대로 다루어진 적이 거의 없으며, 그나마 존재하는 극소수의 연구나 저작물은 부하 직원의 행동에 대한 설명에 그쳐 왔다는 것이다.

리더십 분야에서 조금 더 좁혀 이 책의 주제인 리더십 개발 분야로 시선을 돌려보자. 리더십 훈련과 개발에 대한 엄청난 관심과 투입되는 막대한 자원에 비교해 볼 때, 리더십 개발의 영역에서 팔로워는 그야말로 철저히 소외되어 왔다. 모두가 리더가 가장 중요하며, 리더십은 모든 개인의 필수 역량이라는 사고방식이 만연하다. 이러한 관점은 리더십 개발 활동에도 직접적인 영향을 미친다. 심지어 리더의 역할을 수행하지 않는 신입사원들에게조차 팔로워를 위한 교육, 즉 팔로워십 훈련보다는 셀프 리더십 교육을 실시하는 기업이 절대다수이다. 이끌 사람이 없는 가장 말단 직원조차 '너 자신을 리드하라'며 리더십을 함양할 것을 요구받는 현실이다.

우리는 왜 이토록 리더십 중심주의에 매몰되어 있는가? 물론 리더가 조직 내에서 중요한 역할을 수행한다는 점은 명백하다. 그러나 리더와 팔로워에 대한 오개념 또한 이러한 편향의 한 가지 이유일 것이다. 가장 광범위하게 퍼져 있는 오해 중 하나는 리더와 팔로워를 대립적인 이분법으로 간주하는 시각이다. 즉, 리더는 적극적으로 이끌고, 혁신적이며, 카리스마를 가졌고, 역량이 뛰어난 주도적이고 독립적인 개인인 반면, 팔로워는 기본적으로 복종하며 수동적으로 리더의 통제를 받는 종속적인 존재라는 인식이다. 이러한 이분법적 사고 때문에, 심지어 가장 하위 직급인 신입사원조차 팔로워십이 아닌 리더십을 개발해야 한다는 암묵적인 가정이 당연시되어 온 것이다.

그러나 프로세스 중심 리더십 개발에서는 리더, 팔로워, 그리고 이들 간의 상호작용적 프로세스 모두를 개발의 대상으로 본다. 그렇다면 팔로워십의 개발을 위해 우리는 무엇을 어떻게 해야 할까? 먼저 리더 개발과 마찬가지로 팔로워십이 무엇인지 명확히 이해해야 한다. 또한 팔로워는 리더와 달리 다수의 개인으로 이루어진 집합이라는 점에서, 이들이 공통적으로 지닌 특성과 개별적인 차이를 파악하기 위해 팔로워십의 다양한 유형을 탐구해야 한다. 마지막으로, 리더와 팔로워 관계의 복합적인 상호작용 프로세스를 온전히 이해하기 위해 이들 관계의 변천사를 조망해 볼 필요가 있다.

2) 팔로워십의 새로운 정의

2010년 이후, 리더십 학계를 중심으로 팔로워십에 대한 재조명이 이뤄져 왔다. 현대 사회를 특징 짓는 용어 중 하나가 바로 포스트모더니즘(Postmodernism)이다. 간단히 설명하자면 포스트모더니즘이란 이성중심주의로 대표되는 서구 모더니즘을 해체하려는 사상적 흐름이다. 과거와 같이 권력과 정보를 독점하는 중앙 혹은 엘리트층이 획일적인 질서를 부여하고 구성원을 통제하던 사회에서, 오늘날처럼 개개인의 개성과 자율적 선택이 존중받고 다양한 가치 기준이 인정받는 사회로 변화하는 데는 포스트모더니즘의 영향이 지대했다. 특히 정보통신 기술의 발달과 정보의 공유는 이러한 '중심 해체 현상'을 더욱 가속화하고 있는데, 이러한 포스트모더니즘 사회에서는 자연스럽게 리더의 권력이 상대적으로 약화되고, 팔로워의 역할과 영향력이 증대될 수밖에 없다.

켈러만 교수는 전 세계적으로 리더의 영향력이 감소하고 있으며, 점차 더 많은 리더들이 리더십을 효과적으로 발휘하기 위해서는 팔로워들에게 적극적으로 의존할 수밖에 없을 것이라고 전망한다. 개개인의 가치와 개념적 관점이 존중받는 사회가 도래한다는 것은 곧 팔로워십의 힘이 커진다는 것을 의미하기 때문이다. 이러한 변화는 우리 주변에서 일상적으로 관찰되는 현상이다. 과거에는 방송국이 정해진 시간에 특정 계층의 의도가 투영된 프로그램을 송출했으며, 시청자들의 선택권은 지극히 제한적이었다. 그러나 유튜브와 같은 플랫폼에 의해 개개인의 취향에 따른 프로그램의 제작과 선택이 가능한 현 시점에서 그 양상은 상이하다. 유튜버들이 프로그램 도입부에 반드시 포함하는 요청, 즉 '구독과 좋아요'는 이제 프로그램 제공자가 시청자에게 선택받아야 하는 입장으로 전환되었음을 명확히 시사한다.

이러한 흐름에 부응하여, 리더십 학자로서 특히 팔로워십과 리더-팔로워 관계에 관한 전문가인 메리 울-비엔(Mary Uhl-Bien) 교수는 팔로워십에 관한 새로운 관점과 재정의를 제시한다. 그녀는 리더십이 '다른 사람에게 적극적으로 영향을 미치는 것(actively influencing others)'을 의미한다면, 팔로워십은 '자신에게 영향을 미치도록 허락하는 것(allowing oneself to be influenced)'이라 정의한다.

팔로워십의 중요성을 강조했던 켈러만 교수조차 팔로워를 "별다른 권한도, 권위 있는 지위도, 특별한 영향력도 없는 '비리더 집단(Unleaders)'이며, 팔로워십은 상사인 리더와 부하인 팔로워 사이의 계급적(rank) 관계 속에서 리더에 대한 팔로워의 반응(행동)을 의미한다"고 정의한 것에 비추어볼 때, 울-비엔 교수의 정의는 실로 어마어마한 관점의 전환이라 할 수 있다. 이는 리더가 팔로워에게 일방적으로 긍정적 혹은 부정적인 영향을 미치는 것이 아니라, 리더가 나에게 영향을 미치도록 내가 허락하는 것, 즉 그 권한이 팔로워에게 있다는 의미를 내포한다. 유튜브를 다시 한번 떠올려 보자. 제아무리 대단한 인플루언서라 할지라도 나에게 영향을 미치려면 내가 해당 채널을 구독함으로써 '허락'해야만 가능한 것이다.

팔로워십에 대한 이 같은 새로운 정의는, 리더십을 리더의 특성이나 역량이 아닌, 리더와 팔로워 사이의 상호작용적 프로세스이며, 복수 명사, 즉 리더와 팔로워를 모두 포함하는 개념으로 바라보게 하는 결정적인 전환점이 되었다. 그리고 이러한 관점의 전환은 자연히 리더십 개발에 있어서도 리더 중심의 훈련과 개발에서 벗어나 리더, 팔로워, 그리고 이들 간의 프로세스를 모두 고려하는 총체적 접근이 이루어져야 함을 의미한다.

2 팔로워십의 유형

이 책의 초반부에서 리더십의 유형과 발전 과정을 간략히 살펴보았음을 기억할 것이다. 지난 수십 년간 리더십의 정의와 유형이 끊임없이 발전하고 논의를 거듭해온 반면, 팔로워십의 정의와 유형에 대한 관심은 지극히 제한적이었다. 팔로워십에 대한 체계적인 논의는 1950년대에 시작되었으나, 크게 주목받지 못하거나 그 관심이 오래 지속되지 못했다. 이후, 팔로워와 팔로워십에 관한 체계적인 논의는 소수의 연구자들에 의해서만 간헐적으로 시도되어 왔다.

그렇다면 팔로워십의 유형을 정리하고 이해하는 것은 왜 중요할까? 효과적인 리더십을 발휘하기 위해서는 리더가 팔로워들의 동기와 특성을 명확히 파악해야 하기 때문이다. 팔로워의 동기와 그들을 움직이는 유인책은 그들의 유형에 따라 매우 상이하기 때문이다. 리더는 자신의 리더십과 조직에 도움이 되는 팔로워십을 정의할 수 있으며, 팔로워십의 유형을 세분화함으로써 각각의 유형에 맞는 관리 방식과 동기 부여, 그리고 역할 부여가 가능해진다.

1) 잘레즈닉의 팔로워십 유형

팔로워십의 유형화는 크게 네 가지 방식으로 시도되어 왔다. 그중 첫 번째는 1977년 관리자와 리더의 차이점을 역설했던 하버드 비즈니스 스쿨의 에이브러햄 잘레즈닉(Abraham Zaleznik) 교수가 이보다 앞선 1965년에 선보인 접근법이다. 그는 팔로워에 대한 최초의 체계적인 분석과 유형화를 통해 리더십 맥락에서 팔로워가 지니는 의미와 그 중요성을 설파하였다.

잘레즈닉은 '지배(dominance)–복종(submission)', 그리고 '능동성(activity)–수동성(passivity)'이라는 네 가지 변수를 활용하여 부하 직원의 유형화를 시도하였다. 여기서 '지배'는 팔로워가 리더를 통제하고 제압하려는 욕구, 즉 일종의 반항심을 의미하며, '복종'은 그 반대로 리더에 의해 지배되고 통제되기를 원하는 욕구를 지칭한다. 두 번째 축인 '능동성'과 '수동성'은 팔로워가 적극적인 행동을 주도적으로 취하는지, 아니면 타인의 행동을 기다렸다가 반응하는지 여부를 가리킨다. 잘레즈닉은 이러한 네 가지 변수로 구성된 두 축을 기준으로 부하 직원(Subordinate)의 유형을 다음과 같은 네 가지로 분류하였다.

- 충동적인 부하직원(The Impulsive Subordinate)
  지배적–능동적 특성을 지님. 리더에게 적극적으로 도전하며 영향력을 행사하려 함. 리더에게 맞서거나 건설적인 조언을 제시할 용기가 있으며, 높은 성취 욕구로 인해 때로는 예측 불가능한 충동적인 행동을 보이기도 함.
- 강박적 부하직원(The Compulsive Subordinate)
  지배적–수동적 유형에 해당함. 리더나 타인을 통제하려는 강한 내적 욕구를 지니나, 죄책감 등 심리적 요인으로 인해 이를 표출하지 않고 억제하는 경향을 나타냄.
- 마조히즘적 부하 직원(The Masochistic Subordinates)
  복종적–능동적 유형으로 분류됨. 리더의 권위에 순응하고 통제받는 것을 선호하며, 때로는 열정적이다 못해 맹목적으로 리더를 추종하는 경향을 보임.
- 철회형 부하직원(The Withdrawn Subordinates)
  복종적–수동직 특성을 가짐. 세상을 비관적으로 조망하며, 대체로 조직에 대한 신뢰나 관심, 참여도가 현저히 낮고, 자신에게 부여된 업무를 최소한의 수준에서만 처리하려는 경향을 보임.

잘레즈닉의 이러한 분류는 주로 부하 직원의 통제와 관리에 필요한 정보를 리더에게 제공하는 데 주안점을 두었다. 이 때문에 현대적인 리더-팔로워 관계보다는 관리자-부하 직원 관계를 설명하는 데 한계를 지닌다. 그럼에도 잘레즈닉의 모형은 팔로워십에 대한 체계적인 이해를 시도하고 리더십 맥락에서 팔로워의 중요성을 지적한 선구적인 시도로 높이 평가받는다.

2) 로버트 켈리의 팔로워십 유형

잘레즈닉이 최초의 팔로워십 유형을 제시한 지 13년이 지난 1988년, 켈리는 효과적인 팔로워야말로 리더와 조직의 성공적인 결과를 위해 필수적인 요소임을 강력히 주장한다. 이 장의 서두에서 언급하였듯 하버드 비즈니스 리뷰에 기고한 아티클에서 팔로워십의 5가지 유형을 새롭게 제시한 켈리는, 이에 쏟아진 학계와 산업계의 관심을 바탕으로 1992년 『팔로워십의 힘(Power of Followership)』이라는 저서를 발표한다. 이는 리더십에만 기울어져 있던 기존의 관심을 팔로워십으로 전환시키는 결정적인 계기가 된다.

잘레즈닉과 마찬가지로, 켈리 역시 네 가지 변수로 구성된 두 축을 기준으로 팔로워십을 분류했다. 켈리의 모델에서 수직적 차원은 팔로워의 독립적-비판적 사고 수준을, 수평적 차원은 능동적-수동적 참여 수준을 나타낸다. 켈리는 이 두 가지 차원으로 이루어진 4분면의 한가운데에 하나의 팔로워십 유형을 추가하여 총 다섯 가지 팔로워십 스타일을 정의했다.

그는 이러한 분류를 통해 팔로워를 소외된 사람(Alienated Follower), 양(Sheep), 예스맨(Yes-Person), 생존자(Survivor), 그리고 **모범적 팔로워(Exemplary Follower)**로 구분한다. 이들 유형의 명칭은 후속 출판물에서 다소 수정되었지만, 그 본질적인 의미는 동일하게 유지되었다.

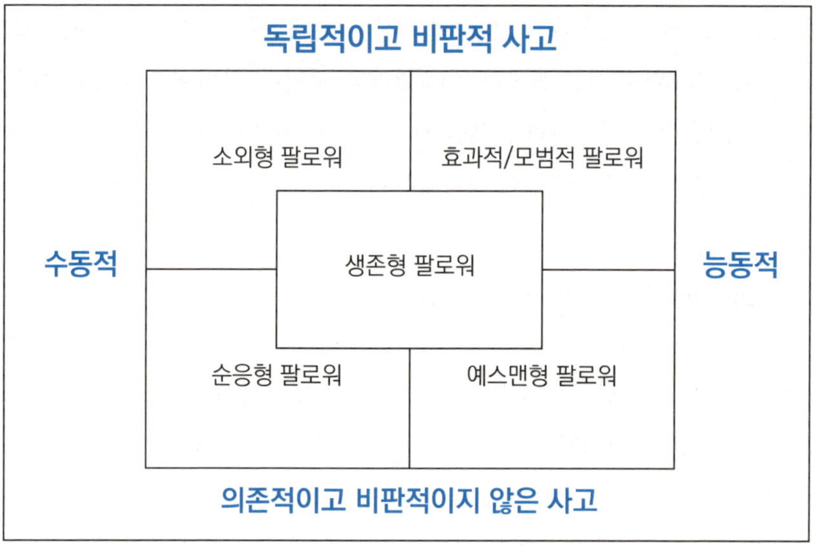

그림 8-1 켈리의 다섯 가지 팔로워십 유형

켈리의 모델에서 제시하는 첫 번째 유형의 팔로워는 '양(The Sheep)'이라고도 불리는 '수동적 팔로워(Passive Followers)'로, 이들은 의존적이고 비판적이지 않으며, 주도성과 책임감이 부족하여 주어진 과제를 수행한 뒤에는 멈추어 다음 지시를 기다리는 사람들이다. 두 번째는 '예스 피플(Yes People)'이라는 별칭을 갖는 순응적 팔로워(Conformist Followers)'이다. 이들은 대체로 활기찬 편이나, 진취적인 면은 부족하여 리더에게서 비전과 영감을 찾으려는 경향이 있다. 또한 과하게 공손하거나 복종하는 태도를 보이기도 한다. 쉽게 말해, 리더의 지시를 잘 따르지만, 스스로 아이디어를 내는 경우는 거의 없으며, 어떠한 상황이 발생하면 손을 놓고 앉아 리더만 쳐다보는 유형의 팔로워들이다.

순응적 팔로워들은 리더의 지시를 잘 받아들이기 때문에 얼핏 좋은 팔로워들이라 여겨질 수 있다. 그러나 판단력이 떨어지며 불안이 높고 자신감이 낮은 리더가 순응적 팔로워들과 짝을 이룰 경우, 의사결정에서 혼란을 초래하거나 일의 진행이 지연될 수 있다. 또한 순응적 팔로워들은 리더의 지시를 비판 없이 수용하는 대신, 그 책임 또한 전가하는 경향이 있다. 즉, 조직이 목표 달성에 실패하거나 위기에 빠졌을 때, '우리는 시키는 대로 열심히 했을 뿐'이라며 리더에게 모든 책임을 돌리고 비난할 가능성이 크다.

켈리의 세 번째 팔로워십 유형은 '소외된 팔로워(Alienated Followers)'로, 이들은 비판적으로 사고하지만 자신의 조직에 대한 소속감과 참여도는 낮은 특징을 보인다. 이들은 비판적이고 독립적인 사고를 지니지만, 특정한 역할을 수행하는 데는 소극적이며, 리더나 다른 동료의 의견에 대해 적극적인 반대보다는 냉소적인 태도를 보이는 경우가 많다. 회의에서 리더나 다른 동료가 제시한 아이디어에 대해 "나도 예전에 다 해 봤는데, 소용없을 것"이라며 조소하거나 불만스러운 표정으로 입을 다물고 있기 일쑤이다. 또한 직장인들 사이에서 유행하는 블라인드 같은 커뮤니티나 사내 익명 게시판을 통해 대안 없는 비판을 주로 하는 부류이기도 하다. 물론, 대안이 없더라도 건전한 비판은 필요하지만, 이들 비판 자체에만 몰두하는 경향이 많다는 것이 문제이다. 이들이 조직에서 가장 다루기 어려운 유형의 팔로워로, 어떠한 의견도 쉽사리 수용하지 않으며, 행동으로 옮기는 경우는 더욱 드물다. 조직에 대한 불만과 불신이 높아 주변 동료들에게 부정적인 영향을 미쳐 힘을 빠지게 할 수 있다.

다음은 '생존자들(Survivors)'로도 일컬어지는 '실용적 팔로워(Pragmatist Followers)'이다. 이들은 4분면의 정가운데에 위치하며, 무엇보다 자신의 안전을 최우선으로 생각하는 유형이다. 이들은 주변의 상황을 끊임없이, 면밀하게 살피면서 자신의 의견과 관점을 고집하기보다는 상황에 맞게 바꾸거나 적응하는 사람들이다. 그러나 이들을 기회주의자라기보다는 개인과 조직의 리스크를 최소한으로 낮추고 실리를 추구할 수 있는 방안을 고민하는 사람으로 보는 것이 더 적절하다. 이들은 리더의 의사결정에 너무 자주 반대하거나 부정적으로 비판하지 않으며, 적당한 선에서 때때로 의문을 제기하기도 한다.

켈리가 궁극적으로 제시하고자 했던 유형은 바로 다섯 번째이자 가장 이상적인 유형인 '스타 팔로워(The Star Followers)' 또는 '효과적/모범적 팔로워(Effective/Exemplary Followers)'의 육성이었다. 모범적 팔로워들은 모든 면에서 우수한 성과를 보이는 이들로, 독립적이고 비판적인 사고를 하면서도 동시에 조직의 성공을 위해 적극적으로 나서는 유형이다. 켈리는 이들이야말로 가장 이상적인 팔로워로서, 자신을 관리하는 뛰어난 능력을 지녔으며, 조직 내외부의 목적, 원칙 및 사람에 대해 헌신한다고 말한다. 또한 높은 수준의 역량과 스킬을 보유하고 이를 지속적으로 유지하며, 마지막으로 용기가 있고 정직하여 신뢰할 수 있는 특징을 가졌다고 주장한다.

켈리는 이러한 다섯 가지 팔로워십 유형을 제시함으로써 모든 것이 리더에게 달려 있고 리더만이 가장 중요하다는, 일종의 '리더십 신화(Leadership Myths)'를 반박하고자 했다. 무엇보다 켈리는 '팔로워십은 사람이 아닌 역할'이라는 점을 강조하며, 팔로워와 리더는 종종 같은 사람이 하루 일과 중 다른 시간이나 상황에 따라 수행하는 역할의 하나이므로, 결국 효과적인 팔로워와 효과적인 리더는 동일한 사람인 경우가 많다고 역설한다. 이는 리더십 개발에 있어서도 매우 의미 있는 지적으로, 리더 개발과 팔로워 개발은 결국 동전의 양면과 같다는 깨달음을 제공한다. 현재까지 켈리의 팔로워십 유형은 가장 널리 알려진 팔로워십 모형 중 하나로, 리더십 연구와 실천에 지대한 영향을 미치고 있다.

3) 아이라 챌레프의 팔로워십 유형

켈리가 팔로워십 모형을 발표하고 3년 뒤인 1995년, 리더십 개발 및 코칭 컨설턴트인 아이라 챌레프(Ira Chaleff)의 저서 『용기있는 팔로워(The Courageous Follower)』가 출판된다. 그의 책 제목에서 짐작할 수 있듯, 챌레프는 '리더를 지지하는 용기(the courage to support the leader)'와 '리더의 행동이나 정책에 도전하는 용기(the courage to challenge the leader's behavior or policies)'의 두 가지 차원을 바탕으로 팔로워십을 다음의 네 가지 유형으로 분류하였다.

- **자원**(Resource)

  낮은 지지-낮은 도전을 특징으로 하는 유형. 이들은 리더가 필요할 때 언제든 업무를 지시하거나 도움을 받을 수 있는 위치에 있지만, 그 이상으로 헌신하지는 않음. 따라서 현상 유지를 위해서는 충분하나, 더 높은 목표를 추구하는 데는 어려움이 따름.

- **개인주의자**(Individualist)

  낮은 지지-높은 도전을 보이는 유형. 이들은 독립적이고 자신감이 넘치며, 다른 사람들이 침묵할 때도 기꺼이 목소리를 냄. 반면, 지나치게 반대의 목소리를 내는 경우도 많아 자칫 소외되기 쉬운 특성을 지님.

- **실행자**(Implementer)

  높은 지지와 낮은 도전을 특징으로 함. 이들은 대체로 협조적이고 신뢰할 수 있으며, 리더와 조직을 깊이 배려하는 유형. 일반적으로 리더는 이들을 중요하게 여기는 경향이 있으나, 실행자 유형의 팔로워들은 리더가 큰 비용을 초래할 수 있는 의사결정을 하더라도 반대의 목소리를 내지 않아 위기를 야기할 수 있음.

- **파트너**(Partner)

  높은 지지와 높은 도전을 겸비한 유형. 이들은 '목표 지향적 위험 감수자(goal-oriented risk takers)'로서, 높은 목표를 지향하는 과정에서 수반되는 자신과 리더의 행동 모두에 대해 전적으로 책임을 지고 그에 따라 행동함.

사실, 챌레프의 팔로워십 유형은 그 스스로도 인정했듯이 켈리의 모형과 유사한 점이 많다. 세부적인 유형에서는 차이가 존재하지만, 큰 틀에서 보면 챌레프 모형의 '리더에 도전할 용기'는 켈리 모형의 '독립적이고 비판적 사고' 축과 매우 유사하며, '리더를 지지할 용기'는 '능동적-수동적 참여 수준' 축과 본질적으로 동일한 의미를 지닌다. 챌레프의 모형에서 제시하는 가장 용기 있는 팔로워인 파트너 유형 역시 현상 유지(Status Quo)에 도전하는 특성을 보인다. 이는 효과적인 팔로워가 곧 효과적인 리더와 같다는 켈리의 관점과도 일맥상통하는 지점이다.

4) 바버라 켈러만의 팔로워십 유형

켈러만은 앞서 언급한 잘레즈닉, 켈리, 챌레프의 팔로워 유형을 기반으로 하여 새로운 팔로워십 모형을 개발하였다. 그녀는 2007년 하버드 비즈니스 리뷰에 기고한 아티클 「모든 리더가 팔로워들에 대해 알아야 하는 것(What every leader needs to know about followers)」을 통해 팔로워십의 새로운 모형을 제시하였다. 켈러만의 관점 역시 큰 틀에서 리더-팔로워 관계가 팔로워 또한 힘과 영향력을 행사하는 쌍방향 관계라는 점, 모든 팔로워가 동일한 유형은 아니라는 점, 그리고 적극적으로 행동하는 팔로워가 소극적인 팔로워보다 바람직하다는 점에서 기존의 팔로워십 모형들과 궤를 같이한다.

켈러만은 어떠한 상황에서 결국 리더-팔로워의 상하 관계의 성격과 질은 팔로워의 참여수준에 달려 있다고 보았다. 따라서 복잡한 변수들의 조합으로 팔로워 유형을 구분하려 했던 이전 모형들과 달리, 켈러만의 유형은 '팔로워의 참여 수준'이라는 단 하나의 기준에 의해 분류된다. 켈러만은 팔로워를 "아무것도 느끼지 않고 아무것도 하지 않는" 수준부터 "열정적으로 헌신하고 깊이 관여하는" 단계까지 5단계의 참여 수준(level of engagement)에 따라 격리자(Isolates), 방관자(Bystanders), 참여자(Participants), 활동가(Activists), 골수팬(Diehards)의 5가지 유형으로 구분하였다.

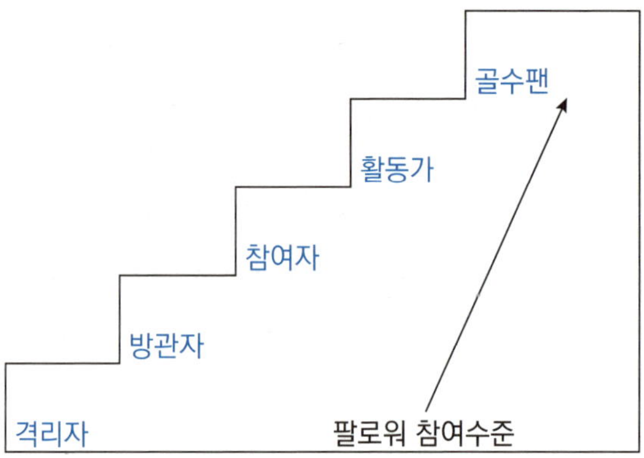

그림 8-2 참여 수준에 따른 캘러만 팔로워십의 유형

참여 수준이 가장 낮은 유형은 '격리자(Isolates)'이다. 이들은 리더에 대한 관심이 매우 적고, 아는 바도 거의 없는 사람들이다. 당연히 주변에서 일어나는 일들을 제대로 인지하지 못하며, 리더의 행동에 명확하게 반응하는 법도 없다. 그러나 이들이 리더십과 조직에 미치는 부정적인 영향은 역설적으로 분명하다. 아무런 참여나 지지 행동을 하지 않음으로써 이들은 현 상태를 유지하는 데 기여하며, 이는 기존 리더십이 부정적이거나 무능함에도 불구하고 이를 정당화하고 조직의 발전을 저해하는 결과를 낳는다.

격리자들은 주로 대기업이나 정부 조직과 같은 거대한 규모의 조직에서 흔히 발견된다. 조직의 방향과 미래에는 관심을 두지 않고, 아무런 열정 없이 자신에게 주어진 당면 과제만을 최소한으로 해내는 사람들, 혹은 자신의 의견이나 관점 없이 정해진 규정에 얽매여 행정 처리만을 반복하는 공무원들이 전형적인 격리자에 해당한다. 켈러만은 나치 정권 시절 히틀러를 묵인했던 방관적 관료들과 독일 국민들, 그리고 정치나 선거에 무관심한 미국의 비투표자들 또한 격리자의 범주에 포함된다고 지적한다.

두 번째 유형인 '방관자(Bystanders)'는 주변에서 무슨 일이 벌어지고 있는지 정확히 관찰하고 인지함에도 불구하고, 역시 참여하지는 않는 사람들이다. 이들은 일종의 '무임승차자(Free Rider)'와 같아, 자신의 위험과 수고를 감수하지 않으며, 리더와 조직에서 한 발짝 떨어져 지켜보다 자신들이 이익을 얻을 수 있을 때에 한해 소극적으로 참여한다. 그러나 이들 역시 격리자와 마찬가지로 현 상태를 유지하는 데 기여하는 사람들이며, 따라서 동일한 방식으로 조직과 리더의 활동을 저해할 수 있다. 예를 들어, 이들은 부당하게 해고당하거나 상사에게 비인격적 대우를 받는 동료를 목격했을 경우에도, 자신에게 미칠 불이익을 염려하여 침묵하거나 방관하는 태도를 보인다.

방관자들은 어느 조직에서나 흔히 목격된다. 격리자와 마찬가지로 조직의 규모가 큰 경우, 이들은 눈에 띄지 않는 방식으로 행동하며, 조용하지만 생산적인 방식으로 일하기도 한다. 그러나 이들 역시 조직이 더 나은 방향으로 나아가기 위한 변화와 혁신에는 참여하지 않는다. 순종적인 팔로워를 원하는 리더에게는 선호될 수 있으나, 보다 적극적인 참여와 몰입을 기대하는 리더에게는 부정적인 평가를 받을 수밖에 없다.

세 번째 유형인 '참여자(Participants)'는 조직과 리더를 지지하거나 반대하는 입장 중 하나를 분명하게 드러내는 사람들이다. 이들은 대개 개인적인 야망과 이타심 등을 바탕으로 행동하며, 자신의 시간과 자원을 투입하여 영향력을 행사하려 한다. 참여자들은 기본적으로 중립적 특성을 지닌다. 따라서 이들이 리더와 조직을 지지할 경우 매우 효과적인 팔로워 역할을 수행할 수 있다. 그러나 자신의 시간과 에너지를 일부 투입하여 적극적으로 참여하는 만큼, 만약 리더와 조직의 입장을 반대하거나 독자적인 움직임을 보이는 경우에는 매우 다루기 어려운 존재가 될 수도 있다.

네 번째 유형인 '활동가(Activists)'는 리더에 대해 더욱 적극적으로 반응하고 행동하는 부류이다. 이들은 기본적으로 열정적이고 활력이 넘치며 높은 수준으로 참여한다. 활동가들은 리더의 대행자로서 적극적으로 행동하거나, 반대로 리더를 끌어내리고 그 자리를 빼앗으려 시도하기도 한다. 이들은 사회운동가처럼 항상 리더와 조직을 주시하며, 자신들의 입장과 부합할 경우 강력하게 지지하고, 그렇지 않을 경우 공개적인 비판과 적대적인 움직임을 보이기도 한다. 이들처럼 높은 수준의 헌신과 참여는 대부분의 사람들이 감당하기 어려운 수준의 시간과 자원을 요구하기 때문에, 참여자나 방관자 등에 비해 그 수는 상대적으로 적다. 따라서 리더를 강력하게 지지하는 참여자들의 경우, 중요한 팔로워로 인정받아 리더의 이너서클이나 소위 '라인'에 속할 가능성이 높다. 유능하고 주도적이며 헌신적이기 때문에 많은 참여자들은 종종 리더로부터 권한을 위임받아 직접 문제를 해결하고 역량을 발휘할 기회를 얻으며, 상향식(Bottom-up)으로 이루어지는 의사결정 프로세스에 포함되기도 한다.

켈러만의 마지막 팔로워십 유형은 열성적 지지자, 즉 '골수팬(Diehards)'이다. 이들은 말 그대로 리더를 위해 목숨까지 바칠 준비가 되어 있는 사람들이다. 그러나 리더에게 반대하는 입장일 경우, 참여자나 활동가와 마찬가지로 리더를 축출하기 위해 수단과 방법을 가리지 않는 그야말로 양날의 검과 같은 유형이다. 골수팬들은 자신이 가치 있게 여기는 대상을 위해 모든 것을 바치는 이들로, 생명과 신체의 위험도 감수하며 절대적으로 헌신한다. 조직 내에서 골수팬은 극소수만이 존재하며, 이들의 특성은 조직과 리더가 위급한 상황에 처했을 때 분명하게 드러난다. 켈러만은 나치의 선전가이자 히틀러의 열렬한 지지자였던 요제프 괴벨스를 리더에 대한 골수팬의 예시로 제시한다. 반대로, 위험을 무릅쓰고 극단적인 방식으로 자신의 신념을 관철하는 내부고발자를 리더나 조직에게 실망한 골수팬의 예시로 들기도 한다.

켈러만의 유형은 참여 수준이라는 단 하나의 기준으로 팔로워십을 구분했기 때문에 분류가 직관적이고 이해가 쉽다는 장점이 있다. 반대로, 하나의 척도만을 사용하기 때문에 각 단계별 구분이 명확하지 않을 수 있으며, 참여 수준이 높아질수록 장점이 커지면서 동시에 잠재적인 위험도 커지는 특징을 지닌다.

3 효과적인 팔로워의 개발

지금까지 팔로워십의 주요 유형 분류들을 살펴보았다. 각각의 유형은 팔로워를 바라보는 고유한 관점과 이에 따르는 분류 체계를 지닌다. 그러나 사실, 동서고금을 막론하고 리더와 팔로워의 관계 자체는 크게 다르지 않다. 리더는 팔로워들을 이끌고 격려하며, 지배력을 행사하는 가운데 이들이 능력을 발휘하도록 돕는다. 팔로워는 존경과 복종으로 리더를 따르며 조직의 목표 달성을 위해 에너지를 쏟는다. 앞서 살펴본 팔로워십 모형들에서도 이러한 공통점은 분명하게 드러난다. 결국, 보다 효과적인 팔로워는 더 적극적으로 행동한다. 이들은 리더와 시선을 일치시켜 적극적으로 참여하고 헌신하거나, 반대로 리더가 잘못된 길을 가는 경우 이를 좌시하지 않고 바로잡기 위해 노력한다.

효과적인 팔로워는 수동적으로 복종하는 이들이 아니며, 단순히 활발하게 활동하고 참여하는 사람들도 아니다. 앞서 살펴본 유형들에서도 드러나듯이, 매우 활동적인 팔로워는 때때로 조직과 다른 방향으로 나아가 파괴적인 결과를 야기할 수도 있다. 따라서 상식적인 이야기지만, 결론적으로 효과적인 팔로워는 자신의 이익보다 조직의 목표 달성에 도움이 되는 방향으로 헌신적인 사람들이다.

그렇다면 효과적인 팔로워는 어떻게 만들어지는가? 인간은 복잡하고 다층적인 존재이기에, 리더의 스타일에 관계없이 팔로워의 고유한 스타일이 독립적으로 존재하는 측면이 분명 존재한다. 따라서 리더는 팔로워의 이러한 고유한 특성을 파악하고 적절하게 대응하는 것이 기본적인 원칙이다.

그러나 모든 팔로워들이 처음부터 특정 유형으로 고정되는지에 대한 질문을 던져볼 필요가 있다. 예를 들어, 켈리의 모범적 팔로워나 챌레프의 파트너는 처음부터 효과적인 팔로워로 존재했는가? 혹은 켈러만의 격리자나 방관자는 처음부터 끝까지 그러한 유형으로만 머무르는가? 켈러만에 따르면, 일반적으로 팔로워의 행동은 리더의 행동과 밀접한 관련이 있으므로, 현재 소속된 조직의 리더십 스타일에 따라 팔로워의 스타일 역시 달라질 수 있다. 즉, 리더가 누구이며 어떻게 리더십을 발휘하는가에 따라 팔로워들의 유형이 변화할 수 있다는 점이 중요함에도 불구하고, 기존의 팔로워십 모형에서는 주로 팔로워십의 분류에 집중한 나머지 이러한 팔로워십의 역동성은 충분히 다루어지지 않았다.

앞서 언급했듯이, 효과적인 리더는 효과적인 팔로워이기도 하며, 효과적인 팔로워는 효과적인 잠재적 리더이다. 리더의 자리에 오르려면 팔로워로서 성과를 내고, 리더와 조직에 적극적으로 헌신해야 한다. 따라서 리더와 관점 및 가치관을 일치시키고 리더의 입장에서 조직을 볼 수 있는 팔로워가 곧 효과적인 팔로워이다. 또한 리더의 경험이 있는 사람들은 본인들이 리더에게 무엇이 필요한지, 그리고 리더들이 무엇을 선호하는지 잘 알고 있다. 자연스럽게 효과적인 리더는 효과적인 팔로워를 선호하게 된다.

반대로, 오만하거나 파괴적인 리더는 팔로워의 자리에서도 파괴적인 경우가 많다. 예를 들어, 리더나 상사에게 지나치게 아부하는 팔로워가 있다고 가정해 보자. 이 사람이 자신을 극도로 낮추는 것은 겸손해서가 아니다. 오히려 권력을 추종하는 성향으로, 권위 있는 상급자에게 복종하는 것이다. 그렇다면 이런 팔로워가 리더가 된다면 어떻게 될까? 매우 높은 확률로 권위적인 모습을 보일 것이다. 주변에서는 리더가 되니 사람이 변했다고 하겠지만, 사실 그의 권력욕은 팔로워 시절부터 분명하게 드러나 있었을 것이다. 리더가 아니었기 때문에 다르게 해석된 것뿐이다. 이처럼 리더와 팔로워는 거울처럼 서로를 비추는 관계라 볼 수 있다. 어떤 리더가 어떤 팔로워를 가까이하느냐에 따라 우리는 해당 리더와 팔로워의 성향이나 관계를 유추할 수 있다.

다시 한번 강조하지만, 팔로워십 개발은 결국 효과적인 팔로워를 확보하는 것을 의미한다. 그러나 팔로워 개발은 리더 개발과 마찬가지로 팔로워 개개인의 역량 개발만이 아닌 정체성 개발까지 포함하여 이루어져야 하며, 팔로워의 정체성은 리더와의 관계 속에서 형성될 수밖에 없다. 우리는 프로세스 중심 리더십 개발의 핵심 메커니즘인 리더-팔로워의 상호작용에 대해 챕터 10에서 더욱 자세히 다룰 것이다. 그러기에 앞서, 리더와 팔로워의 관계가 어떠한 모습으로 변화되어왔는지를 개략적으로 이해하는 것이 도움이 될 것이다.

4 리더-팔로워 관계의 변천사

팔로워십에 대한 리더십 업계의 무관심은 2010년대에 들어서면서 중요한 전환점을 맞이한다. 리더십 분야 세계 최고의 학술지인 'The Leadership Quarterly'는 2014년, 팔로워십에 관한 스페셜 이슈를 발간한다. 이는 그동안 리더십을 리더와 팔로워의 프로세스라고 정의해 왔지만, 실제로는 팔로워십 자체에 대한 연구를 중요하게 다루지 않았던 리더십 학계의 통렬한 반성과 성찰을 담고 있다. 이미 1950년대부터 리더십 연구에서 팔로워와 팔로워십에 초점을 맞추어야 한다는 요구가 있었음에도 1990년부터 2010년 이전까지 20여 년간 The Leadership Quarterly에서조차 팔로워를 제목이나 초록에 포함한 논문의 수는 고작 14%에 불과했다.

2017년, 이 스페셜 이슈를 발행한 학자들은 미국 경영학회에 모여 어떻게 팔로워십을 바라보고 정의할 것이며, 어떻게 가르칠 것인가를 논의하는 심포지엄을 개최한다. 1988년 켈리의 팔로워십 아티클 이후 약 30년이 지나서야 팔로워십에 대한 본격적인 논의가 시작된 셈이다. 한 세대를 30년으로 구분한다면, 이제 켈리 이후 팔로워십의 새로운 세대가 도래했다고 볼 수 있다. 따라서 팔로워십에 대한 관심은 현재 진행형이며, 앞으로의 리더십 연구와 실천에서는 팔로워가 더욱 중요하게 다루어질 것이다.

여기서 우리는 2014년의 팔로워십 스페셜 이슈에 수록된 논문 중, 리더-팔로워 관계의 역사적 변천을 다룬 메리 울-비엔 교수의 연구를 소개하고자 한다. 울-비엔 교수와 동료들은 리더십 프로세스에서 팔로워의 본질적 의미와 팔로워십의 영향력에 대해 체계적으로 검토했다. 이들은 팔로워십이 공식적 위계에서 '부하'의 역할을 수행한다는 관점과 리더십 프로세스에서 리더십을 함께 구성해 나가는 '행동'이라는 두 가지 관점에서 리더-팔로워 관계를 정의한다. 울-비엔과 동료 연구자들이 정리한 리더-팔로워 관계의 다섯 가지 형태는 다음과 같다.

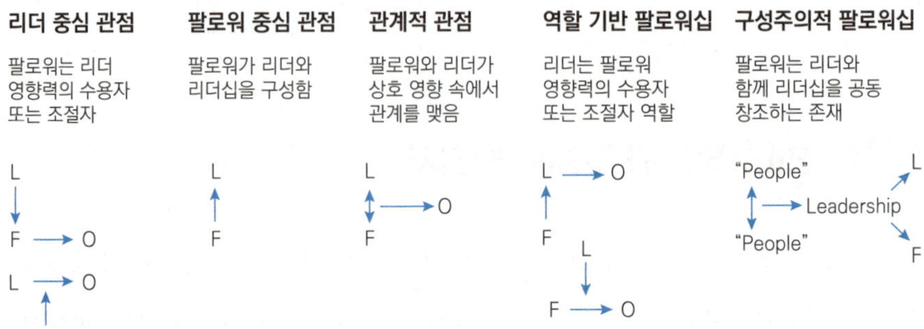

그림 8-3 리더십 연구에서의 팔로워십에 대한 관점의 변화

1) 리더 중심(Leader-centric)

대부분의 리더십 연구에서 취해온 관점은 리더를 그룹과 조직의 성과에 절대적인 영향을 미치는 권력의 행사자로 보는 시각이다. 이러한 리더 중심 관점은 리더와 팔로워의 역할에 대한 주요한 고정관념을 형성하는 데 기여해 왔다. 이 관점에서 리더는 팔로워를 행동하도록 이끌고 동기를 부여하는 주체로 인식되는 반면, 팔로워는 리더의 영향력을 별다른 저항이나 이견 없이 수용하고 충실히 따르는 수동적인 존재, 또는 리더가 목적을 성취하기 위해 활용하는 자원으로 간주된다. 자연스럽게 이러한 관점에서는 리더에게만 초점이 맞춰지며, 잘레즈닉의 연구처럼 리더-팔로워 관계보다는 '관리자-부하직원' 관계를 상정한다.

실제로 대부분의 리더들과 리더십 전문가들 역시 리더 중심주의적 관점을 견지하고 있다. 위계적 사상이 강한 우리나라의 경우, 리더는 특별하며 카리스마를 지닌 인물이라는 관념 또한 강하게 자리 잡고 있다. 국내 리더십 연구에서 가장 인기 있는 주제가 변혁적 리더십이라는 점, 그리고 반대로 가장 인기가 없는 주제가 서번트 리더십이라는 점을 보면 국내 리더십의 지향점이 어디에 있어 왔는지를 충분히 짐작할 수 있다.

국내 야구 감독 중 '야신'이라는 별명을 가진 김성근 감독은 리더 중심주의의 가장 두드러진 예시 중 하나이다. 김성근 감독의 철학은 "야구는 감독이 하는 것"이라는 한마디로 요약된다. 그는 이러한 관점을 바탕으로 자신의 야구를 실현하기 위해 선수들을 활용하는 타입으로 알려져 있으며, 목표 달성을 위해 대단한 카리스마와 권위로 모든 것을 통제한다. 아무리 뛰어난 선수라 할지라도 자신의 권위에 도전하거나 이견을 갖는 것을 용납하지 않고 2군으로 보내기도 하며, 항상 선수를 혹사시킨다는 논란에서 자유롭지 못하다. 반면, 뛰어난 성과와 함께 선수들과 팀을 위해 모든 비난과 악평을 감수하는 책임감을 보이기도 한다.

리더 중심주의 리더라고 해서 팔로워의 성장에 관심이 없거나, 팔로워를 단순한 장기말처럼 쓰고 버리는 것은 아니다. 리더 중심주의 이론 중 하나인 변혁적 리더십은 팔로워의 성장을 지원하는 것을 매우 중요한 요소로 강조하기도 한다. 다만, 리더-팔로워 관계의 측면에서 보면, 리더 중심주의는 효과적인 팔로워 확보에 명확한 한계를 지닌다. 효과적인 팔로워의 특징인 주도적 참여, 리더 행동에 대한 지원 및 견제가 어려워지기 때문이다. 애초에 책임과 권한이 리더에게 집중된 상황에서는 팔로워의 의견이나 관점보다는 리더 중심으로 일이 진행되기 때문에, 팔로워는 주도성을 가지고 행동하기 어려우며 동기 부여 또한 미흡하기 마련이다. 따라서 리더 중심주의 환경에서는 팔로워들이 켈러만의 방관자나 켈리의 소외된 팔로워 유형으로 증가할 가능성이 크다.

2) 팔로워 중심(Follower-centric)

리더 중심 접근법에 대한 반작용으로 나타난 것이 바로 팔로워 중심 접근법이다. 팔로워 중심 접근법에서는 리더와 리더십의 출현에 있어 리더 중심주의와는 정반대로 팔로워의 역할에 주목하며, 리더십을 팔로워들에 의해 사회적으로 구성되는 산물로 간주한다. 더 간단히 말하자면, 팔로워 중심주의에서는 집단 내의 서열이 가장 모범적인 역할을 한 구성원에게 다른 그룹 구성원들이 부여하는 보상이며, 따라서 팔로워들이 집단 구성원 중 가장 모범적인 사람에게 리더의 지위를 부여한다는 입장이다.

팔로워 중심 접근법에 큰 영향을 미친 연구로는 1985년 제임스 마인들(James R.

Meindl)과 동료들이 수행한 '리더십의 낭만(Romance of Leadership)'에 관한 연구가 있다. 마인들과 동료들은 기업이 정상적으로 운영될 때는 매스미디어에서 리더들에 대한 이야기를 다루지 않다가, 기업들의 성과가 크게 높아지거나 낮아질 경우, 실제 성과에 영향을 미친 요인들보다 해당 기업들의 최고경영자에 대한 기사가 증가하는 현상을 발견했다. 더욱 흥미로운 점은 같은 내용을 기업의 성과에 따라 다르게 이야기한다는 것이었다. 예를 들어, GE를 세계적 기업으로 성장시키며 20년간 CEO를 역임했던 잭 웰치(Jack Welch)는 한때 경영의 천재로 일컬어졌다. 그러나 웰치가 은퇴하고 GE가 경영 위기를 겪게 되자 사람들은 잭 웰치 시절의 경영 방식이 결국 GE에게 장기적인 악영향을 주었다고 비난했다. 마인들과 동료들은 이처럼 팔로워들이 리더를 조직 내 모든 프로세스의 중심으로 보고, 조직의 성과나 경영 위기 등 모든 공과(功過)를 리더에게 귀인시키는 오류를 **'리더십의 낭만화'**라 명명했다. 이들은 리더에 대한 팔로워들 및 대중의 과도한 영웅화나 비난을 경계해야 한다고 지적했으며, 동시에 조직이 장기적으로 건강하게 성장하기 위해서는 한 명의 리더보다는 튼튼한 조직, 즉 조직 역량이 가장 중요하다고 주장한다.

팔로워 중심주의는 사실 기업보다는 대학생들의 학생회장 선출이나 동호회 대표 선출과 같이, 모든 구성원의 권한이 동등한 상황이나 조직에서 가장 모범적으로 평가받는 한 명을 리더로 추대하는 경우에 더 쉽게 관찰된다. 삼국지에 등장하는 유비, 관우, 장비의 도원결의가 바로 팔로워 중심 접근법의 좋은 예시이다. 셋 중에서 유비는 가장 힘이 약하고 나이도 관우보다 어렸다. 그럼에도 관우와 장비는 유비의 덕과 그가 황실의 후손이라는 정당성을 근거로 맏형이자 군주로 받든다. 유비가 극구 사양했음에도, 관우와 장비는 그가 적임자임을 주장하며 물러서지 않았고, 결국 유비는 맏형이자 리더의 자리를 받아들인다.

팔로워 중심주의는 사회 정체성 이론을 핵심 기반으로 삼는다. 이는 조직 구성원들이 동일한 사회적 범주에 속해 있다는 인식을 바탕으로, 집단 내 유사성을 중심으로 가장 모범적인 구성원을 리더로 추대하는 방식이다. 그러나 이 접근법의 한계는 명확하다. 리더의 행동이 오직 집단이 설정한 전형적인 기준 내에서만 허용된다는 점이다.

따라서 리더가 기존 집단이 모범적이라 여기는 행동의 경계를 넘어선 비전과 혁신을 제시하거나 이를 실행에 옮기기란 쉽지 않다. 팔로워들은 리더가 자신들이 정한 규범적 범주를 벗어나는 행동을 일종의 계약 위반이나 일탈로 간주할 수 있기 때문에, 리더에 대한 지지를 철회할 가능성이 존재한다. 특히 켈러만이 제시한 활동가나 골수팬과 같은 유형의 팔로워들은 이러한 상황에서 리더의 가장 강력한 반대자로 돌변할 수 있다.

더 나아가, 울-비엔 교수가 제시하는 팔로워 중심주의의 도식(그림 8-3 참조)에서 목표를 상징하는 'O(Objective)'가 부재하다는 점은 중요한 시사점을 던진다. 이는 팔로워들이 명확한 목적의식을 바탕으로 이를 성취하기 위한 최적의 리더를 선별하는 과정과는 거리가 있음을 시사한다. 오히려 집단 내에서 가장 전형적이고 모범적인 개인을 리더로 추대하는 과정만을 반영할 뿐이다. 이러한 측면은 팔로워들이 비전이나 명확한 목적의식 없이 맹목적인 리더 추대 행위로 귀결될 수 있다는 근본적인 우려를 내포한다.

3) 관계 중심(Relational View)

리더 중심주의와 팔로워 중심주의를 거쳐 마침내 관계 중심 접근법에 이르러서는 리더와 팔로워의 관계 및 상호 간에 주고받는 영향력에 대한 논의가 시작되었다. 이러한 관점을 지지하는 전문가들은 리더십이 본질적으로 팔로워의 참여를 유도하고 영향을 미치는 것이라면, 리더가 팔로워의 참여를 유도하는 방법과 팔로워가 이러한 행동에 영향을 받는 이유, 더불어 팔로워가 리더에게 호응하여 참여하고 영향을 미치는 과정 또한 심도 있게 연구해야 한다고 주장했다.

특히 뉴욕 주립대의 석좌교수였던 에드윈 홀랜더(Edwin P. Hollander)는 리더십을 관계적 과정으로 인식한 최초의 리더십 학자로 평가받으며, 그의 관점은 프로세스 관점의 리더십 연구에 지대한 영향을 미쳤다. 홀랜더는 과정으로서의 리더십과 그 과정에서 중심적인 역할을 담당하는 사람으로서의 리더를 명확히 구분해야 하며, 리더십은 상호 목표 달성을 위한 둘 이상의 사람들 간에 형성되는 집단 내 영향 관계로 이해해야 한다고 역설했다.

로버트 로드(Robert G. Lord) 역시 리더십 프로세스를 리더와 팔로워가 특정한 맥락에서 함께 상호작용하는 역동적인 시스템으로 보았다. 로드는 리더십이 리더와 팔로워가 상호작용하며 서로의 정체성을 형성하는 과정을 통해 발현된다고 주장했다. 이러한 관점은 인지과학 및 정보처리 분야의 이론인 '연결주의적 관점(Connectionist View)'을 바탕으로 하였으며, 이는 현재 리더십 프로세스 연구의 근간이 되는 이론 발전에 많은 영향을 미쳤다. 연결주의를 비롯하여 리더-팔로워 프로세스의 핵심이 되는 이론들에 대한 설명은 다음 장에서 자세히 다룰 것이다.

리더-팔로워 관계 중심 관점의 가장 기본적인 형태는 '리더-구성원 교환관계(Leader-Member Exchange, LMX)'이다. LMX 이론에 따르면, 공동의 목표 달성을 위해 리더는 리더의 역할을, 팔로워는 팔로워의 역할을 수행하며, 이때 팔로워의 목표와 영향력은 리더의 목표와 영향력과 동일한 가중치를 지닌다. 리더는 집단의 목표 달성을 위해 지원과 자원을 제공하고, 그 대가로 더 큰 영향력, 예를 들어 지위, 인정, 존경, 권력 등을 받아 자신의 영향력에 대한 정당성을 얻는다. 즉, 목표를 달성하는 과정에서 서로 원하는 것을 교환한다는 것, 일을 하고 그 대가를 취한다는 것이다.

LMX 이론은 관계 형성 과정에서 팔로워의 역할을 인정하지만, 관계 형성 과정의 주도권을 리더에게 부여한다는 점에서 팔로워십보다는 리더십에 더 초점을 맞춘다. 다시 말해, 리더는 팔로워를 공평하게 대하지 않으며, 자신에게 우호적이거나 더 도움이 될 만한 팔로워, 혹은 자신이 호감을 갖는 팔로워를 중심으로 관계를 형성하고 자원을 분배한다. 이 과정에서 단순히 업무 역량이나 개인적 호감과 같은 요인이 영향을 줄 수도 있지만, 더욱 흔히 겪는 부작용은 학연, 지연, 혈연과 같은 소위 '라인'으로 불리는 내집단을 형성할 수 있다는 점이다. 리더가 공정하지 않은 방식으로 팔로워와의 관계를 형성하게 되면, 내집단에 속하는 팔로워들(예. 골수팬, 모범적 팔로워, 파트너 등)은 리더를 더욱 강력하게 지원하고 적극적으로 참여하지만, 외집단으로 밀려난 팔로워들(예. 소외된 팔로워, 방관자, 개인주의자 등)은 리더와 점점 멀어지고, 불만이 쌓여 이직을 하거나 근태가 나빠질 수 있다.

특히 주의해야 할 것이 바로 '독성 삼각관계(Toxic Triangle)'이다. 이는 나르시시즘적인 성향으로 권력을 탐하고 혐오를 조장하는 리더와 미성숙하고 욕구 불만인 취약한 팔로워들이 이들을 제지하지 않고 방관하거나 용인하는 환경에서 만나 조직에 매우 부정적인 영향을 미치는 현상을 의미한다. 나치 히틀러와 그 추종자들, 그리고 당시 독일이 처한 상황적 요인들이 바로 독성 삼각관계의 예시이며, 가장 파괴적으로 형성된 리더-팔로워 관계라고 할 수 있다.

4) 리더-팔로워 관계의 새로운 접근법: 역할기반 접근법과 구성주의 접근법

리더십을 리더와 팔로워가 함께 상호작용하는 역동적인 시스템으로 보는 관계 중심 접근법은 최근 역할기반(Role-based) 접근법과 구성주의(Constructionist) 접근법이라는 두 가지 새로운 관점으로 나뉘어 발전하고 있다.

먼저, 역할기반 접근법은 조직 내 계층적 역할 수행, 즉 리더 및 팔로워를 관리자와 부하 직원과 같은 공식적인 '계층적 지위(Rank)'나 '직책(Position)'에 부여된 역할을 수행하는 관점에서 바라본다.

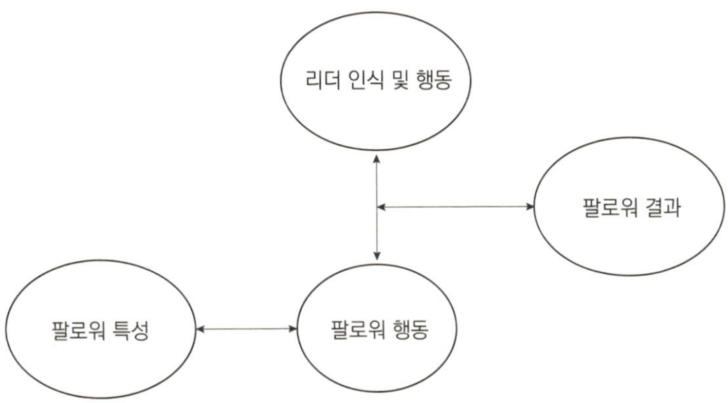

그림 8-4 샤미르의 '렌즈 뒤집어 보기(Reversing the lens)'

역할기반 관점은 관계 기반 접근법이 팔로워 중심주의에 가깝게 변형된 형태이다. 이 접근법은 한마디로 리더 중심주의를 팔로워 중심주의의 관점에서 뒤집은 것으로, 예루살렘 히브리 대학교의 사회학자이자 문화인류학자인 보아스 샤미르(Boas Shamir)가 언급한 '렌즈 뒤집어 보기(Reversing the Lens)'와 같다. 다시 말해, 리더가 목표 달성을 위해 팔로워를 활용하거나 그들의 참여를 이끌어 내는 방식과는 정반대로, 팔로워들이 지향하는 목표를 달성하기 위해 필요한 리더를 결정하고 선출하거나, 리더의 태도, 행동 및 결과에 영향을 미치는 관점에서 이들의 관계를 바라본다.

기업의 경우, CEO가 퇴임하면 법인에 대한 권한과 책임을 가진 구성원들에 의해 이사회가 개최된다. 이때 이사회는 후임 CEO를 내부에서 승진시킬지 외부에서 영입할지, 누가 차기 CEO로 가장 적합한 후보자인지 등을 논의한다. 이처럼 팔로워(조직구성원, 이사진)들이 그들의 목적을 달성하기 위해 리더(지도자, CEO)를 추대하는 방식이 바로 역할기반 접근법이라 할 수 있다.

애플(Apple)의 창업가이자 상징적인 경영자였던 스티브 잡스(Steve Jobs)가 한때 자신이 설립하고 성장시킨 회사에서 쫓겨난 적이 있다는 사실은 널리 알려져 있다. 표면적으로 잡스는 경영 실적 악화에 따른 책임을 지고 사임한 것으로 보였지만, 실상은 조금 달랐다. 1985년 당시 잡스는 매킨토시를 개발하던 연구원들을 몹시 편애했다. 그는 매킨토시 개발 연구원들을 '예술가'로 칭송하는 반면, 애플의 다른 구성원들은 '멍청이'라고 폄하하고 모욕했다. 이에 불만을 품은 수많은 핵심 인재들이 애플을 떠났고, 급기야 매킨토시의 핵심 개발자들마저 회사를 떠나는 사태가 벌어지자, 당시 새루 선임된 CEO 존 스컬리(John Sculley)와 이사진은 잡스를 실무에서 배제했으며, 얼마 지나지 않아 잡스는 회사를 떠날 수밖에 없었다. 놀라운 것은 존 스컬리를 영입한 당사자가 바로 잡스 였다는 것이다.

이처럼 팔로워 중심 및 역할기반 접근법에서는 팔로워들이 주도적으로 리더의 자격에 대한 기준을 세우고 자신들의 목적을 위해 일해 줄 리더를 추대하거나 해임한다. 얼핏 팔로워 중심주의와 동일해 보일 수 있지만, 팔로워 중심주의는 가장 모범적인 구성원을 리더로 뽑는 방식인 반면, 역할기반 접근법은 목표 달성을 위해 가장 적합한 리더를 선출하고 그의 행동에 영향을 미치는, 보다 적극적인 개입을 전제한다는 점에서 차이가 있다. 그리고 역할기반 접근법은 리더-팔로워가 위계적 관계임을 전제한다는 점에서 차이가 있다.

역할기반 관점에서 고려할 점은 팔로워들의 영향력이 과장될 수 있다는 것이다. 즉, 잡스의 사례처럼 리더가 직접 문제를 일으키지 않았음에도, 켈러만의 활동가나 골수팬과 같은 유형들은 리더 선출에 적극적으로 관여하며 더욱 큰 영향력을 행사하려 할 수 있다. 이 경우, 리더십은 균형을 잃고 이들 팔로워의 의향을 따르거나 이들의 이익을 대변하는 방향으로 기울어질 가능성이 크다.

구성주의적 접근법은 역할기반 접근법과 달리 계층적 지위를 가정하지 않는다. 구성주의 접근법은 리더와 팔로워가 공식적인 역할로 정해지는 것이 아니라, 사람들이 함께 모여 상호작용하는 과정에서 리더십과 팔로워십이 상황적으로 형성된다고 본다. 이 접근법의 핵심 특징은 리더십과 팔로워십을 리더와 팔로워가 공동으로 창출한다는 관점이다. 구성주의 관점에서 리더와 팔로워의 위치는 조직 내 공식적인 위계와 일치할 수도 있고 그렇지 않을 수도 있다. 즉, 관리자가 리더가 되지 않을 수도 있으며, 부하가 팔로워가 되지 않을 수도 있다.

구성주의적 접근법은 직책에 따라 리더와 팔로워의 역할이 어느 정도 규정되어 있는 기업보다는 구성원 모두가 평등한 권한과 책임을 갖는 상황에서 더 쉽게 관찰된다. 선거를 예로 들어 보자. 민주주의 사회에서 시민은 자신이 원하는 사회를 구현하기 위해 적합한 정책을 제시하는 정당 및 리더를 선출할 수 있다. 선거는 곧 자신의 목적을 달성하기 위한 대리인으로서 정치인을 선출하기 위해 투표하는 행위이다. 따라서 대통령이나 국회의원이 되고 싶은 사람은 유권자들이 원하는 것을 파악해야 한다. 선거는 유권자들로 하여금 여러 후보의 공약을 비교해 보고 그중에서 유권자들의 가치관과 신념에 일치하거나, 혹은 그들이 원하는 사회를 만들어 갈 가장 이상적인 지도자를 선택한다는 점에서 이 관점이 일치한다. 아무리 후보자가 스스로 훌륭한 역량을 갖춘 적임자라 주장할지라도, 유권자들이 이에 호응하여 투표로 답하지 않는다면 리더십은 성립할 수 없으며 당연히 팔로워십도 존재하지 않는다. 그러다 보니, 자신의 자리를 보전하기 위해 사회 전체의 이익이 아닌 특정 지지층의 요구에만 응답하거나 포퓰리즘적인 정책을 남발하는 정치인이 나타나기도 하며, 이러한 행태는 결과적으로 사회의 정치적 양극화로 이어지기도 한다.

2017년, 미국 초대 대통령인 조지 워싱턴의 생일이자 미국의 국경일인 **'대통령의 날**(Presidents' Day)'인 2월 20일, 수많은 미국 시민들이 반 트럼프 구호를 외치며 거리로 쏟아져 나왔다. 이들은 2016년 11월 미 대선에서 당선된 도널드 트럼프

(Donald J. Trump)를 부정하며 '나의 대통령의 날이 아니다(Not My President's Day)'라는 구호가 적힌 피켓을 들고 미국 전역 곳곳에서 항의와 시위를 벌였다. 시위를 주도한 사람들은 주로 페이스북(Facebook)과 같은 온라인 SNS를 통해 시위를 조직하고 사람들을 모았다. 이들은 트럼프가 인종차별과 부자만을 위한 정책을 펼쳤다며 비판했고, '나의 대통령이 아니다'라는 구호는 임기 내내 반트럼프 구호로 자리 잡았다. 이는 혐오와 분열의 정치로 상징되는 트럼프가 자신들의 신념과 가치를 대변하는 지도자가 아니라는 생각을 가진 유권자들이 그를 리더로 인정하지 않으면서 일어난 사건이다.

그림 8-5 2016년 'Not My Presidents Day' 시위와 2021년 미국 국회의사당 점거 폭동

정치가는 자신을 지지하는 유권자들을 위한 정책을 만든다. 따라서 확인할 길은 없지만, 아마도 트럼프 역시 이러한 유권자들을 '나의 국민, 혹은 팔로워가 아니다'라고 생각했을지도 모를 일이다. 결과적으로 트럼프의 지지율은 당선 2개월 만에 38퍼센트까지 떨어졌으며, 이는 역대 어느 대통령보다 낮은 지지율이었다. 미국 대통령의 또 다른 팔로워라 할 수 있는 미 하원에서는 2019년, 2021년 두 차례에 걸쳐 트럼프 대통령에 대한 탄핵소추안을 통과시켰다. 그러자 이번에는 반대로 트럼프를 지지하는 일종의 골수팬 팔로워들이 2021년 새로운 대통령 당선인 조 바이든에 대한 연방 의회의 공식 대통령 인준을 막기 위해 무장한 채로 국회의사당을 점거하는 폭동을 일으키기도 하였다. 이러한 일련의 사건들은 리더-팔로워 관점

에서 바라봤을 때, 특정한 팔로워들을 편애하는 리더와 극단적인 형태로 지지하거나 반대하는 팔로워들의 행동이 맞물린 결과로 볼 수 있다.

8장에서는 팔로워의 정의, 다양한 유형, 그리고 리더-팔로워 관계의 변화 흐름을 살펴보았다. 리더십의 역사 속에서 팔로워들은 과거에 수동적이고 의존적인 존재로 여겨지며 상대적으로 소외되어왔다. 그러나 시대가 변하면서 팔로워들은 능동적이고 주도적이며 독립적인 존재로 재해석되고 있으며, 나아가 리더십을 형성하는 핵심 주체 중 하나로 인정받고 있다.

이 책에서는 팔로워에 대한 최신 관점인 관계 중심 접근법을 큰 틀에서 다룬다. 이는 역할기반 및 구성주의 관점을 아우르며, 울-비엔 교수의 정의처럼 팔로워십은 리더가 자신에게 영향을 미치도록 팔로워들이 허용하는 것이자, 리더십은 리더와 팔로워가 상호작용하며 형성되는 것으로 이해한다. 그렇다면 구체적으로 리더와 팔로워는 어떤 상호작용을 하며, 그러한 메커니즘은 어떠한 이론과 관점으로 설명될 수 있을까? 이어지는 9장에서 이에 대한 자세한 설명을 다룰 것이다.

참고문헌

1. Baker, S. D. (2007). Followership: The theoretical foundation of a contemporary construct. *Journal of Leadership & Organizational Studies, 14*(1), 50-60.
2. Bligh, M. (2011). Followership and follower-centered approaches. In A. Bryman, D. Collinson, K. Grint, B. Jackson, & M. Uhl-Bien (Eds.), *The sage handbook of leadership* (pp. 425-436). Sage.
3. Coyle, P. T., Goswami, A., & Foti, R. J. (2023). Using a role-based approach to develop a comprehensive typology of follower characteristics and behaviors. *Group & Organization Management, 48*(2), 468-506.
4. Crossman, B., & Crossman, J. (2011). Conceptualising followership-a review of the literature. *Leadership, 7*(4), 481-497.
5. Chaleff, I. (1992). *The courageous follower: Standing up to and for our leaders*. Berrett-Koehler Publishers.
6. Kellerman, B. (2008). *Followership: How followers are creating change and changing leaders*. Harvard Business School.
7. Kelley, R. E. (1988). In praise of followers. *Harvard Business Review, 66*(6), 141-148.
8. Padilla, A., Hogan, R., & Kaiser, R. B. (2007). The toxic triangle: Destructive leaders, susceptible followers, and conducive environments. *The Leadership Quarterly, 18*(3), 176-194.
9. Uhl-Bien, M., & Pillai, R. (2007). The romance of leadership and the social construction of followership. In B. Shamir, R. Pillai, M. Bligh, & M. Uhl-Bien (Eds.), *Follower-centered perspectives on leadership: A tribute to the memory of James R. Meindl* (pp. 187-210). Information Age Publishers.

11. Uhl-Bien, M., Riggio, R. E., Lowe, K. B., & Carsten, M. K. (2014). Followership theory: A review and research agenda. *The Leadership Quarterly, 25*(1), 83-104.
12. Zaleznik, A. (1965). The dynamics of subordinacy. *Harvard Business Review*, 43(3), 119-131.

CHAPTER

09

리더십 프로세스

1. 왜 리더가 실패하는가? - 리더십 탈선(Leadership Derailment)
2. 리더-팔로워 정체성 형성: 주장하기(Claiming)와 부여하기(Granting)
3. 암묵적 리더십/팔로워십 이론(Implicit Leadership-Followership Theories)

CHAPTER 09

리더십 프로세스

개인적인 역량이 출중함에도 리더들이 종종 실패하는 이유는 무엇일까? 나아가, 모든 조직이 리더십 개발에 막대한 자원과 인력을 아낌없이 투자하고 있음에도 그 효과성에 대한 의문이 끊이지 않는 이유는 또 무엇일까? 이러한 물음에 답하기 위해 우리는 1장에서 제시했던 리더십의 기본 공식을 다시금 상기할 필요가 있다.

f(리더십) = 리더 X 팔로워

이 단순한 공식은 리더십의 본질을 직관적으로 통찰할 수 있는 길을 열어 준다. 리더가 아무리 확고한 비전을 제시하고 탁월한 역량을 발휘한다 할지라도, 가령 리더의 역량을 100이라 가정할 때, 팔로워가 부재하거나, 진정으로 지지하는 행동이 없다면 그 결괏값은 0으로 수렴할 것이다. 마찬가지로, 팔로워가 아무리 헌신적으로 따르고자 노력하더라도, 만약 리더의 역량이 애초에 부족하거나 팔로워를 이끌 의지가 미약하며 더 나아가 인격적으로 미성숙하다면, 그 리더십 역시 결국은 0에 가까운 결과를 초래할 수밖에 없다. 실제로 이러한 두 가지 상황은 모든 유형의 조직에서 어렵지 않게 목격된다.

이렇듯 단순한 공식임에도 실제 기업 현장에서 '리더십은 결국 리더와 팔로워의 상호작용적 프로세스'라는 관점을 견지하는 경우는 의외로 찾기 어렵다. 또한 기업의 인재개발팀에서도 이러한 관점에 기반한 훈련 및 개발 프로그램을 운용하는 경우는 매우 드물다.

이 장에서는 우리 리더십 개발 접근법의 근간을 이루는 리더십 프로세스를 다룬다. 특히, 이 장에서는 리더와 팔로워의 상호작용 중에서도 리더십 개발 메커니즘과 직접적인 관련이 있는 두 가지 이론적 관점을 비중 있게 다룰 것이다. 이를 위해 우리는 먼저 효과적이지 못한 리더십 혹은 리더십 개발에 관한 몇 가지 연구를 살펴볼 것이다. 다음으로 그러한 문제점을 극복하고 효과적인 리더와 팔로워의 상호작용 메커니즘을 이해하기 위한 두 가지 이론, 즉 '리더-팔로워 정체성 형성 과정'과 '암묵적 리더십/팔로워십 이론'을 소개한다.

1 왜 리더가 실패하는가? -리더십 탈선(Leadership Derailment)

리더십 실패와 관련하여 대표적인 현상 중 하나는 '리더십 탈선(혹은 탈락, Leadership Derailment)'이다. 리더십 탈선은 리더로서 성공이 기대되었던 사람이 효과적인 리더십을 발휘하지 못하거나, 기대에 미치지 못하여 리더의 자리에서 물러나게 되는 등, 예상되는 리더로서의 성공 궤도에서 벗어나는 현상을 일컫는다. 실제로 국내외를 막론하고 탁월한 리더십 역량을 보유했다고 여겨지는 기업의 경영자나 고위 임원진 중 상당수가 불과 몇 년 만에 실패하여 자리에서 물러나거나 심지어 해고되는 경우가 지속적으로 나타나고 있다.

리더십 탈선의 원인은 개인의 성격과 같은 타고난 요인, 지식이나 스킬, 대인관계 역량 등 능력의 부족, 혹은 비윤리적 행동에 이르기까지 다양한 요인이 복합적으로 작용한 결과일 수 있다. 세계적인 리더십 연구 및 컨설팅 기관인 'Center for Creative Leadership(CCL)'은 맥콜(McCall)과 롬바르도(Lombardo)의 1983년 연구를 시작으로, 12년에 걸쳐 수행한 리더들의 탈선 요인에 관한 연구를 진행했다. CCL은 북미와 유럽의 리더들을 대상으로 한 이 연구를 통해 리더십 탈선에 가장 크게 영향을 미치는 네 가지 주요 요인을 밝혀냈다. 탈선하는 리더들은 주로 대인 관계에 문제가 있거나, 비즈니스 목표를 달성하지 못하거나, 팀을 구성하고 이끄는 능력이 부족했으며, 변화에 대한 적응력이 낮은 사람들이었다.

CCL의 연구는 북미와 유럽의 리더들을 대상으로 광범위한 사례를 수집하고 이를 통해 리더십 탈선을 야기하는 주요 요인들을 밝혔다는 점에서 큰 의의가 있다. 그러나 이들의 연구는 본질적으로 여전히 리더십 탈선의 원인을 리더 자체의 능력 부족으로만 귀결시킨다는 점에서 상식적인 접근 이상의 내용을 제시하지 못한다는 한계점 또한 갖고 있다. 실제로 CCL이 1996년 탈선 연구의 결과를 망라하는 보고서에서도 밝혔듯이, 임원 자리에서 물러나거나 해고를 당한 리더들 중 창업을 하여 성공하거나 다른 기업으로 이직하여 최고경영자의 자리에 오르는 경우도 있었다. 또한 대부분의 훌륭한 기업에서는 성과를 보이지 못하거나 더 이상 성장하지 못하는 리더들을 위한 많은 프로그램을 제공하고 있다. 이처럼 단순히 리더십 실패의 근본적인 원인을 리더의 무능함으로 치부하기에는 무엇인가 명쾌하지 않다. 리더십이 실패하는 이유는 해야 할 행동을 하지 않기 때문이기보다, 오히려 하지 말아야 하는 행동을 해서인 경우도 있기 때문이다. 바로 팔로워들에게 폭언을 하는 등 괴롭히거나 과도한 업무를 부여하는 등 비인격적인 언행을 보이는 경우가 바로 그것이다.

1) 비인격적 감독(Abusive Supervision)

Workplace Bullying Institute(WBI)의 2021년 조사에 따르면, 미국 직원의 약 1/3이 직장에서 괴롭힘을 경험했으며, 이 중 약 65%는 한 명 이상의 상사로부터 괴롭힘을 당했다고 보고했다. 최근 몇 년간 소셜미디어를 통해 '조용한 사직(Quiet Quitting)' 붐을 일으킨 틱톡커 역시, 이 개념을 접하게 된 계기가 과도한 업무를 요구하는 상사 때문이었음을 밝히기도 했다. 즉, 직장 내 괴롭힘의 주요 원인으로 상사나 리더가 지목되어 온 것이다.

이처럼 상사의 부정적인 리더십 행동을 설명하는 개념으로는 '리더십 탈선(Derailed Leaders)', '전제적 횡포(Petty Tyranny)', '상사의 음해(Supervisor Undermining)', 마이크로매니지먼트(Micromanagement)' 등 여러 가지가 등장했다. 그중에서도 리더가 팔로워에게 가하는 물리적·비물리적 가해 행위를 설명하는 용어로, 오하이오 주립대 피셔 경영대학의 베넷 테퍼(Bennet J. Tepper) 교수가 2000년에 제시한 '비인격적 감독(Abusive Supervision)'이 국내외를 막론하고 가장 많은 관심을 받고 있다.

테퍼 교수는 2000년에 발표한 논문에서 비인격적 감독을 '부하 직원에게 상사가 지속적으로 가하는 적대적인 언어적/비언어적 표현'이라고 정의했다. 그는 특히, 가해자인 리더나 상사의 행동 특성이나 의도보다는 팔로워나 부하 직원들이 이들의 행동을 받아들이는 방식이 비인격적 감독을 정의하는 데 매우 중요하다고 밝혔다. 즉, 상사의 행위를 비인격적이라고 정의하는 주체는 다름 아닌 팔로워라는 것이다. 사실, 스스로를 비인격적이라고 말하는 리더는 없으며, 따라서 리더를 평가할 때는 결국 해당 리더의 팔로워를 통해서만 가능하다. 이는 마치 성희롱을 정의하는 방식과 유사하게, 리더십 평가의 핵심적인 역할이 결국 팔로워에게 귀결됨을 의미한다.

비인격적 감독의 정의 방식에서 드러나듯이, 결국 성공적인 리더십을 결정하는 것은 리더 개인이 아닌, 팔로워의 평가이다. 폭언과 과격한 행동으로 소위 팔로워들을 '쥐어짜서' 성과를 창출하는 리더들이 많다. 이들은 단기적으로는 성과를 내고 인정받는듯 보이지만, 장기적으로는 결국 리더의 자리에서 물러나는 경우가 훨씬 많다. 이처럼 부정적인 리더십으로 인한 팔로워의 리더십 평가와 리더십 탈선은 리더십이 리더와 팔로워의 상호작용이라는 자명한 이치를 설명하는 또 하나의 방증이다.

그렇다면 리더가 가학적이거나나 비윤리적인 행위만 하지 않으면 되는 것일까? 인격이 훌륭하고 성실한 모든 리더는 실패하지 않는 리더일까? 팔로워들은 리더를 평가할 때 겉으로 드러나는 성격과 성과만 고려하면 되는 것일까? 물론, 아닐 것이다. 리더십을 발휘하고 팔로워와 관계를 맺는 것은 생각보다 훨씬 어렵고 복잡한 일이다. 이 지점에서 우리는 근본적인 질문을 던질 필요가 있다. 바로 '팔로워들은 누구를 리더로서 인정하고 따르길 원하는가?' 라는 질문이다.

2) 리더의 정당성

팔로워들이 특정 개인을 리더로서 받아들이고 진심으로 따르기 위한 조건은 다양하다. 이 중 하나인 '리더의 정당성(Legitimacy)'에 대해 간략히 살펴보자. 일찍이 스탠퍼드 대학의 제프리 페퍼(Jeffrey Pfeffer) 교수는 리더가 영향력을 발휘하고 부하들이 따르게 하는 핵심 요인으로 리더의 정당성을 꼽았다. 리더 정당성은 '팔로워들이 리더가 자신들에게 특정 행동을 지시하거나 요구하며 영향력을 행사할 자격이 있다고 여기는 정도'를 말한다. 페퍼(1981)는 팔로워들이 리더를 따르는 것이 강제적인 권력과 권한 때문이 아니라, 리더의 지시가 따르기에 정당하고 합리적이라고 여기기 때문이라고 지적했다.

그렇다면 어떤 리더가 정당한 리더일까? 일반적으로 조직이 정한 기준을 명확히 달성하면서 동시에 다른 경쟁자들보다 우월한 자격을 갖출 필요가 있다. 그러나 단순히 개인적인 역량이나 조건만이 정당성을 부여하는 것은 아니다. 여러 가지 상황적, 조직 맥락적 요인들 역시 매우 중요한 역할을 한다.

예컨대, 상사의 나이는 리더의 정당성에 적지 않은 영향을 미치는 것으로 알려져 있다. 특히 우리나라를 포함한 유교 문화권의 동양에서는 자신보다 어린 상사와 일하게 될 때 개인이 여러 가지 스트레스를 받을 수 있다. 이는 나이 어린 상사가 자신의 호칭을 부르는 것에 대한 거부감, 상사의 경험이나 전문성이 부족하다는 생각, 심지어 자신보다 어린 사람을 리더로 임명한 것을 조직이 자신의 능력을 불신하거나 조직 내 계급 서열을 무시했다고 여겨 배신감을 느끼는 경우 등이 발생하기 때문이다.

또한 어린 상사 입장에서도 나이 많은 부하 직원을 부담스러워하거나, 반대로 무시당하지 않기 위해 더욱 권위적인 태도를 취하는 경우도 흔하다. 이러한 상황에서는 리더십이 효과적으로 발휘될 수 없을 뿐만 아니라, 많은 경우 부하 직원의 이직으로 이어지기도 한다. 물론 최근에는 리더나 관리자보다는 전문가로 인정받아 실무자 트랙에 머물기를 선호하는 사람들이 늘어나고 있고, 능력만 있다면 나이와 관계없이 리더 자리에 임명되는 사례도 많아지면서, 나이에 따라 리더의 정당성을 평가하는 경향은 점차 줄어들 것으로 예상된다.

그러나 리더 정당성과 관련하여 나이는 단순히 하나의 요인일 뿐이며, 이를 넘어 중요한 것은 결국, '팔로워가 리더를 신뢰할 수 있는가' 하는 점이다. 팔로워들로부터 정당성을 부여받은 리더들이 그렇지 못한 리더들보다 조직에 더 큰 영향력을 발휘하게 되리라는 것은 분명하다.

문제는 리더에게 정당성을 부여하는 기준은 각 팔로워마다 다르며, 조직에서 설정한 기준과는 아무런 상관이 없는 경우도 많다는 것이다. 그렇다면 팔로워는 어떠한 과정을 통해 리더에게 정당성을 부여하고 따르게 되는 것일까? 이제 서두에서 언급했던 두 가지 이론을 통해 이 질문에 대한 답변의 실마리를 제공할 차례다.

2 리더-팔로워 정체성 형성: 주장하기(Claiming)와 부여하기(Granting)

7장에서 우리는 리더십 스킬 개발과 리더 역할 수행의 동기 부여 원천으로 리더의 정체성 형성이 중요하다고 이야기했다. 동시에, 리더 정체성이 팔로워와의 상호작용에서 핵심적인 역할을 한다는 점 역시 지적했다. 한 개인의 정체성, 즉 자아개념은 스스로 생각하는 '나의 모습'이자, '나는 누구이며 무엇을 하는 사람인가'를 정의하는 역할을 한다.

그러나 이러한 자아개념이 하나의 정체성으로 완성되기 위해서는 또 다른 조건이 필요하다. 바로 '내가 보는 나(I)'와 '타인이 보는 나(Me)'의 일치이다. 즉, 리더의 정체성은 스스로 '나는 리더인가?'라는 질문에 '그렇다'고 긍정하는 자아개념과 팔로워들이 '당신은 우리의 리더이다'라고 받아들이는 인정이 동반될 때 비로소 완성된다. 팔로워의 정체성 또한 마찬가지로, 스스로 팔로워임을 내세우는 것과 리더(혹은 조직)로부터 팔로워의 자격을 인정받는 과정이 필요하다.

리더십과 정체성 이론의 전문가인 미시간 주립대학교의 스캇 드류(Scott DeRue) 교수와 수잔 애쉬포드(Susan Ashford) 교수는 조직 내 개인이 사회적 상호작용을 통해 리더와 팔로워의 정체성, 즉 리더십 정체성을 형성한다고 주장했다. 이들은 리더십이 개인 간 상호 영향력(mutual influence)을 행사하는 과정으로 정의된다면, 이러한 개인 간의 사회적 상호작용 및 다양한 상황적 요인으로 인해 리더와 팔로워의 정체성은 시간과 상황에 따라 변화할 수 있음을 지적한다.

드류와 애쉬포드의 리더십 정체성 형성 과정은 '개인적 내면화(Individual Internalization)', '관계 인식(Relational Recognition)', 그리고 '집단적 지지(Collective Endorsement)'의 세 가지 단계로 이루어져 있다.

첫 번째, 개인적 내면화 단계는 개인이 리더 또는 팔로워로서의 정체성을 자신의 자아 개념 일부로 받아들이는 시기다. 각자의 역할과 책임, 그리고 이에 따르는 기대를 통해 형성된 초기 리더/팔로워 정체성은 다음 단계인 관계 인식으로 나아가며 '관계적 정체성(Relational Identity)'으로 전환된다.

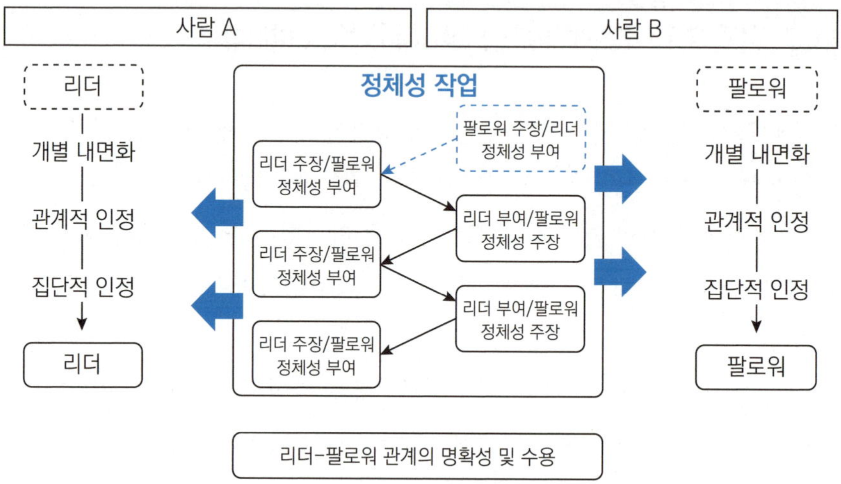

그림 9-1 드류와 애쉬포드의 리더십 정체성 형성 과정

관계 인식 단계에 이르면, 개인의 내면에 머물러 있던 리더나 팔로워 정체성은 한층 더 강화된다. 이는 개인이 리더 역할을 선택하고, 그와 연결된 다른 이들이 팔로워 역할을 받아들이는 상호작용을 통해 이루어진다. 좀 더 쉽게 설명하자면, 개인이 팀 리더로 처음 임명되었을 때는 그저 '리더'라는 역할 자체에 대해 중립적일 수 있다. 하지만 팀원들과 관계를 맺기 시작하면서 '나는 이 팀의 리더' 또는 '이 팀원들을 이끄는 리더'라는 깊은 관련성을 부여하며 역할에 의미를 더하게 된다. 이러한 과정은 더욱 확고하고 강력한 리더(혹은 팔로워) 정체성을 형성하는 기반이 된다. 여기서 중요한 점은 이러한 관계적 인식이 단순히 조직 내 위계에 따른 직급이나 직위만을 의미하는 게 아니라는 것이다. 이는 훨씬 더 넓고, 리더와 팔로워 간의 본질적인 관계 그 자체를 뜻한다. 결국 리더십은 리더가 홀로 소유하는 무엇이 아니라, 개인들 간에 상호적으로 인식되는 관계라고 볼 수 있다.

리더십 정체성 형성 과정의 마지막 단계는 집단적 지지(Collective Endorsement)다. 이는 개인이 더 넓은 사회적·조직적 맥락에서 리더나 팔로워로 받아들여지는 것을 의미한다. 이 단계에서는 개인이 조직 내에서 리더 혹은 팔로워로서 대중적인 지지를 얻고, 이를 통해 관련 정체성이 더욱 강해지고 안정된다. 집단적 지지는 단순히 조직에서 공식적으로 임명된 리더 포지션이나 직급에 따른 팔로워의 위치를 말하는 것이 아니다. 대신, 보다 넓은 사회적 맥락에서 조직 구성원들에게 리더나 팔로워로 인식되는 것을 뜻한다. 예를 들어, 어떤 개인이 조직의 공식적인 리더로 임명되지 않았음에도 실질적인 리더십을 발휘하는 경우가 종종 있는데, 이때 해당 인물은 부서나 팀 구성원들에게 리더로서 집단적인 지지를 받고 있다고 볼 수 있다. 소위 '실세'라고 불리는 이들이 이러한 집단적 지지를 구축한 사례다.

또한 흥미로운 점은 개인이 스스로를 리더로 인식하거나 이를 자아개념으로 내면화하고 있지 않더라도, 주변에서 그를 리더로 인식하며 집단적 지지를 보내는 경우도 있다는 것이다. 이러한 주변의 영향력으로 인해 의도치 않게 리더십 정체성 형성 과정이 시작될 수도 있다(8장에서 언급했던 팔로워 중심 접근법을 떠올려 보라).

드류와 애쉬포드의 리더십 정체성 형성 이론은 리더십 개발과 리더십 정체성 형성이 호혜적인(reciprocal) 관계를 구축하는 과정임을 시사한다. 특히 이들은 개인이 리더 또는 팔로워로서의 정체성을 형성하는 과정을 '주장하기(Claiming)'와 '부여하기(Granting)'라는 두 가지 핵심 활동으로 설명한다. 이 두 활동은 리더와 팔로워 관계의 기본적인 토대를 이루며, 개인이 자신의 정체성을 리더/팔로워로서 '주장'하고, 다른 구성원들이 그 정체성을 확인하거나 '부여'하는 상호 작용을 의미한다. NBA 슈퍼스타 르브론 제임스(LeBron James)가 2006년 언론 인터뷰에서 "나는 타고난 리더이다(I'm inherited to lead and also born with the leadership)"라고 말했던 것은 '주장하기'의 대표적인 예시라 할 수 있다.

흥미롭게도 '주장하기'는 리더가 되기를 원하는 경우에만 나타나는 건 아니다. 오히려 조직에서 "나는 리더 타입이 아니야" 혹은 "실무 전문가로 커리어를 쌓고 싶어"라고 말하는 사람도 있다. 반대로 '부여하기'는 타인의 리더 또는 팔로워 정체성을 인정하거나 적극적으로 부여하기 위해 취하는 행동이다. 예를 들어, 누군가에게 우리 조직의 리더가 누구인지 공개적으로 지칭하거나, 지지하는 발언을 하는 등 적극적인 방식으로 표현할 수 있다. 하지만 더 많은 경우 '부여하기'는 간접적인 형태로 나타난다. 리더의 입장에서는 자신이 이끌 조직의 구성원으로 사람들을 채용하거나 중요한 업무를 위임하는 방식으로, 팔로워 입장에서는 리더의 지시를 적극적으로 지지하고 따르는 방식으로 표현되는 경우가 그러하다.

이처럼 리더와 팔로워의 정체성을 형성하고 상호 위치를 확인하는 데는 '주장하기(Claiming)'와 '부여하기(Granting)'라는 호혜적인 관계가 핵심적으로 작용한다. 리더십 정체성 형성 프로세스는 '주장하기'가 '부여하기'에 의해 충족될 때 비로소 작동하며, 그 결과로 리더십과 팔로워십이 형성된다. 반대의 경우에는 이러한 정체성 형성이 이루어지지 않는다. 즉, 조직이 공식적으로 임명한 관리자이자 상사의 지위에 있다 하더라도, 부하 직원이 리더로서의 정체성을 부여하지 않고 스스로 팔로워의 정체성을 주장하지 않는다면 리더십은 성립하지 않는다.

예컨대, 직장 상사가 경력과 역량이 뛰어나다는 이유만으로 멘토를 자처하는 경우를 상정해 볼 수 있다. 멘티의 의중과 상황을 고려하지 않은 일방적인 '주장하기'는 반발과 거부를 야기할 뿐이며, 이러한 방식으로 형성된 관계는 건강하게 지속되기 어렵다. 최근 사회적으로 이슈가 되는 '꼰대 상사'의 갑질이나 '개념 없는 신입 사원'과의 갈등 또한 이러한 맥락에서 이해할 수 있다.

이러한 현상은 기업 맥락에만 국한되지 않는다. 대통령은 당선된 순간부터 재임 기간 내내 지지율을 통해 국민들로부터 리더의 자격 여부를 검증받는다. 실제로 대통령의 지지율이 지나치게 낮은 경우, 팔로워의 위치에 있는 정부 기관이나 국회의 협력이 원활히 이루어지지 않아 정책 추진에 난항을 겪게 된다. 이는 곧 리더십이 효과적으로 형성되지 못하는 상황을 단적으로 보여준다.

유명한 고전 '삼국지'의 삼고초려(三顧草廬) 장면은 '주장하기'와 '부여하기'가 어떻게 리더십 정체성을 형성하는지 명확히 보여준다. 당시 전략을 담당할 군사가 필요했던 유비는 재야에 은거하던 제갈량의 소문을 듣고 한겨울에 직접 그가 살던 융중(隆中)까지 찾아간다. 그러나 제갈량은 유비가 왔다는 사실을 시종에게 듣고도 인사조차 않고 돌려보낸다.

하지만 이에 굴하지 않고 유비는 두 차례 더 방문했고, 마침내 세 번째 방문에서 그의 정성에 감복한 제갈량과 군신의 관계를 맺는다. 여기서 유비는 관우와 장비 같은 무장들을 시켜 제갈량을 협박할 수도 있었지만, 그러한 강압적인 방법을 사용하지 않았다. 그보다는 스스로 제갈량을 찾아가는 진정성 있는 행동을 통해 자신이 리더임을 '주장'했다. 제갈량은 처음에는 유비를 리더로 인정하길 거부했지만, 그의 진심을 알게 된 후에는 유비에게 리더의 자격을 '부여'하며 주군으로 모시게 된다. 이처럼 서로 간에 군신의 예를 갖춘 '주장하기'와 '부여하기'가 이루어졌기 때문에 단단한 리더십이 형성될 수 있었다.

그렇다면 '주장하기'와 '부여하기'가 효과적으로 작동하려면 어떤 조건들이 필요할까? 크게 세 가지 요소를 들 수 있다. 첫째, 조직 차원의 제도적 구조가 필요하다. 이는 직급이나 팀제와 같은 공식적인 체계를 의미하며, 대부분의 조직은 이러한 구조를 기본적으로 잘 갖추고 있다. 둘째, 리더와 팔로워의 정체성을 주장하거나 부여하도록 동기를 부여할 수 있는 보상 체계나 가치를 존중하는 문화, 그리고 이에 수반되는 리스크가 있다. 사소하게는 리더의 책상에 놓인 명패조차 이러한 기능을 뒷받침한다. 최근 중간 관리자인 팀 리더를 기피하거나, 임원 자리를 포기하는 일명 '임포자' 현상이 나타나는 것은 바로 이러한 리스크와 보상의 불균형에서 비롯된다고 볼 수 있다. 많은 기업들이 이러한 문제를 인식하고 잠재적 리더 풀인 핵심 인재들을 어떻게 관리하고 육성할지 고민하고 있다.

그러나 리더십 정체성 개발과 관련하여 가장 중요한 것은 세 번째 조건이다. 이는 효과적인 리더가 무엇인지에 대한 개인의 신념과 가치관으로, 이를 이해하기 위해서는 또 다른 이론적 관점이 필요하다.

다시 '삼국지'로 돌아가, 이번에는 조조에게 사로잡혔던 관우의 사례를 살펴보자. 관우의 인품과 실력에 감복한 조조는 관우에게 유비를 떠나 자신을 섬기라고 '주장'한다. 심지어 천하의 명마인 적토마까지 선물한다. 그러나 그럼에도 충직한 관우는 끝내 유비를 선택하여 조조에게 리더의 정체성을 부여하지 않고 죽음을 맞이한다. 리더십 유형으로 분류해 보자면 아마도 조조는 카리스마적 리더, 유비는 서번트 리더 혹은 공감형 리더로 볼 수 있을 것이다. 충직한 팔로워인 관우의 입장에서 유비를 배신하는 선택지는 없었겠지만, 리더로서 조조 또한 관우가 바라는 리더의 이상적인 모습이 아니었을 가능성이 크다.

더 유능했던 조조를 거부하고 상대적으로 '무능한' 유비를 따랐던 관우처럼, 사람들은 특정 리더나 팔로워에게 끌리는 경향이 있다. 각자가 리더나 팔로워의 자격과 정체성을 주장하고 부여하고 싶어 하는 대상이 따로 있는 것이다. 이처럼 리더-팔로워의 정체성 형성 과정에서 핵심적인 역할을 하는 것이 바로 리더 혹은 팔로워에 대해 개인이 갖고 있는 이상적인 '상(像, image)'이다.

그렇다면 이제부터 두 번째 이론인 암묵적 리더십/팔로워십 이론을 통해 리더와 팔로워에 관한 우리의 생각과 가치가 리더십 형성과 개발에 어떻게 영향을 주는지 알아보자.

3 암묵적 리더십/팔로워십 이론(Implicit Leadership-Followership Theories)

우리는 학부나 대학원의 리더십 개발 수업, 혹은 기업의 리더나 실무자를 대상으로 하는 강의와 워크숍에서 참여자들에게 자신이 생각하는 리더십, 또는 훌륭한 리더는 어떤 사람인지 정의하게 하곤 한다. 그 결과를 보면 항상 사람들이 생각하는 리더십이나 좋은 리더의 정의는 모두 다르다. 그리고 이것은 매우 중요한 사실이다.

아마 지금 '매우 중요하다고? 사람마다 리더십에 대한 정의가 다른 것은 당연하잖아!'라고 생각할 수도 있다. 그런데 지금까지의 리더십 개발 관행은 이러한 당연한 사실과는 반대로 진행되어 왔다. 이 책의 서두에서 지적했듯이, 리더십은 변혁적 리더십이나 공감 리더십과 같은 특정한 유형의 리더십이 좋은 리더십이라거나, 이 시대 리더에게는 어떠한 역량이 반드시 필요하고 이를 교육이나 훈련을 통해 배울 수 있다는 전제하에 진행되는 경우가 많다. 그러나 교육이 끝나고 업무에 복귀하는 순간, 교육 내용은 온데간데없고 다시 똑같은 리더-팔로워 관계로 돌아가게 된다.

그렇다면 왜 이런 현상이 반복될까? 이 책 1장에서 지적했듯이, 리더십의 정의는 개인의 특성, 행동, 비전, 영향력, 스킬 및 역량, 그리고 프로세스에 이르기까지 다양한 범주로 이루어져 있다. 같은 범주로 묶이더라도 그 세부 내용은 전혀 다를 수 있다. 이처럼 이상적인 리더십, 효과적인 리더십에 대한 생각 또한 사람마다 다르며, 개인들은 이를 바탕으로 현재 속한 조직의 리더를 평가하고 관계를 맺는다. 물론 리더 또한 자신이 선호하는 이상적인 팔로워의 상(像)을 갖고 있기 마련이다.

이처럼 리더-팔로워 관계는 각 개인이 선호하는 리더와 팔로워에 대한 내적인 이미지, 즉 기준에 강하게 영향을 받는다. 그래서 모두가 따르고 싶어 하는 리더, 모든 리더가 선호하는 팔로워를 찾는 것은 매우 어려운 일이다.

팔로워에 대한 한 기업 회장의 일화는 좋은 리더-팔로워 관계에 대한 일반적인 생각을 뒤흔들어 놓는다. 국내 한 대기업 회장이 실적도 좋지 않고 부하 직원들에게 폭언까지 일삼는 임원을 총애하는 일이 있었다. 직원들의 원성을 참다못한 측근이 회장을 찾아가 고언을 했지만 회장은 요지부동이었다. 흥미로운 점은 회장이 해당 임원의 무능함을 잘 알고 있었다는 것이다. 그렇다면 회장은 어째서 해당 임원을 그토록 신임했을까? 다른 측근에게 회장은 이렇게 말했다고 한다.

"난 일 잘하는 사람 필요 없어. 완전히 믿을 수 있는 사람이 필요해."

그 임원은 오전에 통화를 할 때, 회장이 농담조로 "저녁이나 먹지"라고 말하면 부산에서 바로 서울로 달려 올 정도로 회장의 말을 무겁게 들었다고 한다. 이러한 일이 몇 번 반복되자 회장은 그 임원을 전적으로 신뢰하게 되었다. 큰 기업에서 일을 잘하는 리더들은 아마도 어렵지 않게 구할 수 있을 것이다. 그러나 산전수전을 겪은 회장의 입장에서는 능력보다는 믿을 수 있는 사람을 더 곁에 두는 것이 중요하다고 생각했으며, 그 회장에게 이상적인 팔로워란 온전히 믿을 수 있는 사람이었던 것이다.

이처럼 각 개인이 내면화하고 있는 리더십, 팔로워십에 대한 고유의 관점 혹은 생각을 '암묵적 리더십(Implicit Leadership Theories, ILT) 및 암묵적 팔로워십(Implicit Followership Theories, IFT)'이라 한다. 이 이론의 근간을 이루는 가장 핵심적인 것이 바로 리더와 팔로워에 대한 프로토타입(prototype), 즉 리더 원형과 팔로워 원형이다.

1) 리더-팔로워 프로토타입(Prototype)

좋은 리더와 좋은 팔로워의 개념은 해당 리더나 팔로워가 처한 상황에 따라 달라질 수 있다. 그렇다면 무엇이 개인에게 이상적인 리더나 팔로워에 대한 기준을 갖게 하는 것일까? 개인이 내면에 가지고 있는 이러한 이미지를 바로 '원형, 혹은 프로토타입(prototype)'이라 한다. 인간은 어떤 대상에 대해 기본적으로 프로토타입을 기반으로 사고한다. 지금 머릿속으로 자동차를 떠올려 보라. 아마 많은 사람이 승용차의 이미지를 떠올릴 것이다. 굴삭기나 화물트럭을 먼저 생각하기는 쉽지 않다. 프로토타입과의 유사성에 따른 조류의 순위를 다룬 그림 9-2를 살펴보자.

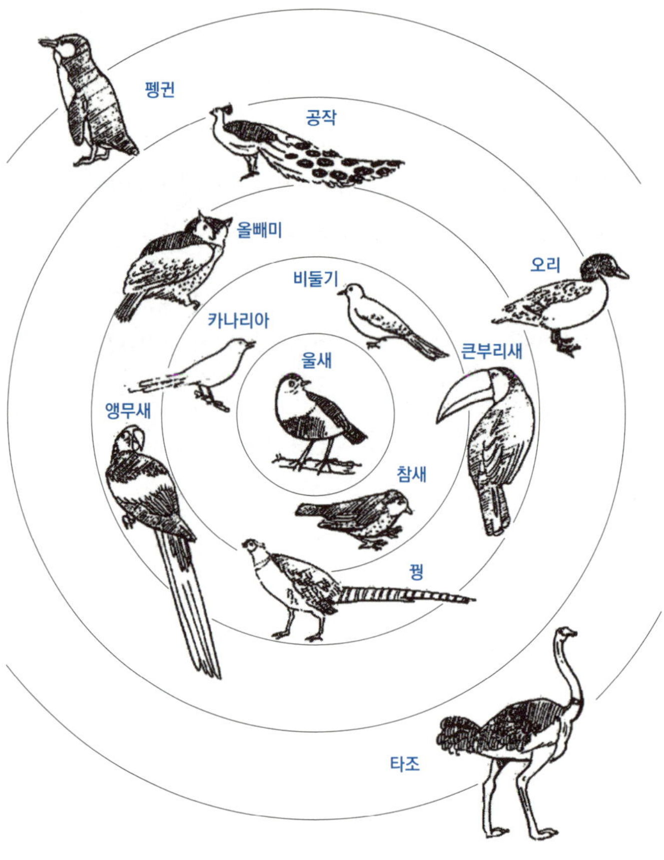

그림 9-2 **조류의 전형성 순위(Birdiness rankings, Aitchison 2004, p. 54)**

우리가 새를 떠올릴 때면 대개 중앙에 위치한 울새와 같은 전형적인 유형을 상상하기 마련이다. 하지만 생물학적 분류로 본다면 펭귄이나 타조 역시 분명 조류에 속한다. 그럼에도 우리의 마음속에 조류의 대표상으로 가장 먼저 떠오르는 것은 여전히 울새와 같은 모습이다. 이것이 바로 프로토타입의 작용이다.

그렇다면 이러한 프로토타입은 어떻게 형성되는 것일까? 쉽게 말해, 프로토타입은 일종의 이상형과 비견될 수 있다. 연애 경험의 유무와 관계없이 우리 모두는 이성에 대한 나름의 이상형을 가지고 있다. 이러한 이상형은 각자의 성격, 삶의 경험, 성장 배경, 양육 환경 등에 의해 결정된다. 예를 들어, 어린 딸이 "우리 아빠 같은 사람이랑 결혼할 거야"라고 말하는 경우, 아버지와의 관계가 이성에 대한 프로토타입 형성에 지대한 영향을 미쳤음을 유추할 수 있다.

마찬가지로 조직 구성원들은 조직 사회화 과정과 리더십 경험을 거치면서 리더십 프로토타입을 형성하게 된다. 즉, 사람들은 본질적으로 리더와 팔로워를 구분하는 특징은 물론, 나아가 효과적인 리더와 무능한 리더를 식별하는 정교한 범주 구조를 기억 속에 저장하고 있는 것이다. 이러한 리더 프로토타입이야말로 리더십을 정의하게 하는 근본적인 요소이다.

결론적으로, 개인은 성장 과정, 조직 내 사회화, 그리고 리더와의 관계 등 다채로운 사회적 상호작용과 경험을 통해 리더에 대한 자신만의 프로토타입을 구축한다(리더의 생애를 다룬 6장에서 어떠한 경험을 했는가에 따라 발현하는 리더십 유형이 달랐다는 점을 기억하자). 이 프로토타입은 개인의 리더십 정의에 근간을 이루며, 특정 리더를 기꺼이 따르거나 혹은 단호히 거부하게 만드는 동기로 작용한다. 더 나아가, 이는 해당 리더를 평가하는 핵심적인 기준으로 기능하게 된다.

테네시 대학의 마이클 러쉬(Michael Rush)와 조이스 러셀(Joyce Russell)은 리더에 대한 프로토타입이 리더십 평가의 기준이 된다면, 유사한 프로토타입을 지닌 팔로워들의 리더십 평가 또한 유사할 것이라고 추론했다. 이들은 1988년 이를 실증하기 위해 리더 프로토타입이 유사한 60명을 대상으로 연구를 수행했고, 60명 참가자의 리더가 모두 상이했음에도 불구하고 프로토타입이 유사한 경우 리더에 대한 평가 또한 유사하다는 사실을 입증했다. 즉, 팔로워가 리더를 따르거나 평가하는 데 가장 지대한 영향을 미치는 것은 바로 그들의 리더 프로토타입이라는 것이다.

그러나 안타깝게도 우리는 현실에서 모두가 이상형과 함께 살아갈 수는 없다. 다양한 경험을 통해 이상형을 수정하거나, 개인의 조건에 맞춰 점차 현실적인 이미지로 조정해 나가기도 한다. 리더십 역시 이러한 예외일 수 없다. 자신이 상정하는 리더가 종달새 같은 유형인데, 실제 팀 리더가 타조나 펭귄 스타일에 가깝다면 팔로워로서 리더의 정체성을 부여하기 주저되는 것도 무리가 아닐 것이다. 백인들이 흑인 리더를 거부하거나, 남성들이 여성 리더에게 더 가혹한 평가 잣대를 들이대는 사례들은 궁극적으로 이들이 지닌 리더 프로토타입과 실제 리더 간의 간극에서 비롯된다.

리더십 관련 서적 표지에 서류 가방을 든 채 빌딩 숲을 질주하거나 팔짱을 끼고 서 있는 남성 이미지가 빈번하게 등장하는 것 또한 사회 전반에 걸쳐 자리 잡은 리더 프로토타입이 남성성을 내포하고 있음을 시사한다. 이것이야말로 특정 유형 중심의 리더십 교육 및 개발 활동이 효과를 거두지 못하는 주요 원인 중 하나이다. 자신이 가진 프로토타입이 수평적이고 공감력이 있는 리더라면, 팀장이 불도저 같은 추진력의 카리스마형 리더일 경우 팔로워십을 발휘하는 데 분명한 한계가 있을 것이기 때문이다. 자신이 지닌 리더십 프로토타입과 상충하거나 관련성이 적은 내용이라면, 아무리 뛰어난 강사와 훌륭한 내용이라 하더라도 이를 내면화하고 자기 것으로 소화하기란 쉽지 않다. 기업에서 진행하는 많은 리더십 교육이 실질적인 변화로 이어지지 않고, 교육에 대한 리더들의 관심과 신뢰도가 저하되는 것 또한 이러한 이유 때문이다.

리더가 팔로워를 인식하는 방식 또한 마찬가지다. 팔로워십은 리더와 무관하게 조직 구성원의 독립적인 활동만을 다루는 개념이 아니다. 팔로워십은 반드시 리더와의 관계를 기반으로 발현되는 개인의 특성과 행동을 다루므로, 리더가 팔로워를 바라보는 관점과 기대, 즉 리더의 팔로워 프로토타입 또한 동일한 방식으로 작동한다.

예를 들어, 팔로워가 업무에 대해 질문했을 때 리더가 "그걸 매번 일일이 말해줘야 하는가? 알아서 척척 처리할 수는 없나?"라고 반응한다면, 해당 리더가 암묵적으로 전제하는 팔로워 프로토타입은 주도적이고 독립적으로 업무를 처리하는 인재일 것이다. 반대로 "모든 업무는 나에게 확인받고 진행하라고 지시하지 않았는가!"라고 말한다면, 해당 리더의 팔로워 프로토타입은 상대적으로 수동적인 역할을 상정하고 있을 가능성이 있다.

2) 추상적 기억과 구체적 기억(Semantic memory vs Episodic memory)

리더와 팔로워 프로토타입에 대한 한 가지 흥미로운 관찰은, 개인이 특정 인물을 리더로 인식함에도 불구하고 그러한 인식의 근거를 명확히 설명하지 못한다는 점이다. 이는 프로토타입이 본질적으로 무의식적 영역 혹은 뇌 깊숙한 곳에 존재하는 일종의 스키마(Schema), 즉 정보 저장 구조에 뿌리를 두고 있기 때문이다.

암묵적 리더십-팔로워십 이론의 권위자인 영국 더럼 대학교(Durham University)의 로버트 로드(Robert Lord) 교수에 따르면, 개인은 자동차, 새, 의자 등 사물이나 동물을 범주화하는 방식과 유사하게 리더를 인식하고, 범주화한다. 이때 리더에 관한 정보는 '범주 기반 표상(Category-based Representations)'과 '대상 기반 표상(Target-based Representations)'이라는 두 가지 방식으로 머릿속에 저장된다. 이는 다시 말해, 개인이 리더에 대한 정보를 저장할 때 매우 일반적이고 추상적인 이미지를 형성하는 것과, '우리 팀 리더' 또는 '우리 회사 CEO'처럼 구체적인 대상을 기억하는 두 가지 양상을 보인다는 의미다.

로드 교수는 이 두 가지 중, 추상적이고 일반적인 기억인 범주 기반 표상이 훨씬 강력하다고 주장한다. 흔히 "힘들었던 기억도 지나고 나면 추억이고, 시간이 흐르면 좋은 기억만 남는다"는 말처럼, 구체적인 대상을 통해 획득된 기억(구체적 기억/일화 기억, Episodic Memory)은 시간의 경과와 함께 희석되어 추상화 및 범주화되며, 결국 프로토타입을 형성하게 된다는 것이다. 예를 들어, 팀장이 자신을 지지하는지를 묻는 설문 문항에 답할 때, 우리는 '4월 14일에는 지지했지만, 7월 25일에는 지지하지 않았다'와 같이 구체적인 사건을 회상하지 않는다. 대신 '전반적으로 우리 팀장님은 내 의견을 잘 들어주는 편이지'와 같이 추상적이고 일반화된 평가를 내린다. 이렇듯 우리가 리더와 같이 대상을 인식하고 평가할때 호출하는 기억이 바로 범주화된 기억(추상적/의미 기억 Semantic Memory)인 것이다. 결국 개인의 리더십-팔로워십 프로토타입은 구체적이고 개별적인 특징에 의해 정의되기보다는, 다양한 유형의 리더/팔로워가 공유하는 추상적인 속성 및 행동 집합을 중심으로 발전한다.

리더-팔로워 프로토타입에 대한 연구는 1970-80년대부터 시작되었다. 연구 결과에 따르면, 흔히 '성격 5요인(Big 5 Personality)'으로 불리는 '신경증 성향(혹은 정서적 안정성), 외향성, 경험에 대한 개방성, 친화성, 성실성'과 같은 성격 특성이 리더 프로토타입 범주의 형성에 영향을 미친다는 사실과 이상적인 리더십 이미지는 부모의 특성에 대한 묘사를 반영한다는 사실이 밝혀져 왔다. 최근에 이르러서는 리더의 성별, 인종, 민족성 등의 맥락적인 정보와 요소들이 리더십 프로토타입의 형성과 변화에 영향을 미친다는 것이 드러났다(오바마와 트럼프의 차이를 다룬 6장의 내용을 떠올려 보라).

이처럼 리더와 팔로워에 관한 개인의 프로토타입은 개인의 가치관과 마찬가지로, 타고난 성격, 어린 시절의 양육 방식, 교육, 그리고 다양한 경험 등에 의해 영향을 받아 형성된다. 개인의 일생에 걸쳐 형성된 이 프로토타입은 리더-팔로워에 대한 역할 기대를 형성하며, 따라서 리더-팔로워 관계 형성에 매우 강력한 영향을 미친다. 더럼 대학 경영학과의 올가 에피트로파키(Olga Epitropaki) 교수와 맨체스터 대학 조직심리학과의 로빈 마틴(Robin Martin) 교수가 2005년 수행한 연구에 따르면, 실제 리더의 특성과 부하 직원의 리더십 프로토타입 일치도는 이들의 '리더-구성원 교환관계(Leader-Member Exchange, LMX)'에 긍정적인 영향을 미친다. 나아가 이는 간접적으로 직무 태도까지 예측 가능하게 한다.

리더십 프로세스에 대한 두 가지 핵심 이론을 간단하게 정리하자면 다음과 같다. 우리는 모두 개인적인 경험을 통해 각자의 리더 혹은 팔로워에 대한 이상형을 가지고 있다. 이 이상형은 우리가 리더를 따를지 말지 결정하거나, 팔로워에 대한 기대와 권한 위임 여부를 정하고, 궁극적으로는 리더와 팔로워에 대한 평가에 영향을 미치는 강력한 프로토타입이다. 팔로워는 이 프로토타입을 기반으로 리더를 따르거나 거부하며, 리더 또한 팔로워를 신임하거나 불신한다. 이처럼 프로토타입은 리더-팔로워 관계를 촉진하거나 방해하는 기대 요소이자 평가 기준이 된다. 자신의 프로토타입에 적합한 리더와 팔로워는 서로의 역할을 '주장하고' 또 '부여하며' 정체성을 수립해 나간다. 그리고 이를 바탕으로 효과적인 리더-팔로워 관계, 즉 리더십이 개발된다고 할 수 있다.

하지만 앞서 언급했듯이, 모두가 이상형을 만나는 것은 불가능한 일이다. 더 나아가, 프로토타입은 개인의 역할 기대를 넘어 편향적인 태도를 취하게 만들 수도 있다. 앞서 언급한 한 기업 회장의 사례처럼, 리더가 조직에 부정적인 영향을 주는 임원을 개인적인 선호에 따라 신임하는 경우, 조직 전체에 해로운 영향을 줄 수 있다. 또한 개인이 가지고 있는 리더십의 원형이 파괴적이거나, 팔로워들을 가혹하게 대하면서도 승승장구하는 임원을 보면서 자신의 프로토타입을 수정하여 비인격적 감독형 리더로 변모하는 경우도 있다.

이렇듯 조직에서는 리더와 팔로워의 프로토타입이 실제 리더나 팔로워와 일치하지 않는 경우가 더 많다. 그렇기 때문에 역설적으로 리더십 개발이라는 개입 활동이 필요하게 되는 것이다. 다음 10장에서는 리더십 프로토타입이 리더의 행동과 효과성에 미치는 영향을 논하고, 이를 바탕으로 리더십을 개발하고 평가하기 위한 방안을 제언한다.

참고문헌

1. 김기춘, 김미경, & 문재승. (2021). 어린상사 (Younger Boss) 가 구성원의 태도에 미치는 영향: 심리적 계약위반과 리더 정당성의 역할. *기업경영리뷰, 12*(1), 163-179.
2. Aitchison, J. (2004). *Words in the mind: An introduction to the mental Lexicon* (4th ed.), Basil Blackwell Publishers.
3. Ashforth, B. E. (1997). Petty tyranny in organizations: A preliminary examination of antecedents and consequences. *Canadian Journal of Administrative Sciences, 14*(2), 126-140.
4. DeRue, S., & Ashford, S. (2010). Who will lead and who will follow? A social process of leadership identity construction in organizations. *Academy of Management Review, 35*(4), 627-647.
5. Duffy, M. K., Ganster, D. C., & Pagon, M. (2002). Social undermining in the workplace. *Academy of Management Journal, 45*(2), 331-351.
6. Epitropaki, O., & Martin, R. (2005). From ideal to real: a longitudinal study of the role of implicit leadership theories on leader-member exchanges and employee outcomes. Journal of applied psychology, 90(4), 659.
7. Keller, T. (1999). Images of the familiar: Individual differences and implicit leadership theories. *The Leadership Quarterly, 10*(4), 589-607.
8. Leslie, J. B., & Van Velsor, E. (1996). *A look at derailment today: North America and Europe*. Center for Creative Leadership.
9. Lord, R. G., Epitropaki, O., Foti, R. J., & Hansbrough, T. K. (2020). Implicit leadership theories, implicit followership theories, and dynamic processing of leadership information. *Annual Review of Organizational Psychology and Organizational Behavior, 7*(1), 49-74.
10. Namie, G. (2021). 2021 WBI U.S. Workplace Bullying Survey. Workplace Bullying Institute. https://workplacebullying.org/wp-content/uploads/2021/04/2021-Full-Report.pdf
11. Rush, M. C., & Russell, J. E. (1988). Leader prototypes and prototype-contingent consensus in leader behavior descriptions. *Journal of Experimental Social Psychology, 24*(1), 88-104.
12. Pfeffer, J. (1981). Management as symbolic action: the creation and maintenance of organizational paradigm. *Research in Organizational Behavior, 3*, 1-52.
13. Shackleton, V. (1995). Leaders who derail. In V. Shackleton (Ed.), *Business*

leadership (pp. 89-100). Thomson.

14. Tepper, B. J. (2000). Consequences of abusive supervision. *Academy of Management Journal, 43*(2), 178-190.
15. Uhl-Bien, M., Riggio, R. E., Lowe, K. B., & Carsten, M. K. (2014). Followership theory: A review and research agenda. *The Leadership Quarterly, 25*(1), 83-104.

CHAPTER

10

리더십 평가

1. 리더십, 무엇으로 평가해야 하는가: 리더십 효과성(Leadership Effectiveness)
2. 리더십, 어떻게 평가해야 하는가: 성과와 리더십 역량 평가
3. 리더십 효과성에 영향을 미치는 요인들: 리더 집단 전형성(Leader-group Prototypicality)과 리더 지지(Leader Endorsement)

CHAPTER 10

리더십 평가

9장에서 우리는 리더십 프로세스의 근간을 이루는 두 가지 핵심 이론에 대해 설명하였다. 리더십은 궁극적으로 리더와 팔로워가 각자 내재한 리더십/팔로워십 개념을 토대로 상황에 부합하는 역할을 수용하고, 이를 바탕으로 서로의 자격과 정체성을 인정해 줄 때 성공적으로 형성될 수 있다. 이렇게 형성된 리더–팔로워 관계를 바탕으로 공동의 목표를 달성했을 때, 우리는 비로소 '리더십이 있다' 혹은 '리더십이 훌륭하다'고 평할 수 있는 것이다.

한편, 리더의 자리는 막중한 부담을 수반한다. 리더들은 상시로 엄격한 평가의 대상이 된다. 누구든 리더의 지위에 오르는 순간, 즉각적으로 평가의 시선에 노출된다. 대부분의 조직에서는 리더 개인의 성과뿐만 아니라 팀 분위기, 이직률 등 조직 관리 및 문화와 관련된 지표들을 관리하며, 연례 조직 문화 진단을 통해 리더십을 간접적으로 평가하기도 한다. 리더십에 대한 조직 차원의 공식적인 진단과 평가를 차치하더라도, 리더의 행동은 끊임없이 상위 리더나 팔로워들의 입에 오르내리며 평판을 형성한다. 이로 인해 많은 리더들은 모든 면에서 완벽해야 한다는 압박에 시달린다.

리더가 되기 위해서도 끊임없는 평가 과정을 거쳐야 함은 물론이다. 문제는 리더가 되기 전에는 개인의 성과에 보다 집중할 수 있었던 반면, 리더가 된 후에는 자신을 넘어 '우리'의 성과를 견인해야 하는 막중한 책무가 부여된다는 점이다. 따라서 한 조직의 리더로 중용된다는 것은 개인에게 지대한 보람과 영광을 안겨주는 동시에, 엄청난 심리적 부담을 동반하는 일이기도 하다. 2025년 현재, 국내 산업계와 언론을 통해 확산되고 있는 '리더 포비아(Leader Phobia)', '임포자(임원을 포기한 자)'와 같은 신조어들은 리더 역할 수행에 대한 구성원들의 두려움과 좌절감을 여실히 반영하고 있다.

문제는 그럼에도 조직에는 리더의 자리가 필요하며, 누군가는 리더직을 수행해야 한다는 것이다. 나아가 리더의 역할을 단순히 수행만 하는 게 아니라 '잘 수행해야 한다.' 리더는 조직의 현재를 책임지고 미래를 이끄는 중추적인 존재이기 때문이다. 한편 조직은 리더들에게 많은 것을 기대하고 요구하는 만큼, 그들이 리더십을 효과적으로 발휘하고 개발할 수 있도록 지원을 아끼지 않는다. 따라서 어떤 리더가 효과적인지, 혹은 리더로서 부적합한지, 만약 부적합하다면 개선이 가능한지, 아니면 리더 자리에서 물러나게 해야 하는지 등을 판단하는 것은 조직 입장에서 대단히 중요하다. 그러한 점에서 리더십 평가는 리더의 성장을 견인하거나 조직을 위한 더 나은 대안을 모색하기 위한 필수적인 과업이다.

이번 장에서는 리더십 개발의 마지막 단계인 리더십 평가에 대해 다룬다. 먼저, 리더십 평가의 현황과 이슈를 짚어 보고, 다음으로 리더십 평가의 방법과 리더십 평가에 영향을 미치는 요인들에 대해 알아본다. 마지막으로, 리더십 평가에 있어 리더-팔로워 프로토타입으로 인한 부정적인 효과를 상쇄하고 효과적인 리더십을 구축하기 위한 원리를 알아본다.

1 리더십, 무엇으로 평가해야 하는가: 리더십 효과성(Leadership Effectiveness)

리더십 개발 프로세스의 마지막 단계인 리더십 평가에서 우리는 보다 근본적인 질문을 던지고 이에 답할 필요가 있다. 즉, 리더십이 '개발되었다'는 것은 무엇을 의미하며, 이를 어떻게 확인할 수 있을까? 다시 말해, 리더십을 무엇으로, 그리고 어떻게 평가해야 하는가를 심도 있게 고찰해야 한다.

리더십 프로세스는 하나의 시스템이며, 시스템은 시작과 끝, 그리고 전후 관계가 유기적이고 일관성 있게 연계되어야 한다. 따라서 리더십에 대한 평가 역시 이러한 리더십 프로세스 정의에 근간을 두어야 한다. 리더십의 프로세스 정의에 비추어 볼 때, 훌륭한 리더십이란 리더가 팔로워의 동기를 부여하고 성과를 달성하도록 적절히 관리하여 공동의 목표를 성공적으로 이룬 상태를 일컫는다. 이처럼 리더를 평가함에 있어 조직의 목표 달성 여부 및 그러한 과정에서 팔로워들과의 관계를 어떻게 구축했는가를 나타내는 지표로 '리더십 효과성(Leadership Effectiveness)'이 활용된다.

1) 리더십 효과성이란?

리더십 효과성이라는 개념적 정의를 최초로 누가 언급했는지 특정하기는 어렵다. 이 개념은 20세기 초반 리더십에 대한 체계적이고 과학적인 접근이 시작되면서 여러 학자에 의해 제기되었고, 20세기 중반에 접어들면서 본격적인 연구가 시작됐다.

초기 리더십 효과성 연구에 지대한 영향을 미친 학자는 오하이오 주립대학교의 랄프 스토그딜(Ralph M. Stogdill) 교수다. 그는 1948년 발표한 첫 논문 「리더십과 관련된 개인적 요인들(Personal Factors Associated with Leadership: A Survey of the Literature)」에서 리더십이 타고나는 것이라는 특성 이론을 비판했다. 100건 이상의 리더십 관련 연구들을 검토한 결과, 스토그딜은 특성 이론 학자들이 주장하는 리더십의 주요 특성들이 서로 합의되지 않아, 이 특성들을 모두 종합하면 목록이 너무 길어져 아무런 의미가 없다고 지적했다.

결론적으로 스토그딜은 성공적인 리더십, 즉 리더의 효과성이 리더 개인의 특성에 의해서만 결정되는 것이 아니라, 특정한 상황적 요구와 얼마나 잘 부합하는지에 따라 달라질 수 있다고 주장하며 상황적 요인과 환경적 요인과의 밀접한 관련성을 강조했다. 스토그딜의 연구는 리더십 특성 이론의 한계를 명확히 밝힘으로써, 이후 많은 리더십 연구자들이 리더십을 상황적·상호작용적 관점에서 연구하는 데 크게 기여했다. 특히, 이는 후에 피들러 등의 학자에 의해 리더십 이론적 관점을 특성 이론에서 '상황적합성이론(Contingency Theory)'으로 전환시키는 중요한 계기를 마련했다.

따라서 리더십이 얼마나 효과적인가를 측정하고 평가하는 것은 단순히 리더 한 명의 성과나 행동을 평가하는 데서 그쳐서는 안 된다. 리더와 팀의 성과, 그리고 그러한 성과를 달성하는 과정 전체에 대한 입체적인 평가, 즉 리더십 프로세스의 요소를 고려한 평가가 이루어져야 한다. 그 이유를 설명하기 위해 여기서 2장의 말미에 잠깐 언급했던 '조직 효과성(organizational effectiveness)'이라는 개념을 다시 짚어 보고자 한다.

2) 리더십 효과성과 조직효과성

조직효과성이란 말 그대로 한 조직이 얼마나 성공적으로 운영되고 있는가를 나타내는 척도이다. 2장에서 이미 언급한 바 있지만, 1957년 사회심리학자인 바실 조고폴러스(Basil S. Georgopoulos)와 아놀드 태넌바움(Arnold S. Tannenbaum)은 조직효과성을 "사회적 체제로서의 한 조직이 주어진 자원과 방법을 사용하여 그 목적을 달성하는 정도"라 주장했으며, 보다 중요한 것은 이때 "자원과 방법을 비능률적으로 사용 혹은 오용하지 않고 조직의 구성원들에게 불필요한 긴장을 유발하지 않아야 한다"고 부연하였다.

이들의 관점에서 조직효과성은 다음의 세 가지 하위요인으로 구성된다.

- **조직 생산성**: 조직 목표의 달성 여부
- **조직 유연성**: 자원의 효율적 활용을 통한 조직 내외부 변화에 대한 적응 능력
- **조직 내 긴장과 갈등의 부재**: 구성원 간 불필요한 스트레스나 충돌이 없는 상태

즉, 효과적인 조직은 본질적인 목표 달성에 국한되지 않고, 그 과정에서 자원을 효율적으로 운용하며 변화에 유연하게 적응해야 하며, 무엇보다 구성원들에게 불필요한 스트레스나 긴장을 유발하지 않아야 한다는 것이다. 이후 조직 효과성에 대한 수많은 연구와 재정의가 이루어졌음에도 기본적으로 이러한 세 가지 틀에서 크게 벗어나지는 못했다.

이처럼 높은 수준의 조직 효과성을 달성하기 위해 조직을 변화시키고 성장시키는 활동을 '조직 개발(Organization Development)'이라고 명명한다. 어떠한 조직이 조직 효과성의 세 가지 요인 차원 중 하나라도 부족한 경우, 해당 조직은 조직 개발의 대상이 된다. 즉, 조직의 미션을 완수하지 못했거나, 미션은 달성했으나 자원이 비효율적으로 사용된 경우, 혹은 조직 구성원들이 과도한 스트레스를 받거나 심각

한 갈등을 겪는 경우 모두 조직 개발의 대상이라는 의미다.

리더십 효과성 또한 조직 효과성과 밀접한 관련성을 지닌다. 3장에서 다루었던 신임 리더 온보딩 프로그램의 사례를 상기해 보자. 리더 훈련 프로그램이 통상적으로 성과 관리, 조직 관리, 커뮤니케이션 스킬을 중심으로 구성된다는 점을 고려하면, 이 세 가지 활동이 사실상 조직 효과성의 핵심 요소인 생산성, 유연성, 그리고 긴장 및 갈등의 부재와 긴밀하게 연계되어 있음을 알 수 있다. 즉, 성과 관리는 조직의 생산성과, 조직 관리는 조직의 유연성과, 그리고 커뮤니케이션은 조직 내 긴장 및 갈등의 부재와 직접적으로 맞닿아 있으며, 이는 리더십 효과성이 조직 효과성의 근본 요소와 거의 일치함을 시사한다.

리더와 팔로워가 성과 관리에 실패하여 목표를 달성하지 못하거나, 혹은 목표를 달성했음에도 리더-팔로워 관계가 건강하지 못해(예. 비인격적 감독 등) 조직 관리에 실패하는 경우, 이는 긍정적인 리더십이 형성되었다고 보기 어렵다. 오히려 리더십 개발이 필요한 상태로 진단될 수 있다. 올바른 리더십이란 궁극적으로 효과적인 의사소통을 통해 조직 구성원에게 적절한 역할과 자원을 할당하고 동기를 부여하여 조직 차원의 성과를 달성하는 것이기 때문이다.

이러한 맥락에서 리더십 효과성은 리더와 팔로워의 목표 달성 여부, 즉 성과와 리더-팔로워 관계 및 조직 관리 측면을 입체적으로 평가해야 한다. 성과와 조직 운영을 동시에 고려하는 이러한 평가 방식은 리더십 프로세스의 정의에도 부합한다. 결국 리더십 개발의 성과는 리더십 효과성을 통해 건강한 리더십이 형성되었는지 여부를 통해 확인할 수 있다. 이처럼 궁극적인 지향점이 일치하므로, 리더십 개발은 조직 개발의 또 다른 형태라고 간주될 수 있다.

2 리더십, 어떻게 평가해야 하는가: 성과와 리더십 역량 평가

그렇다면 리더십 효과성은 어떻게 평가해야 할까? 이 질문에 대한 답은 이미 앞서 설명한 내용으로 충분히 미루어 짐작할 수 있을 것이다. 효과적인 리더십은 조직의 목표 달성 여부, 즉 성과 지표와 조직 관리가 잘 이루어지고 있는가에 대한 지표를 모두 포괄하여 살펴야 한다. 이때 성과는 통상적으로 '핵심성과지표(Key Performance Indicator, KPI)' 등을 통한 정량적 지표를 활용하며, 조직 관리의 경우 조직 문화 진단 서베이를 통한 팀 분위기, 조직 문화, 리더 행동 평가 등의 정성적 의견을 참고할 수 있다. 또한 리더 개인의 커뮤니케이션 스킬 등 역량 평가 역시 유용한 자료가 될 수 있다.

리더십 스타일에 있어 과업과 관계에 대한 이분법적 접근은 1964년 프레드 피들러(Fred Fiedler)가 '리더십의 상황적합성이론(Contingency Theory of Leadership)'을 설파한 이후 지속적으로 계승 및 발전된 것이다. 그는 리더십 스타일을 '과업 지향(Task-oriented)'과 '관계 지향(Relationship-oriented)'의 두 가지로 구분하였다. 피들러는 리더의 유형을 판단하기 위해 'LPC 척도(Least Preferred Co-worker scale)'를 사용했는데, 리더가 가장 일하기 싫었던 동료(LPC)의 특징을 묻는 몇 가지 질문을 한 뒤, 높은 점수를 받은 경우 관계 중심 리더, 점수가 낮다면 과업 중심 리더로 분류하였다.

그러나 프로세스 관점을 바탕으로 한 현대 리더십 이론에서는 좋은 과업 성과가 좋은 관계를 바탕으로 한다는 전제하에, 이 둘을 명확히 구분하여 리더십을 평가하는 것은 적절하지 못하다고 본다. 따라서 효과적인 리더십을 평가하기 위해서는 성과와 관계에 관한 지표를 모두 고려할 필요가 있다. 애초에, 인간관계도 원만하고 성과도 탁월하게 창출하는 사람이 진정으로 좋은 리더이자 좋은 팔로워가 아니겠는가?

1) 리더십 효과성 평가의 이슈

그러나 이처럼 리더십 효과성의 개념과 측정해야 할 내용이 분명함에도 막상 실무에서 리더십 효과성을 평가하는 것은 생각보다 그렇게 단순하지 않다.

그 이유는 첫째, 리더십 효과성을 평가하기 위한 측정 도구가 너무 많아 무엇이 가장 효과적인지 판단하기 어렵다는 점이다. 리더십 연구자들과 컨설턴트들에 의해 진단 및 평가를 위한 수많은 도구들이 개발되고 활용되어 왔지만, 어떤 도구도 단독으로 리더십 효과성을 온전히 평가하기에는 한계가 있다. 그러다 보니 조직이나 HR 담당자에 따라 사용되는 평가 도구도 천차만별이다. 정량적 지표의 경우, 조직마다 설정한 핵심성과지표(KPI) 등 성과 관리 지표가 있어 조직이나 산업마다 차이가 나더라도 큰 문제는 되지 않는다. 그러나 리더-팔로워 관계, 즉 조직 관리 차원에서의 지표와 리더 개인의 역량을 측정하는 도구는 예상보다 매우 다양하며, 심지어 리더십 진단을 위해 개발된 것이 아닌 도구를 사용하는 경우도 빈번하다.

리더십 학자들의 경우, 아예 효과성 측정 도구를 사용하지 않는 경우도 많다. 예를 들어, 펜실베이니아 주립대 와튼 스쿨(the Wharton School of the University of Pennsylvania)의 로버트 하우스(Robert J. House) 교수는 1971년 발표한 연구에서 팔로워가 느끼는 역할 모호성 감소 여부, 동기 부여, 만족도 및 성과에 미친 영향 등을 종합하여 리더 행동의 효과성을 평가했다. 따라서 리더십 평가에 대한 전문적인 역량을 갖추지 못한 경우, 어떤 도구를 선택해야 할지 고민이 많아질 수밖에 없다. 물론 현실적으로 트렌드에 민감한 국내 HR 업무 특성상 한 가지 도구를 꾸준히 사용하기도 쉽지 않다.

두 번째 이유는 성과 관리 지표, 조직 관리 지표, 그리고 리더 역량 지표의 측정 목적 및 활용 방법이 서로 다르다는 점이다. 대부분의 조직은 크게 두 가지 목적으로 리더십 평가를 수행한다. 첫째는 리더의 선발 및 해임 등 인사적 조치를 단행하기 위함이다. 이러한 목적의 리더십 평가는 리더 개인 또는 팀의 KPI 달성 여부와 같은 정량적 지표를 주로 활용한다.

두 번째 목적은 이미 선발된 리더가 더 나은 리더로 성장하도록 지원하는 것이다. 이는 주로 온보딩 이후 신임 리더의 안정적인 정착을 위한 지원 방안, 부족한 역량 개발, 또는 향후 상위 리더 포지션으로의 성장을 견인하기 위한 코칭 등 개발 프로그램에 필요한 정보를 제공하는 진단에 초점을 맞춘다. 이때는 360도 피드백(혹은 다면평가), 디레일먼트 평가와 같은 자기 진단형 리더십 역량 평가 방식이 주로 활용된다.

이처럼 측정 지표에 따라 활용 목적이 다른 것 자체는 큰 문제가 아닐 수 있지만, 많은 경우 이러한 차이점이 결국 리더십 평가를 형식적인 활동으로 귀결시키곤 한다. 리더십 평가 결과가 인사와 개발에 적절히 사용된다면 문제될 것이 없다. 예를 들어, 아무리 리더십 역량 평가 결과가 좋다 해도 팀의 성과가 낮거나 목표 달성이 지지부진하다면 리더 자리에서 물러나야 한다. 반대로, 아무리 성과가 좋다 하더라도 그 성과가 비인격적인 감독 행위로 인한 것이라면, 장기적으로 조직에 부정적인 영향을 줄 수 있는 리더십이므로, 리더십 개발이나 교체를 염두에 두어야 한다.

문제는 리더십 역량도 좋고 성과도 훌륭함에도 인사권자의 마음에 들지 않거나, 조직 내 정치적인 이유로 리더의 자리에서 물러나는 경우이다. 이런 상황에서는 보통 리더십 역량 평가의 특정 항목 결과를 빌미로 삼는 경우가 많다. 실제로 우리가 만난 한 기업의 인사 담당자는 리더십 역량 평가를 임원이나 팀장들의 '목줄을 쥐기 위한 장치'라고 폄하하기까지 했다. 공정한 평가를 통한 성장과 동기 부여보다는, 인사 조치를 위한 구실을 마련하는 데 쓰인다는 비판인 셈이다. 그는 "임원을 자르기 위한 핑계는 백 개도 넘는다. 사소한 것 하나로도 얼마든지 해임이 가능하다. 평가가 어떻든, 중요한 것은 인사권을 쥔 사람의 의중에 달려있다"고 일갈한다. 이처럼 리더십 효과성 평가가 요식행위에 그치고 그 결과의 활용 또한 체계적이지 못하다면, 리더십 평가는 부질없이 조직의 시간과 자원을 소모하는 비생산적인 루틴의 일부가 될 뿐이다.

마지막으로, 리더십 효과성 평가 결과에 영향을 미치는 숨겨진 요인들이 있다는 점이다. 이는 리더십 평가가 결국 구성원들의 주관적인 견해를 묻는 데서 비롯되는 한계점으로, 개인의 선호와 평가를 완전히 분리하기 어렵다. 사적인 감정으로 리더십 평가에 임하는 구성원이 많다는 점을 지적하는 것이 아니다 (물론 그런 경우가 없지는 않다). 여기서 말하는 '개인의 선호도'는 보다 근본적인 것으로, 바로 리더-팔로워 프로토타입 이론과 관련된 것이며, 이 부분은 이 장의 후반부에서 더욱 자세히 다룰 예정이다.

이처럼 리더십 효과성을 평가하는 데는 여러 한계점이 존재한다. 하지만 그렇다고 해서 리더십을 평가하지 않을 수도 없는 노릇이다. 존재하는 거의 모든 기업은 효과적으로 리더십을 진단 및 평가하고, 이를 리더십 개발 및 승계 계획 등에 적극적으로 반영하고자 많은 노력을 기울이고 있다. 그렇다면 리더십 평가를 제대로 수행하기 위해서는 어떻게 해야 할까? 무엇보다 먼저, 어떤 평가 도구들이 존재하는지 파악하는 것이 필요할 것이다.

2) 리더십 효과성과 리더 효과성

리더십 효과성의 정량적 판단에 있어서 성과, 즉 리더 개인 및 그가 담당하는 조직(팀, 사업부 등)의 핵심성과지표(KPI) 달성 여부에 따라 평가하는 것이 '비교적' 타당하고 신뢰로운 방법이다. 여기서 '비교적'이라는 단서는 성과라는 것이 조직이 처한 상황이나 경영 환경에 따라 항상 동일한 목표가 주어지지 않으므로, 절대적인 수준의 성과 기준을 일률적으로 적용할 수 없다는 점을 내포한다.

또한 리더의 계층에 따라 관리해야 할 성과 지표는 달라진다. 최고위층 임원(executives)의 경우, 전사적 차원의 매출, 영업 이익은 물론 주가 등 관리해야 할 재무 지표와 목표 달성 관련 지표가 방대할 것이다. 반면, 중간 관리자인 팀장급이라면 팀의 KPI 달성 여부 및 이와 연동된 개인 KPI 정도에 집중할 것이다. 사실 중간 관리자의 범위는 영업점의 매니저부터 지역을 담당하는 지점장, 그리고 조직 구조에 따라 부문장, 센터장 등 평사원부터 최고위층 리더 사이의 모든 리더 수준을 아우른다. 여기에 해외 법인장과 같은 특수한 포지션을 고려한다면 리더의 정량적 성과 지표 또한 그만큼 다양할 수밖에 없다. 그럼에도 불구하고 성과 지표라는 개념 자체는 조직 내에서 절대적인 기준으로 활용되며, 목표를 달성하고 성과를 창출하는 것은 리더 및 모든 구성원의 가장 큰 덕목이자 의무라 할 수 있다. 무엇보다 리더십 평가에 해당 리더가 담당하는 조직의 성과가 반영되어야 한다는 데는 이견이 있을 수 없다. 바로 이러한 점에서 성과 지표는 리더십 평가의 요소로 타당하게 받아들여진다.

여기서 잠시 리더십의 프로세스 정의로 다시 돌아가 보자. 리더십 프로세스 모델은 리더와 팔로워의 상호작용을 통해 리더십이 구성되고 이를 통해 성과를 달성할 수 있음을 설명한다. 그렇다면 리더십 평가 역시, 리더와 팔로워, 그리고 성과 목표 달성 여부를 종합적으로 평가해야 한다. 그러나 많은 경영진과 HR 담당자들은 리더십 개발과 리더 개발을 혼용하듯 리더십 효과성과 리더 효과성 또한 명확히 구분하지 않는 경향이 있다.

앞서 언급했듯이, 리더십 효과성에서 성과는 논란의 여지가 없는 핵심 요소다. 그렇다면 리더십 효과성에서 목표 달성 및 성과 관리 부분을 제외하면 조직 관리와 리더 역량이 남는다. 우리는 리더십 개발과 리더 개발을 구분했던 것처럼, 여기서 조직 관리와 리더 역량을 '리더 효과성(Leader Effectiveness)'으로 분리하고자 한다.

여기서 리더 효과성은 리더의 업무 분장, 커뮤니케이션, 리더십 스타일, 동기 부여나 성과 관리 방식 등 리더 개인의 역량에 대한 팔로워들의 주관적인 인식을 나타낸다. 이렇게 리더십 효과성의 하위 요소로서 리더 효과성과 조직 성과를 구분함으로써, 리더십 평가의 활용에 있어 개념적인 구분이 가능해진다. 즉, 리더십 개발을 위한 진단과 평가는 리더 효과성을 중심으로 수행하고, 이후 승진이나 해임과 같은 인사 조치에는 성과를 포함한 리더십 효과성을 전체적으로 고려하는 것이다.

3) 리더 효과성 측정 방법과 도구

대부분의 조직에서 리더 효과성은 다면평가 혹은 360도 피드백(360-degree feedback)이라 불리는 방식을 사용한다. 이 방식은 기본적으로 평가 대상인 리더 본인의 자기 평가뿐 아니라, 동료, 상사, 팔로워, 나아가 고객까지도 평가에 참여시켜 리더를 둘러싼 주변의 다양한 관점을 반영하려는 의도를 가지고 있다.

360도 피드백은 리더가 자신의 리더십에 대한 종합적인 의견을 받아볼 수 있고, 리더 자신과 주변인들의 시각 차이를 파악할 수 있다는 장점이 있다. 또한 리더 스스로가 자신의 행동과 리더십 스킬에 대해 더 잘 이해하고 개선점을 파악하는 데 용이하다. 아울러 익명을 전제로 진행되기 때문에, 평가자들이 평가 대상자에게 솔직하고 가능한 한 도움이 되는 의견을 제공한다는 것을 전제하고 있다. 무엇보다 다양한 이해관계자의 의견을 종합함으로써 상대적으로 높은 평가 신뢰도와 타당도를 기대할 수 있다.

하지만 360도 피드백은 장점만큼이나 분명한 단점들을 가지고 있다. 대표적인 것이 리더의 자기 평가와 타인의 평가가 일치하지 않는 경우가 많다는 점이다. 대부분의 사람은 자신에게 관대한 경향이 있어, 스스로의 리더십을 과대평가하는 경우가 흔하다. 물론 반대로, 자신의 능력과 성과를 의심하는 '가면 증후군(Imposter Syndrome)'을 겪는 리더(특히 여성 리더에게서 더 자주 관찰된다)의 경우, 스스로의 리더십을 과소평가하기도 한다.

또한 여러 응답자로부터 평가를 받다 보니, 소요되는 시간과 자원의 소모가 크다는 단점도 있다. 실제로 이러한 이유로 골드만삭스(Goldman Sachs)와 구글(Google) 등 많은 글로벌 기업들은 지난 몇 년간 성과 평가에서 동료 평가 인원이나 반영 비중을 줄이거나 평가 횟수를 축소하는 등 평가 체계를 개선하고 있다.

무엇보다 앞서 지적했듯이, 주관성을 기반으로 한 측정 도구인 만큼 응답자의 편향이 여전히 존재할 수 있다는 점이다. 학술 연구를 포함하여 대부분의 리더 평가는 팔로워들을 포함하는 경우가 많다. 그러나 자신의 리더/팔로워 프로토타입과 맞지 않는 경우, 객관적인 평가보다는 리더나 팔로워 평가에 개인적인 감정이 섞일 가능성은 여전히 존재한다. 더군다나 360도 피드백은 이름에서 알 수 있듯이, 원래 개인의 성장을 위한 피드백 제공에 그 목적이 있다. 그럼에도 불구하고 현장에서는 이를 조직 관리를 위한 평가 도구 중 하나로 사용해 오고 있어, 종종 조직 내 갈등을 유발하는 원인으로 지적되기도 한다.

리더 효과성 평가 도구들은 보통 리더십 훈련 컨설턴트나 학자들에 의해 개발되는데, 리더의 역량과 조직 관리를 엄밀히 구분하기보다는 이를 뭉뚱그려 리더의 행동이나 리더십 스타일, 혹은 스킬이나 역량 등에 대해 묻는 방식을 취하고 있다.

리더 효과성 측정 도구는 크게 두 가지 방식으로 나뉜다. 첫 번째는 말 그대로 평가 대상인 리더가 얼마나 효과적인지를 직접적으로 묻는 방식이다. 이러한 유형의 도구로는 츠이(Tsui, 1984)가 관리자의 효과성을 측정하기 위해 사용한 '평판 기반 효과성(Reputational Effectiveness)' 척도가 있다. 이 도구는 팔로워가 인식하는 관리자의 리더십에 대해 묻는 세 가지 항목으로 구성되는데, 관리자의 업무 수행에 대한 전반적인 만족도, 관리자의 역할과 책임이 팔로워의 기대와 일치하는지 여부, 그리고 가능하다면 관리자의 업무 수행 방식을 변화시킬 것인지를 질문한다. 그러나 이러한 설문지는 리더의 행동에 대한 전반적인 인상을 간략하게 묻기 때문에 사회 과학 연구에서는 유용하지만, 실제 업무 현장에서 리더를 심층적으로 평가하기에는 한계가 있다.

이에 대한 대안으로, 현장에서 주로 활용되는 두 번째 방식은 리더의 전반적인 역량이 아닌, 특정 역량이나 행동에 대해 비교적 자세히 묻고 그 결과를 취합하여 전반적인 평가를 내리는 방식이다. 이렇게 특정한 리더의 스타일이나 행동에 대해 묻는 방식 또한 크게 두 가지 선택지로 나뉜다. 첫째는 리더 역량 또는 효과성을 진단하는 도구들이고, 둘째는 리더가 얼마나 효과적이지 않은지, 즉 탈락 가능성을 가늠하기 위한 도구들이다. 이러한 360도 평가 도구들은 매우 다양하여 여기에서 전부 다루기는 어렵지만, 몇 가지 대표적인 도구들을 간략하게 소개하고자 한다.

우선, 리더십 분야의 고전이자 베스트셀러 중 하나인 『리더십 챌린지(The Leadership Challenge)』를 통해 널리 알려진 Leadership Practices Inventory(LPI)가 있다. LPI는 리더의 행동과 리더십 스타일을 평가하는 도구로, 산타클라라 대학교(Santa Clara University)의 제임스 쿠제스(James M. Kouzes)와 배리 포즈너(Barry Z. Posner) 교수에 의해 개발되었다. 이 도구는 '모범을 보인다(Model the Way)', '공유된 비전을 고취한다(Inspire a Shared Vision)', '프로세스를 개선한다(Challenge the Process)', '다른 사람들을 행동할 수 있게 한다(Enable Others to Act)', '마음을 격려한다(Encourage the Heart)'로 구성된 리더의 행동을 평가하는 다섯 가지 문항들로 이루어져 있다.

다음으로, 변혁적리더십 이론가인 버나드 배스(Bernard M. Bass)와 브루스 아볼리오(Bruce J. Avolio)에 의해 개발된 Multifactor Leadership Questionnaire(MLQ)가 있다. MLQ는 변혁적 리더십(Transformational Leadership)과 그 대칭점에 있는 거래적 리더십(Transactional Leadership), 그리고 회피 및 수동적 행동(Passive/Avoidant Behavior), 마지막으로 리더십의 결과(Outcomes of Leadership)를 측정하기 위한 45개의 문항으로 이루어져 있다.

한편, 리더십 연구, 교육 및 컨설팅 분야에서 세계적으로 명성이 높은 기관인 CCL역시 다양한 리더 효과성 진단 도구를 제시하고 있다. 먼저, 리더가 조직 내에서 얼마나 효과적인 리더십을 발휘하고 있는가를 진단하는 Benchmarks®는 적응력, 변화 및 갈등관리 등 16가지 핵심 리더십 역량을 측정한다. 주로 고위 임원들의 리더십 역량을 평가하는 데 사용되는 Executive Dimensions®의 경우, 전략적 리더십, 의사결정 능력, 혁신적 사고 등의 역량을 중점적으로 측정하며, Skillscope®과 같은 도구의 경우는 98개의 구체적인 리더십 행동을 기반으로 리더의 행동을 어떻게 개선할 수 있는지에 대해 피드백을 제공한다.

마지막으로, Leadership Versatility Index(LVI) 가 있다. LVI는 리더십 컨설턴트인 로버트 카플란(Robert E. Kaplan)과 로버트 카이저(Robert B. Kaiser)에 의해 개발

된 도구로, '다재다능함(Versatility)'이란 이름처럼 리더의 다양한 역량과 행동을 측정하여 다양한 상황에서 어떻게 리더십을 발휘하는지를 진단하는 도구이다. 이 도구는 리더의 행동을 '강압적(Forceful)/지원적(Enabling)', '전략적(Strategic)/운영적(Operational)'의 네 가지 측면에서 측정하는데, 흥미로운 점은 점수가 높다고 무조건 긍정적이지 않다는 것이다. 양의 점수(+)는 '과도한 행동(Overdoing)'을, 음의 점수(-)는 '지나치게 소극적인 행동(Underdoing)'을 의미하며, 0점이 '가장 이상적이고 균형 잡힌 행동'으로 간주된다.

이러한 역량 진단 도구들과는 대조적으로, 9장에서 언급했던 바와 같이 리더의 탈선(derailment)에 영향을 미칠 수 있는 잠재적 위험을 식별하고 탈락 가능성을 진단하기 위한 도구, 즉 디레일먼트 진단 도구도 존재한다. 디레일먼트 진단은 주로 리더십 코칭에서 활용되는 **호건 진단**(Hogan Development Survey, HDS) 등을 활용한다. 호건 진단은 스트레스와 성과 압박이 높은 상황에서 리더가 보일 수 있는 부정적 행동 패턴이나 성격적 특성(예컨대 지나친 자기 과신, 대인 관계에서의 문제, 변화에 대한 저항 등)을 진단하고 분석하며, 이를 통해 리더의 실패 가능성을 판단하거나 개입 방안을 모색하기 위해 실시된다.

외부 컨설팅 업체의 도구를 활용하는 것은 분명한 이점을 제공한다. 첫째, 풍부한 경험을 지닌 외부 전문가를 통해 효율적이고 효과적인 진단 및 평가가 가능하다는 점이다. 둘째, 이들 업체가 다수의 기업 리더십 진단을 수행하는 만큼, 타사 기밀을 침해하지 않는 범위 내에서 우리 조직 리더들의 수준을 업계 평균과 비교하여 가늠해 볼 수 있다는 점도 강점이다.

그러나 이러한 외부 업체 도구 활용에는 명확한 단점 또한 존재한다. 주로 사전에 제작된 정형화된 도구를 사용하기 때문에 특정 조직의 리더십 특성에 맞춰 도구를 유연하게 맞춤화하기 어렵다. 또한 대상 조직의 리더십 특성이나 조직 문화를 깊이 있게 파악하는 데 한계가 있어, 리더 효과성 평가 결과에 대한 해석이 피상적인 수준에 머무를 수 있다. 무엇보다 리더 및 성과 등에 관한 정보는 기업 경쟁력과 직결되는 중요한 기밀인 경우가 많아, 리더 효과성을 넘어선 리더십 효과성 전반에 대한 평가를 외부 업체에 맡기는 것은 어려운 측면이 있다.

바로 이러한 한계점 때문에 일부 조직에서는 자체 개발한 리더(십) 진단 및 평가 도구를 사용하기도 한다. 하지만 리더십 또는 측정 및 평가 관련 전문가 없이 제작된 도구를 사용하는 경우가 많아, 해당 도구의 타당도와 신뢰도가 높지 않다. 많은 경우, 외부 업체의 도구와 큰 차이를 보이지 않는다는 점도 문제다. 따라서 조직 내에 충분한 전문가를 확보하지 못한 경우라면, 새로운 도구를 무리하게 개발하기보다는 기존의 도구를 활용하되, 경영진의 의사 결정 및 조직의 상황을 고려하여 평가에 반영하는 측정 지표의 가중치를 조정하는 방식을 택하는 것이 보다 현실적인 대안이 될 수 있다.

3 리더십 효과성에 영향을 미치는 요인들: 리더 집단 전형성(Leader-group Prototypicality)과 리더 지지(Leader Endorsement)

지금까지 리더십 평가를 위해 리더십 효과성과 리더 효과성의 개념 및 측정 도구들에 대해 살펴보았다. 그러나 보다 타당하고 신뢰할 수 있는 리더십 평가를 위해서는 단순히 효과성의 개념적 이해와 측정 도구를 갖추는 것만으로는 충분하지 않다.

앞서 언급한 리더 효과성 평가 도구들은 기본적으로 360도 피드백, 즉 다면평가 방식을 채택하고 있으며, 예외 없이 리더의 행동이나 스타일에 대한 주관적인 의견을 묻는 방식을 취하고 있다. 사회 과학 연구에서 사용하는 대부분의 측정 도구들이 이러한 방식을 취하고 있는데, 이는 필연적으로 주관성의 개입을 배제할 수 없다는 문제를 야기한다. 사회 과학 연구에서는 다수의 응답자 평균값에 기반한 통계량을 활용하지만, 실무에서의 리더십 평가는 상대적으로 소수의 인원(예컨대 팀원들)에게 1명의 리더에 대한 의견을 구한다. 또한 익명으로 이루어진다 하더라도, 결국 소속된 조직의 구성원이기 때문에 이를 무시할 수도 없다. 무엇보다 사회 과학 연구에서의 **이상치**(outlier, 일반적인 관측 값에서 벗어난 매우 크거나 작은 값)는 통계 기법을 통해 제거할 수 있지만, 리더십 평가에서의 이상치는 무시하거나 없앨 수 없다. 특히 리더에 대해 매우 부정적인 의견을 표출하는 직원의 경우, 향후 근태에 문제가 생기거나 이직 또는 퇴사 등 조직을 이탈할 가능성이 높기 때문에, 필요한 직원이라면 반드시 조직 관리 차원에서 파악하고 조치를 취해야 할 필요가 있다.

그렇다면 리더 효과성 평가에 영향을 미치는 요인들은 무엇일까? 먼저 리더가 기본적인 역량을 갖추고 있는지, 그리고 정당한 방법으로 리더의 자리에 올랐는지 등, 리더의 자격에 대한 믿음이 전제되어야 할 것이다. 그러나 여기서 우리가 강조하고자 하는 것은 이러한 상식적이고 기본적인 부분이 아니다. 그보다는 9장의 리더십 프로세스와도 관련된 더욱 근본적인 부분에 대한 이야기로, 리더 효과성에 영향을 미치는 '리더 집단 전형성(Leader-group Prototypicality)'과 '리더 지지(Leader Endorsement)'가 그것이다.

1) 리더 집단 전형성(Leader-group Prototypicality)

9장의 말미에서 언급했듯이, 어떤 리더든 선호하는 팔로워가 있기 마련이고, 팔로워 역시 자신이 더 따르고 싶은 리더 스타일이 있기 마련이다. 이러한 성향으로 인해 조직 내에서 소위 '누구 라인' 또는 비공식적인 이너서클과 같은 파벌이나 조직 정치가 빈번하게 발생할 수 있다. 당연히 이런 상황에서는 특정 리더나 집단에 의해 배척받거나 소외되는 사람들도 생겨난다. 사실, 이러한 주장은 단순히 기우에 그치는 것이 아니라 거의 모든 조직에서 매일 일상적으로 일어나고 있는 현상이다.

이러한 현상이 발생하는 데는 여러 요인이 있을 수 있지만, 근본적으로는 개인마다 선호하는 리더-팔로워 프로토타입이 다르기 때문이다. 예를 들어, 카리스마적인 리더를 선호하는 팔로워의 경우, 강력하게 비전을 제시하지 않고 팔로워의 의견을 더 많이 들으려는 리더를 우유부단하고 결단력이 없다고 인식할 수 있다. 반대로 권위주의적인 리더는 적극적으로 의견을 개진하는 팔로워를 못마땅하게 여길 수 있는 것이다.

그렇다면 어떻게 해야 할까? 나의 리더가 가진 팔로워 프로토타입에 내가 부합하지 않는다면? '절이 싫으면 중이 떠나듯' 조직을 떠나야 하는가? 혹은 리더로서 내가 가진 팔로워 프로토타입에 맞지 않는 구성원을 어떻게 대해야 하는가? 등은 리더-팔로워 관계에서 매우 중요한 질문일 수밖에 없다.

이렇듯 리더-팔로워 프로토타입이 서로 맞지 않는 경우, 리더십 형성이 순조롭게 진행될 리 만무하다. 그러나 리더와 팔로워, 특히 팔로워 개인이 가지고 있는 리더 프로토타입보다 더 중요하고 크게 영향을 미치는 것이 있는데, 이것이 바로 '리더 집단 전형성(Leader-group Prototypicality)'이다.

리더십 프로토타입 관련 연구의 선구자인 마이클 플래토우(Michael J. Platow)와 단 반 니펜버그(Daan van Knippenberg)는 사회정체성이론을 리더십 영역으로 확장하여 리더 집단 전형성 개념을 주장했다. 이는 리더가 집단의 정체성을 얼마나 잘 대표하고, 그 집단의 핵심 가치, 규범, 특성을 얼마나 잘 구현하는지를 의미하는 개념으로 정의된다. 이들은 리더가 집단 내 구성원들에게 얼마나 '전형적인 인물'로 인식되는지에 따라 리더 지지와 효과성 등에 중요한 영향을 미친다고 주장한다. 리더 집단 전형성은 한마디로, 그 집단의 정체성과 가장 닮은 사람, 우리 집단을 대표할 만한(직급이나 직책으로서의 대표가 아닌) 사람에게 부여되는 이미지인 것이다.

기본적으로 팔로워들은 상사가 집단의 전형성과 부합하는 동시에 자신의 리더 프로토타입과도 일치할 때, 해당 리더를 신뢰하고 따르는 경향을 보인다. 그러나 여기서 주목할 점은 리더 집단 전형성이 개별 팔로워의 프로토타입보다 더욱 강력한 영향력을 발휘한다는 사실이다. 따라서 조직의 전형적인 특성을 잘 대표하는 상사라면, 설령 개인적인 리더 프로토타입과 직접적으로 일치하지 않더라도 팔로워들이 이를 수용하고 따를 가능성이 훨씬 높아진다.

리더 집단 전형성이 리더의 선발이나 평가에 미치는 영향은 다양한 사례를 통해 쉽게 관찰할 수 있다. 예를 들어, 특정 조직이 남성 중심적인 문화를 지니고 있고, 해당 업종이나 업무 방식 또한 남성성을 강조하는 경우(예. 군대나 건설업 등), 이러한 환경에서 여성 리더는 대개 전형적인 리더로 인식되기 어렵다. 그 결과 리더로서의 정당성을 인정받는 데 난항을 겪는다. 반대로 뷰티 산업, 교육, 마케팅과 같은 분야에서는 여성 리더들이 활발히 활동하는 모습을 흔히 볼 수 있다. 민족성, 인종, 연령 또한 유사한 양상을 보인다. 서구권에서는 유색인종이 리더가 되는 경우가 드물며, 어린 나이의 리더는 문화권을 불문하고 리더로서의 전형성을 갖춘 것으로 인식되기 어려운 경향이 있다(실제로 많은 나라가 대통령 출마를 위한 최소 연령을 자격요건으로 두고 있다).

이와 관련하여 듀크 대학교(Duke University)의 애슐리 로젯(Ashleigh S. Rosette) 교수와 토론토 대학(University of Toronto)의 제프리 레오나르델리(Geoffrey J. Leonardelli)교수가 2008년 발표한 연구는 매우 흥미로운 시사점을 제공한다. 이 연구는 백인이 리더십의 프로토타입에 속하며, 리더십 프로토타입과의 적합성(즉, 백인이라는 점)이 리더 효과성 평가에 영향을 미친다는 것을 확인했다. 나아가 최고경영자(CEO)의 성공 또는 실패에 관한 신문 기사를 분석한 결과, 흑인 CEO보다 백인 CEO의 승계 후 리더십 효과성과 리더십 잠재력에 대한 평가가 더 높았음을 밝혔다. 이러한 연구 결과들은 리더 프로토타입이 상황에 따라 변화한다는 상당한 증거를 지속적으로 제시해 왔다.

한 가지 명심할 점은, 리더 집단 전형성이 인종이나 성별에 따른 차별과는 다르다는 사실이다. 이는 혐오에 기반한 차별적 개념이 아니라, 개인의 경험과 교육 등으로 형성된 리더의 이미지와 역할, 그리고 조직이 지향하는 방향 등에 의해 형성된 '인지 구조(Cognitive Structure)'로 볼 수 있다. 사회 정체성 이론 관점에서, '집단 동일시(Group Identification)'가 높으면 그룹 구성원과 리더는 동일하게 '포괄적인(Overarching)' 프로토타입을 적용받게 되며, 이는 개인의 리더-팔로워 프로토타입에 영향을 미친다. 따라서, 개인적으로 '리더는 남성'이라는 프로토타입을 가진 팔로워라 할지라도, 조직을 대표하는 프로토타입이 '여성성'을 표방한다면, 여성 리더나 여성성을 가진 남성 리더를 받아들일 수 있다는 것이다.

리더 집단 전형성은 리더십 개발과 평가에서 리더-팔로워 프로세스의 중심이 되는 중요한 개념이다. 안타깝게도 리더 집단 전형성을 측정하기 위한 객관적인 지표는 존재하지 않는다. 플래토우(Platow)와 반 니펜버그(van Knippenberg)가 사용한 도구 역시 구성원의 주관적 판단을 묻는 문항으로 구성되어 있다(예. 이 리더는 우리 집단의 가치를 잘 반영한다고 생각한다, 이 리더는 우리 그룹의 전형적인 특성을 가지고 있다고 느낀다 등). 이는 어쩌면 당연한 결과다. 각 집단마다 표방하는 리더 집단 전형성이 다르고, 이를 구성원이 인식하는 정도 또한 다르므로, 아직은 현실적으로 이 이상의 측정 방법이 존재하기는 어렵다.

그럼에도 리더 집단 전형성은 공식적인 리더뿐만 아니라 모든 그룹 구성원 간의 리더십 공유 및 리더십 개발을 촉진하는 데 도움을 준다. 특히 리더 지지 및 효과성에 영향을 미치기 때문에 리더십을 개발하고자 하는 연구자와 실무자 모두가 반드시 염두에 두어야 할 핵심 요소다.

2) 리더 지지(Leader Endorsement), 리더 집단 전형성 및 리더 효과성

리더 집단 전형성과 더불어 리더 효과성 평가에 영향을 미치는 또 다른 중요요한 요인은 바로 '리더 지지(Leader Endorsement)'다. 리더 지지는 리더가 조직을 얼마나 잘 이끌고 있는지 리더의 행동이나 결과에 대한 긍정적인 평가로서, 팔로워들이 리더를 얼마나 신뢰하고 지지하는지를 측정하는 척도이다. 다시 말해, 리더가 팔로워들로부터 받는 지지와 승인을 의미한다. 무엇보다 리더 지지는 리더가 실패했을 경우에도 팔로워들이 그를 계속해서 지지할 수 있는 정도를 나타낸다. 즉, 팔로워들의 지지를 받는 리더는 단기적으로 성과를 내지 못하거나 목표 달성에 실패했다 하더라도, 팔로워들의 지지를 기반으로 추가적인 기회를 얻을 수 있는 것이다. 따라서 리더 지지를 측정하는 도구는 팔로워들에게 해당 리더의 정당성, 리더십 스타일, 리더의 재신임 여부, 그리고 리더의 결정에 대한 신뢰를 묻는 문항으로 구성된다.

당연하게도 리더 지지는 기본적으로 리더 효과성에 영향을 미친다. 그런데 여기서 흥미로운 것은 리더 집단 전형성과의 관계이다. 일반적으로 리더가 높은 리더 집단 전형성을 보일 경우, 즉 리더가 조직이나 팀의 정체성을 잘 대표할 때, 팔로워들은 그 리더를 더 많이 지지하는 경향이 있다. 특히 플래토우(Platow)와 반 니펜버그(van Knippenberg)의 연구는 전형적인 리더가 목표 달성 실패 후에도 팔로워들로부터 더 많은 지지를 받을 가능성이 높다고 주장한다.

다만, 이는 목표가 이상적이거나 매우 높은 수준인 경우에 해당된다. 이러한 상황에서는 리더가 실패하더라도 더 많은 지지와 격려를 받을 수 있다. 그러나 최소한의 목표치에도 도달하지 못한 경우에는 아무리 전형적인 리더라 할지라도 리더의 지지가 철회되고 부정적인 평가를 얻게 된다. 물론 비전형적인 리더의 경우, 실패에 대해 더 가혹하게 평가될 확률이 높다(남성 또는 여성 기업가나 정치가의 부정에 대한 사회의 평가를 상기해 보라).

또한 플래토우와 반 니펜버그는 분배 공정성이 리더 지지에 미치는 영향 또한 연구하였다. 이들은 리더가 자원을 구성원들에게 얼마나 공정하게 분배하는가에 따라 팔로워들이 리더를 지지하거나 지지를 철회할 수 있음을 밝혔다. 특히, 팔로워들이 조직 동일시(개인이 특정 조직의 구성원으로서 자신을 얼마나 동일시하는지의 여부), 즉 구성원이 조직의 목표, 가치 및 문화를 자신과 동일하게 받아들이는 정도에 따라 리더 지지가 달라졌다. 분배 공정성이 높은 리더는 조직 동일시 수준이 낮은 팔로워들에게서 더 많은 지지를 받았다. 쉽게 말해, 애사심이 낮은 직원들은 공정한 분배를 통한 보상이나 자원 획득 여부에 더 많은 관심을 가지며, 그렇기에 공정한 리더를 선호한다는 것이다

그렇다면 리더 전형성은 공정성과 어떤 관계가 있을까? 전형적이지 않은 리더, 즉 그룹을 덜 대표하는 리더의 경우, 자원을 자신이 속한 내집단에게 더 많이 분배할 때 더 강한 지지를 받았다. 반면, 조직에 대한 동일시가 높은 구성원들에게는 공정성뿐만 아니라 리더의 전형성도 중요한 요소로 작용했는데, 흥미롭게도 전형적인 리더는 분배 방식과 상관없이 강한 지지를 받는 경향이 있다는 것이다.

이 밖에도, (당연하지만) 리더가 이끄는 그룹이 목표 달성에 성공하거나 고성과를 낸 경우 리더에 대한 지지가 더 높아지며, 조직 내 다른 멤버들이 리더를 지지하는지 여부가 리더 지지에 있어 중요한 요인이 된다. 또한 상황적인 요인으로, 리더가 조직에서 해임될 수 있는 위험이 높을수록 리더에 대한 지지는 낮아진다.

리더십 평가는 리더십 개발의 마지막 단계이자, 다음 단계로 나아가기 위한 새로운 시작점이기에 매우 중요하다. 리더들은 항상 평가에 노출되어 있으며, 이러한 평가는 그 자체로 부담스러울 뿐만 아니라 팔로워들의 주관적인 의견을 바탕으로 한다는 점에서 리더에게 많은 고민을 안겨준다. 그럼에도 불구하고, 조직의 미래를 짊어질 리더들의 리더십에 대한 평가를 포기할 수는 없다.

이번 장에서는 효과적인 리더십 평가를 위한 핵심 개념인 리더십 효과성, 리더 효과성, 그리고 다양한 측정 도구들을 정리했다. 또한 리더 효과성에 영향을 미칠

수 있는 리더 집단 전형성과 리더 지지 등 평가의 근간을 이루는 이론들도 소개했다. 단순히 특정한 유형의 리더십이나 외부 업체에서 제시하는 역량 모델을 맹목적으로 따르기보다는, 우리 조직에 맞는 자생적 리더십을 확보하고 개발하며 제대로 평가하기 위해서는 이러한 모든 요소들을 정확하게 이해하고 면밀히 검토해야 한다. 무엇보다 리더십 평가에서도 다시 한번 강조되는 것은 리더 개인의 역량보다 리더-팔로워 간의 신뢰를 바탕으로 한 상호작용이 가장 중요하다는 점이다.

참고문헌

1. Bass, B & Avolio, B. (2004). *Multifactor Leadership Questionnaire Manual* (Third ed.). Menlo Park, CA: Mind Garden, Inc.
2. Fiedler, F. E. (1964). A Contingency Model of Leadership Effectiveness. *Advances in Experimental Social Psychology, 1*, 149-190.
3. Georgopoulos, B. S., & Tannenbaum, A. S. (1957). A study of organizational effectiveness. *American Sociological Review, 22*(5), 534-540.
4. House, R. J. (1971). A path goal theory of leader effectiveness. *Administrative science quarterly*, 321-339.
5. Kouzes, J. M., & Posner, B. Z. (2006). *The leadership challenge* (Vol. 4). John Wiley & Sons.
6. Aitchison, J. (2004). *Words in the mind: An introduction to the mental Lexicon* (4th ed.), Basil Blackwell Publishers.
7. DeRue, S., & Ashford, S. (2010). Who will lead and who will follow? A social process of leadership identity construction in organizations. *Academy of Management Review, 35*(4), 627-647.
8. Leslie, J. B., & Van Velsor, E. (1996). A *look at derailment today: North America and Europe*. Center for Creative Leadership.
9. Rosette, A. S., Leonardelli, G. J., & Phillips, K. W. (2008). The White standard: racial bias in leader categorization. *Journal of applied psychology, 93*(4), 758.
10. Rush, M. C., & Russell, J. E. (1988). Leader prototypes and prototype-contingent consensus in leader behavior descriptions. *Journal of Experimental Social Psychology, 24*(1), 88-104.
11. Pfeffer, J. (1981). Management as symbolic action: the creation and maintenance of organizational paradigm. *Research in Organizational Behavior, 3*, 1-52.
12. Platow, M. J., & Van Knippenberg, D. (2001). A social identity analysis of leadership endorsement: The effects of leader ingroup prototypicality and distributive intergroup fairness. *Personality and Social Psychology Bulletin, 27*(11), 1508-1519.
13. Tsui, A. S. (1984). A role-set analysis of managerial reputation. *Organizational Behavior and Human Performance, 34*, 64-96.
14. Uhl-Bien, M., Riggio, R. E., Lowe, K. B., & Carsten, M. K. (2014). Followership theory: A review and research agenda. *The Leadership Quarterly, 25*(1), 83-104.

CHAPTER

11

요약 및 리더십 개발을 위한 제언

1. 리더십 개발 프로세스 모형

CHAPTER 11

요약 및 리더십 개발을 위한 제언

지금까지 우리는 리더십 개발과 관련된 전반적인 내용을 심도 깊게 다루어 왔다. 물론 본서에서 다루는 내용이 리더십 개발의 모든 측면을 포괄한다고 할 수는 없다. 리더십 개발을 위한 접근법은 무수히 많으며, 이 책에서 제시하는 내용은 그 중 극히 일부만을 제시하고 있다. 그럼에도 본서가 담고 있는 내용은 기존의 리더십 개발에 대한 실천적 관행들과 궤를 달리한다. 무엇보다, 본서의 주요 접근법은 리더십 개발과 관련하여 학계에 축적되어 왔으며 현재도 진행 중인 수많은 사회과학적 연구들을 기반으로 한 증거 기반(Evidence-based)의 지향점을 가진다는 점에서 그 의의를 찾을 수 있다. 즉, 이 책에서 제시하는 리더십 개발 접근법은 리더십 현상을 이해하고, 설명하며, 예측하고, 궁극적으로 개선하기 위해 과학적인 방법론과 엄격하고 실증적인(empirical) 연구에 의해 규명된 이른바 '리더십 과학(Leadership Science)'을 통해 리더십 개발에 다가가고자 하는 노력의 일환으로 규정할 수 있다.

이러한 관점에서 우리는 20세기 초부터 오늘날에 이르기까지 수행된 리더십 및 리더십 개발 관련 연구와 그 주요 쟁점들을 정리하였다. 마지막으로, 리더십 개발에 관한 본서의 마지막 장인 11장에서는 전체적인 내용을 다시 한번 되짚어 보고, 이를 기반으로 현장의 경영진 및 HR 실천가들이 리더십 개발을 위해 명심해야 할 몇 가지 실천 원리를 제언하고자 한다.

1 리더십 개발 프로세스 모형

우리는 리더십에 대한 수많은 정의 가운데 현재 학계에서 가장 유효하고 타당한 것으로 인정받는 리더십의 프로세스 정의를 근간으로 삼아, 그간 축적된 리더십 개발 관련 연구들을 체계적으로 정리하고 논의하였다. 이처럼 프로세스 기반의 리더십 개발 이론과 과정을 총체적으로 망라하여 도식화한 모형은 그림 11-1에 제시되어 있다.

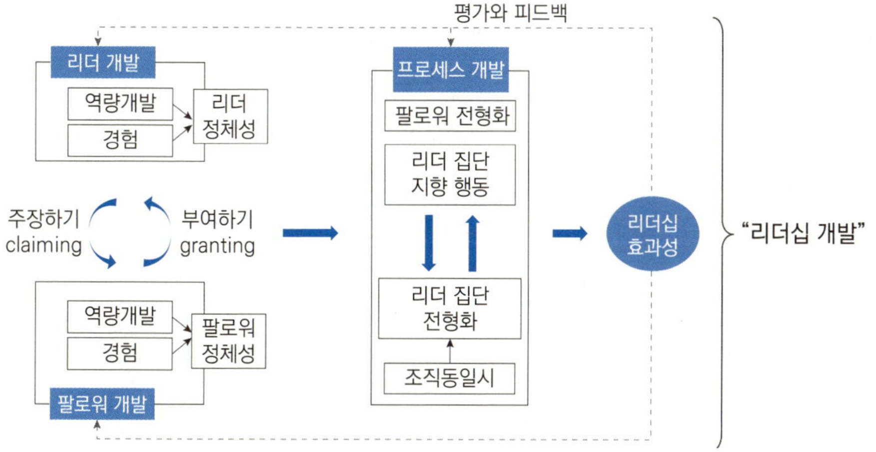

그림 11-1 리더십 개발 프로세스 모형

리더십 개발 프로세스 모형은 앞서 2장에서 제시되었던 초기 모형을 각 장에서 다루었던 심층적인 내용들을 토대로 더욱 정교화한 결과물이다. 본 모형은 리더십의 프로세스 정의에 확고히 기반하고 있으며, 이 정의는 학자들마다 미세한 관점의 차이는 존재하나, 공통적으로 리더십을 '공동의 목표 달성을 지향하는 리더와 팔로워 간의 역동적 상호작용 프로세스'로 규정한다.

이러한 정의는 다음과 같은 간결한 공식으로 집약될 수 있다.

f(리더십) = 리딩(Leading) X 팔로잉(Following)

그러나 앞서 언급했듯, 이 간단한 공식이 내포하고 있는 리더십 형성의 본질적인 관계는 리더십 개발 실무 현장에서 오랫동안 간과되어 왔다. 전통적인 리더십 개발은 주로 리더 개인에게 초점을 맞추어 진행되었으며, 팔로워들은 리더의 영향력을 수동적으로 수용하는 객체로 인식되는 경향이 지배적이었다. 하지만 울-비엔과 필라이(Pillai)가 명료하게 지적했듯이, "리더십이 타인에게 적극적으로 영향을 미치는 행위라면, 팔로워십은 스스로 그 영향력을 수용하도록 허용하는 행위"이다. 이는 팔로워가 리더십의 핵심 구성 요소로서 리더와 동등한 위상을 지녀야 함을 역설한다. 따라서 리더십은 개인 간의 사회적이고 관계적인 상호작용 속에서 공동으로 창조되는 역동적인 과정으로 이해될 때 비로소 그 본연의 형태로 형성되고 온전히 발현될 수 있음을 깊이 인식해야 한다.

이러한 관점을 바탕으로, 본 리더십 개발 프로세스 모형은 크게 네 가지 핵심 요소로 구성된다. 리더 개발, 팔로워 개발, 프로세스 개발, 그리고 리더십 효과성. 이 모형이 제시하는 각 단계와 원리를 간략하게 요약 및 정리하면 다음과 같다.

1) 리더 개발

혹자는 리더십의 프로세스 정의와 관련하여 "리더와 팔로워가 동등한 위상을 지닌다면, '리더십 개발'이라는 용어 자체가 적절한가?" 하는 의문을 제기할 수 있다. 여기서 리더십 개발의 본질에 대해 한 가지 명확히 짚고 넘어가야 할 부분이 있다. 분명한 것은, 리더십 개발의 핵심은 여전히 리더에게 있다는 점이다(본서는 2장의 말미에서 리더 중심 관점을 견지한다는 입장을 이미 밝힌 바 있다). 물론 현대 리더십 이론에서 팔로워가 차지하는 비중은 점진적으로 증대되고 있으나, 그럼에도 불구하고 리더는 리더십 프로세스의 중추적 역할을 수행한다.

이를 한식에 비유하여 설명할 수 있다. 우리는 일상적인 안부 인사로 '식사하셨습니까?'와 같은 표현을 사용하는데, 이는 단순히 주식(主食)인 밥의 섭취 여부를 넘어 안녕을 확인하는 의미를 내포한다. 이때 식탁에 다양한 반찬이 차려져 있더라도, 우리는 통상적으로 '밥을 먹었다'고 지칭하며, 밥과 반찬을 개별적으로 나열하여 식사를 표현하는 경우는 드물다. 이는 밥이 그 자체로 특별한 맛을 지니기보다는, 다양한 반찬과의 조화를 통해 전체 식사의 풍미를 극대화하고, 개별 반찬의 맛을 조절하여 최적의 미각 경험을 제공하는 중심적 역할을 수행하기 때문이다. 마찬가지로, 리더십이라는 상호작용의 장에서 리더는 여전히 핵심적인 위치를 차지한다. 리더는 다양한 팔로워들과의 상호작용을 통해 그들의 잠재력과 역량을 최대한으로 이끌어 내는 역할을 수행한다.

종종 리더가 실무 능력을 갖추어야 한다는 주장이 제기되기도 한다. 이는 일견 타당한 지적이다. 리더는 실무를 '이해'해야 한다. 그러나 리더가 직접 실무를 '수행할 필요'는 없다. 밥이 반찬의 맛을 끌어올리듯, 리더는 다양한 팔로워들의 역량을 조화롭게 엮어내어 개인 및 조직의 최적화된 성과를 도출하는 데 주력해야 한다. 반찬이 무엇이든 밥상의 중심이 쌀밥이듯, 다양한 팔로워들 사이에서 균형을 잡고 최적의 개인 및 조직 역량을 이끌어 내는 것이 바로 리더의 본질적인 역할이다. 이러한 관점에서 리더는 여전히 리더십의 중심에 존재하며, 그들의 역량과 상호작용 방식은 리더십 효과성을 결정짓는 핵심 변수라 할 수 있다.

그러므로 리더십 개발의 초석은 필연적으로 리더 개인의 개발로부터 출발할 수밖에 없다. 이러한 리더 개발은 다음 세 가지 핵심적인 측면을 포괄한다. 첫째, 개인이 출생 이래 축적해 온 생애사적 경험의 총체이다. 둘째, 직업적 경로를 개시하며 체계적인 학습과 훈련을 통해 함양되는 역량의 증진이다. 셋째, 리더의 직위에 오르면서 점진적으로 정립되는 리더로서의 정체성이다.

기존의 리더 개발은 종종 리더십 개발과 혼용되어 사용되었으며, 그 과정에서 리더십의 '역량 정의'에 지나치게 편중되는 경향을 보여왔다. 그러나 리더 개발은 단순히 리더의 역량 함양을 넘어, 리더로서의 신념과 가치, 그리고 이를 토대로 형성되는 **'정체성'의 확립**에 더욱 본질적인 중요성을 둔다.

리더의 경험, 역량, 그리고 정체성은 유기적인 관계를 형성한다. 개인이 출생 이후 부모와의 관계, 친구와의 교류, 학창 시절, 그리고 직장 생활에 이르기까지 삶의 다양한 성장 단계에서 축적하는 경험들은 리더의 세계관을 형성하는 데 지대한 영향을 미친다. 이러한 생애 단계별 경험을 토대로 다양한 역량 개발 활동에 참여하게 되며, 이 과정에서 확고히 정립된 리더의 정체성은 리더라는 험난하고 고된 역할을 효과적으로 수행하는 데 필요한 내재적 동기와 견고한 정신적 기반을 제공한다. 이는 마치 '자리가 사람을 만든다'는 격언처럼, 리더로서의 역할을 효과적으로 수행하게 하는 강력한 내적 동력원이라 할 수 있다. 따라서 리더 개발은 단순히 외형적인 역량 개발에 국한되어서는 안 되며, 궁극적으로 리더로서의 확고한 정체성을 확립하는 데 그 본연의 목적이 있다.

2) 팔로워 개발

본서의 8장에서 우리는 팔로워의 정의와 유형에 대해 주로 논의했다. 그러나 팔로워 개발에 대해 심층적으로 다루지는 않았으므로, 여기에서 팔로워 개발에 대해 보다 자세히 논하고자 한다. 8장에서 지적한 바와 같이, 리더십 연구는 오랫동안 리더 개인의 특성과 행동이 조직 성과에 미치는 영향에 과도하게 집중하는 리더 중심적 편향성(Leader-centric Bias)을 보여왔다. 이러한 지배적인 관점은 팔로워를 리더의 영향력을 수동적으로 수용하는 객체로 간주하는 경향이 강했으며, 팔로워가 리더십의 형성 및 발현 과정에서 능동적으로 기여하는 역할은 상당 부분 간과되었다. 히브리 대학교(Hebrew University)의 탈리 드비르(Taly Dvir) 교수와 보아스 샤미르(Boas Shamir) 교수는 이러한 문제점을 날카롭게 지적하며, 그간 팔로워의 특성이나 발달 수준이 리더의 행동이나 리더십 효과성에 미치는 영향에 대한 체계적인 연구가 매우 부족했음을 강조한다. 나아가 기존의 리더십 개발 프로그램 역시 리더만을 주된 대상으로 삼아 팔로워 개발의 측면을 불충분하게 다루거나 아예 배제하는 한계를 지녔다는 비판을 제기한다. 이처럼 팔로워십에 대한 연구 및 실천적 무시는 리더십을 온전히 이해하고 효과적으로 개발하는 데 있어 중대한 학문적·실무적 공백으로 지적되어 왔다.

유니버시티 칼리지 런던(University College London)의 심리학 교수인 에이드리언 퍼넘(Adrian Furnham)이 2002년 발표한 연구는 이러한 현실을 간접적으로 뒷받침한다. 해당 연구는 상사, 동료, 부하직원 간에 요구되는 바람직한 특성이 상이함을 밝히며, 특히 전통적인 하향식(top-down) 선발 및 평가 과정이 리더가 팔로워에게 기대하는 특성(예. 부하직원에게는 의존성, 충성심 등 팔로워의 주체적 개발을 저해하는 요소를 더 높게 평가함)을 중심으로 이루어졌음을 보여준다. 이는 팔로워의 주체적 개발보다는 리더의 요구에 부합하는 팔로워의 육성에 초점을 맞추었음을 시사한다. 나아가 퍼넘은 기존 다면평가(360도 피드백)는 평가(assessment)보다는 개발(development) 목적에 더 적합함에도 주로 인사평가 수단으로만 사용되고 있음을 지적하며, 팔로워의 특성을 정확히 측정하고 이를 개발에 연계하는 데 있어 기존 방식의 한계를 비판한다. 궁극적으로 팔로워의 특성이나 발달 수준이 리더의 행동이나 리더십 효과성에 미치는 영향에 대한 체계적인 연구는 매우 부족한 현실이며, 기존의 리더십 개발 프로그램 역시 팔로워 개발의 측면을 불충분하게 다루거나 아예 배제하는 한계를 지니고 있다.

그러나 좋은 리더는 좋은 팔로워로부터 나온다. 팔로워는 단순히 리더의 지시를 따르는 존재가 아니라, 리더십의 본질을 형성하고 그 효과성을 결정짓는 데 필수적인 능동적 주체이다. 따라서, 팔로워 개발과 리더 개발은 모두 개인의 자기 인식(Self-awareness) 및 자기 조절(Self-regulation)과 같은 내면적 과정을 포함한다는 점에서 유사성을 지닌다. 특히, 리더-팔로워 관계는 부모-자녀 관계나 교사-학생 관계와 달리 연령에 구애받지 않으며, 오히려 팔로워가 리더보다 발달 수준이 더 높을 가능성도 존재한다. 이러한 경우 팔로워가 리더의 발달을 촉진하는 '페이스메이커' 혹은 '마중물'의 역할을 수행할 수도 있다.

리더 정체성을 다룬 6장에서 언급한 바와 같이, 경영진(임원)-중간관리자(팀리더)-팀원과 같은 조직내 일반적 계층 구조에서 팀리더가 상황에 따라 리더와 팔로워의 역할을 동시에 수행한다는 점은 매우 중요한 의미가 있다. 팀 리더는 상위 임원에게는 팔로워로서, 그리고 팀원들에게는 리더로서 기능하며, 이는 그들의 역할이 복합적이고 유동적임을 시사한다. 이러한 맥락에서 리더의 관점을 깊이 이해하는 팔로워는 상사의 비전, 제약 조건, 압박감 등을 더 잘 파악할 수 있으므로, 보다 능동적이고 지지적이며 조직의 목표에 부합하는 방식으로 기여할 수 있다. 이는 팔로워십의 효과성을 높이는 중요한 요소가 된다. 마찬가지로, 팔로워의 니즈와 동기, 그리고 그들이 직면하는 어려움을 이해하는 리더는 팀원들의 역량을 최대한으로 이끌어 내고 효과적인 리더십을 발휘하는 데 유리하며, 이는 '리더십이 리딩(leading)과 팔로잉(following)의 상호작용적 프로세스'라는 본서의 핵심 주장과도 일맥상통한다.

그러나 이러한 상호 이해의 중요성에도 불구하고, 리더 개발과 팔로워 개발은 여전히 어느정도 구분된 접근 방식을 필요로 한다. 퍼넘의 연구는 리더에게는 미래 지향성(forward-looking), 영감을 주는 능력(inspiring), 지능(intelligent), 공정성(fair-minded) 등이 중요하게 평가되는 반면, 부하직원(팔로워)에게는 신뢰성(dependable), 결단력(determined), 협력성(co-operative), 충성심(loyal) 등이 더욱 기대됨을 말하고 있다. 이는 리더와 팔로워가 맥락에 따라 조직 내에서 수행하는 역할과 기대되는 기여가 상이하며, 따라서 개발의 초점 및 가중치 또한 달라야 함을 시사한다.

이처럼 리더와 팔로워 개발이 차별화되어야 하는 이유는 다음과 같은 측면을 본질적으로 고려해야 한다. 첫째, 역할의 본질적 차이가 존재한다. 리더에게는 비전을 제시하고, 전략적 방향을 설정하며, 자원을 배분하고, 최종 의사결정을 내리며, 궁극적인 성과에 대한 책임을 지는 역할이 기대된다. 반면, 계층을 막론하고 팔로워는 주로 리더의 비전을 지지하고, 주어진 과업을 실행하며, 건설적인 피드백을 제공하고, 정해진 틀 안에서 기여하는 역할을 한다. 팀리더는 이 두 가지 역할을 모두 수행하지만, 각 역할에서 요구되는 주요 책임과 심리적 지향점은 명확히 다르다.

둘째, 요구되는 역량 및 강조점이 상이하기 때문이다. 리더 개발은 주로 전략적 사고, 불확실성 속에서의 의사결정, 권한을 바탕으로 한 갈등 관리, 위임, 타인 성과 관리, 영감 부여, 팀 응집력 구축 등에 중점을 둔다. 이는 다시, 퍼넘의 연구에서 상사에게 미래 지향성, 영감을 주는 능력, 지능, 공정성 등이 더 중요하게 평가되는 이유와 일맥상통한다. 반면, 팔로워 개발은 주도성, 비판적 사고(건설적 이견 제시), 자기 관리, 효과적인 상향식(upward) 의사소통, 적응력, 조직 목표에 대한 헌신, 신뢰성 등에 초점을 맞춘다. 이는 역시 퍼넘의 연구에서 부하직원에게 신뢰성, 결단력, 협력성, 충성심 등이 더 높게 평가되는 이유와 연결된다. 관련하여, 팔로워의 자기 효능감, 낙관주의, 희망, 회복탄력성 등 심리적 자본(PsyCap)의 개발 역시 팔로워 개발의 핵심 영역이다.

셋째, 리더와 팔로워가 직면하는 발달적 도전과 필요한 지원의 양상이 다르다. 클리블랜드 주립대(Cleveland State University)의 소린 발체아 교수와 동료들은 2011년 발표한 연구에서, 리더는 권한과 책임에 수반되는 고독한 의사결정, 다양한 이해관계 조정, 예상치 못한 위기 관리 등 특유의 도전에 직면하는 반면, 팔로워는 상향 영향력 행사, 모호한 지시 해석, 리더의 기대치와 개인의 자율성 간의 균형 유지 등 팔로워로서의 특유한 도전에 직면한다고 주장했다. 이들의 연구는 팔로워의 자아 발달 단계에 따라 '도전'과 '지원'의 개입 방식이 달라져야 함을 제시하며, 이는 리더와 팔로워가 서로 다른 발달 경로와 니즈를 갖고 있음을 시사한다.

마지막으로, 정체성 형성의 특수성도 고려해야 한다. 리더의 정체성은 '리더'라는 역할에 대한 자기 인식과 타인의 인정을 통해 형성되며, 이는 험난한 리더의 역할을 수행하는 동력원이 된다. 팔로워의 정체성은 '구성원으로서의 소속감'과 '기여'에 대한 자기 인식에서 비롯된다. 팀리더는 이 두 가지 정체성을 동시에 관리하고 통합해야 하는 복잡성을 지닌다.

이러한 차별화된 접근의 필요성은 궁극적으로 팔로워 개발이 조직에 가져다주는 다층적인 이점과 직결된다. 팔로워의 발달은 리더의 진정성(authenticity)을 검증하고 리더십 효과성을 증진시키는 데 핵심적인 역할을 수행하며, 팔로워 역량의 강화는 리더십 발현의 폭과 깊이를 확대하여 리더십 프로세스 전반의 질적 향상으로 이어진다. 또한 팔로워 개발은 개인의 성과 향상뿐만 아니라 조직의 지속 가능하고 진정한 성과로 귀결되며, 리더와 팔로워의 공동 개발은 조직 학습을 촉진하고 개발적 실천이 내재화된 학습 조직의 출현에 기여함으로써 조직의 장기적인 성장 기반을 마련한다.

결론적으로, 팀리더와 같이 리더와 팔로워의 역할을 겸하는 경우, 양측의 관점을 모두 이해하는 것은 분명히 큰 강점이다. 그러나 각 역할에서 요구되는 핵심적인 책임, 역량의 강조점, 그리고 발달적 도전이 상이하므로, 리더 개발과 팔로워 개발은 여전히 구분된, 그러나 상호 보완적인 접근 방식을 통해 이루어져야 한다. 팀리더는 효과적인 리더가 되기 위한 개발과 동시에, 상위 리더에게 효과적인 팔로워가 되기 위한 개발을 병행해야 한다.

3) 프로세스 개발

리더와 팔로워의 개별 개발에 이어, 리더십의 본질인 리더-팔로워 프로세스 개발이 본격적으로 전개된다. 그러나 리더, 팔로워, 그리고 프로세스의 개발, 나아가 리더십 효과성 평가는 상호 독립적이거나 엄격히 순차적으로 발생하지는 않는다. 리더와 팔로워 개발은 지속적으로 상호간 영향을 주고받으며, 이는 리더-팔로워 프로세스를 기반으로 하거나, 프로세스 개발과 동시에 발현되기도 하고, 상호 촉진적인 효과를 보이기도 한다. 따라서 본 장에서 다루는 리더십 개발 프로세스 모형의 구성요소는 독자의 이해를 돕고 설명의 편의를 위해 부득이하게 순차적인 도식과 설명 구조를 취함을 밝혀둔다.

본서의 10장에서 살펴보았듯이, 리더-팔로워 프로세스는 크게 두 가지 핵심 메커니즘을 수반하며 전개된다. 첫째, 리더와 팔로워가 처음 조우할 때 서로의 정체성을 '주장(claiming)'하고, 동시에 이를 인정하며 상대에게 정체성을 '부여(granting)'하는 상호작용적 정체성 형성 과정이 있다. 이 과정은 개인적 내면화, 관계적 인정, 그리고 집단적 승인이라는 세 가지 수준에서 전개되며, 리더십 관계의 명확성과 수용도를 결정짓는 본질적인 요소로 작용한다.

둘째, 이러한 정체성 형성 과정은 동시에 혹은 그 전후에 걸쳐 개인이 내재하고 있는 '암묵적 리더십 이론(ILTs)'과 '암묵적 팔로워십 이론(IFTs)'에 의해 깊이 영향을 받는다. ILTs와 IFTs는 개인이 리더와 팔로워에게 기대하는 특성 및 행동에 대한 인지적 구조, 즉 프로토타입을 의미한다. 사람들은 이러한 프로토타입에 비추어 타인을 리더 또는 팔로워로 인식하고 분류하며, 이는 그들의 행동 평가와 상호작용 방식에 직접적인 영향을 미친다. 예를 들어, 특정 개인이 리더 정체성을 주장할 때, 타인들은 자신의 ILTs에 비추어 그 주장을 평가하고 리더 정체성을 부여하거나 거부한다. 마찬가지로, 팔로워가 특정 팔로워 정체성을 주장하거나 행동할 때, 리더는 자신의 IFTs에 기반하여 이를 인식하고 팔로워 정체성을 부여하게 된다.

이러한 암묵적 이론들은 리더와 팔로워가 서로를 '전형화(prototypicality)'하는 과정의 근간을 이룬다. 리더가 집단의 프로토타입과 부합할 때(리더 전형화), 팔로워들은 그 리더를 더욱 신뢰하고 지지하는 경향을 보인다. 반대로, 팔로워가 리더의 IFTs에 부합하는 방식으로 행동할 때(팔로워 전형화), 리더는 해당 팔로워에게 더 많은 자율성을 부여하거나 긍정적인 평가를 내릴 가능성이 높아진다. 이처럼 리더와 팔로워의 상호 전형화 과정은 단순히 개인적 인식을 넘어, 관계적 수준에서 리더-팔로워 관계를 형성하고, 더 나아가 조직 전체의 리더십 구조와 문화를 강화하는 동적인 메커니즘으로 작용한다. 궁극적으로 리더십 프로세스는 리더와 팔로워가 각자의 정체성을 주장하고 부여하며, 암묵적 이론을 통해 서로를 전형화하고, 이를 바탕으로 지속적인 상호작용을 통해 공동의 목표를 향해 나아가는 역동적인 사회적 현상인 것이다.

이러한 전형화 과정을 통해 형성된 것으로 리더십 프로세스에서 핵심적인 역할을 하는 것이 '리더 집단 전형성(Leader-group Prototypicality)'이다. 리더 집단 전형은 리더가 자신이 속한 집단(팀, 조직 등)의 정체성, 가치, 규범, 그리고 이상적인 특성을 얼마나 잘 대표하는지에 대한 구성원들의 인식을 의미한다. 이러한 전형성은 단순히 리더 개인의 특성만을 의미하는 것이 아니라, 집단 구성원들의 공유된 인지적 구조, 즉 '집단 프로토타입(Group Prototype)'과 리더가 얼마나 부합하는지에 대한 평가에서 비롯된다. 리더 집단 전형성의 형성 과정은 주로 '사회 정체성 이론(Social Identity Theory)'의 관점에서 설명될 수 있다. 이 이론에 따르면, 사람들은 자신과 타인을 집단 구성원이라는 범주로 분류하며, 각 집단은 구성원들 사이의 공통점과 다른 집단과의 차이점을 규정하는 프로토타입을 형성한다. 리더가 이러한 집단 프로토타입에 부합할수록, 해당 집단에 강하게 동일시하는 구성원들로부터 더욱 리더로 인식되고, 신뢰를 얻으며, 더 많은 재량권과 긍정적인 평가를 받게 된다.

이 과정에서 '조직 동일시(Organizational Identification)'가 결정적인 역할을 수행한다. 조직 동일시는 개인이 특정 조직의 구성원으로서 자신을 얼마나 동일시하고, 조직의 목표, 가치, 문화를 자신의 정체성으로 받아들이는 정도를 의미한다. 조직 동일시 수준이 높은 구성원들은 다음과 같은 방식으로 리더 집단 전형성 형성에 영향을 미친다. 첫째, 조직 동일시가 높을수록 구성원들은 조직의 공유된 가치와 규범을 내면화하고, 이는 리더십에 대한 공유된 기대를 형성하는 데 기여한다. 이러한 공유된 기대는 ILTs와 IFTs를 정렬시키고, 리더가 집단의 프로토타입과 일치하는지를 평가하는 공통된 기준을 제공한다. 둘째, 조직에 대한 동일시가 높은 팔로워들은 자신의 집단을 대표하는 리더에게 더욱 강한 지지를 보낸다. 이는 리더가 집단의 정체성을 잘 반영한다고 인식될 때, 팔로워들이 리더의 행동에 대한 수용도를 높이고, 심지어 리더가 단기적인 실패를 겪더라도 지속적인 지지를 보낼 가능성을 높이기도 한다. 셋째, 조직 동일시가 높은 환경에서는 집단 구성원 모두가 리더십 프로세스에 참여하고 기여할 가능성이 커진다. 이는 공식적인 리더뿐만 아니라 모든 구성원들 사이에서 리더십이 발현되고 개발되는 '분산 리더십

(Distributed Leadership)'의 형태로 나타날 수 있다. 결론적으로, 리더 집단 전형성은 리더와 팔로워 간의 복잡한 상호작용, 특히 팔로워의 조직 동일시 수준에 의해 형성되고 강화되는 역동적인 사회적 구성물이다. 이는 리더십이 단순히 개인의 자질을 넘어, 집단적 인식과 관계적 맥락 속에서 어떻게 발현되고 유지되는지를 이해하는 데 중요한 통찰을 제공한다.

4) 리더십 효과성 측정과 피드백

리더와 팔로워의 개별 개발이 진전되고 리더-팔로워 프로세스가 성립되었다면, 리더십 개발은 일정 수준에 이르렀다고 판단할 수 있다. 이 시점에서 이들이 공동의 목표, 즉 성과를 달성했는지 여부가 중요한 평가 기준이 된다. 물론 성과 창출은 리더십 프로세스 결과의 한 가지 측면일 뿐이며, 리더십 효과성은 궁극적으로 과정의 건강함과 결과의 달성을 모두 포괄하는 개념이다.

리더십을 평가함에 있어 염두에 두어야 할 것은 리더 개발과 리더십 개발을 분리했던 것과 마찬가지로, 동일선상에서 '리더 효과성(Leader Effectiveness)'과 '리더십 효과성(Leadership Effectiveness)'을 분리해야 한다는 점이다. 리더 평가는 특정 개인이 리더로서 인식되고 범주화되는 과정에 초점을 맞추며, 이는 개인이 내재하고 있는 리더 및 팔로워 프로토타입에 크게 영향을 받는다. 반면, 리더십 평가는 리더로 인식된 개인의 행동이나 성과가 얼마나 효과적인지를 판단하는 과정이다. 이 두 가지 평가는 상호작용적 관계를 지닌다. 즉, 리더로 성공적으로 범주화된 개인은 더 긍정적인 리더십 평가를 받을 가능성이 높다. 유사한 리더 프로토타입을 가진 개인들은 리더들을 유사하게 평가하는 경향이 있으며, 이는 프로토타입이 리더 행동 묘사에 체계적인 편향을 도입할 수 있음을 시사한다. 또한 일반적으로 평가자들은 리더 프로토타입에 부합하는 특성을 가진 리더를 더 효과적이라고 평가하는 경향이 있다. 이는 리더로 인식되는 것 자체가 리더십 효과성 평가에 긍정적인 영향을 미칠 수 있음을 의미한다. 따라서 리더 개인에 대한 평가(주로 다면평가를 통한 리더의 역량 혹은 조직 관리 행동에 대한 평가)와 KPI 및 이직률 등 객관적인 성과 지표를 모두 종합적으로 고려해야 한다.

리더십 평가 결과는 조직 내에서 다각도로 활용된다. 첫째, 경력 개발 및 승진에 영향을 미친다. 긍정적인 리더십 평가는 개인이 리더십 직위로 승진하고 조직 내에서 더 큰 영향력을 행사하는 데 필수적인 요소가 된다. 둘째, 다양성 관리 및 공정성 증진에 대한 시사점을 제공한다. 평가 과정에서 발생할 수 있는 편향(예. 인종적 편향)을 이해하고 이를 개선하는 데 활용될 수 있기 때문이다. 셋째, 리더십 개발 프로그램의 설계 및 개선에 중요한 피드백을 제공한다. 평가를 통해 리더의 강점과 약점을 파악하고, 이를 바탕으로 맞춤형 개발 계획을 수립할 수 있다. 이러한 평가는 리더의 선발과 승진, 재신임 및 탈락은 물론 리더의 강점과 약점을 기반으로 한 리더 개발, 나아가 리더와 팔로워의 관계 등을 고려한 조직개발까지 이어질 수 있다.

리더십 평가에 영향을 미치는 다양한 요인 중 '리더 집단 전형성'은 특히 중요한 역할을 수행한다. 1990년대 초기 테스트 이후, 리더십에 대한 사회적 정체성 분석은 리더십 효과성에서 리더 집단 전형성의 역할에 대한 놀랍도록 강력하고 일관된 증거를 제시해 왔다. 요컨대, 리더 집단의 전형성이 리더십 효과성에 긍정적인 영향을 미친다고 보고하지 않은 연구나 부정적인 영향을 미친다고 보고한 연구는 단 '한 건'도 없으며, 이러한 결과는 연구 방법, 대상, 리더십 효과성 지표, 그리고 국가에 관계없이 보편적으로 나타났다. 이러한 증거는 호주, 엘살바도르, 핀란드, 독일, 인도, 이탈리아, 뉴질랜드, 네덜란드, 니카라과, 스웨덴, 영국, 미국, 일본 등 여러 대륙의 다양한 국가에서 일관되게 나타났다. 또한 이러한 연구 중 일부는 다국적 표본을 포함하여 국가별 영향이 없음을 입증하거나, 다른 국가의 표본에서 동일한 결과를 밝힘으로써 리더십 효과성에 있어 리더 집단 전형성의 역할이 상당히 보편적이라는 것을 시사한다. 사회과학 분야에서 맥락적 차이를 상쇄하면서 이토록 강력하고 일관된 결과를 보이는 연구는 결코 흔치 않다는 점에서, 리더 집단 전형성의 강력한 영향력을 가늠해 볼 수 있다.

물론 그렇다고 해서, 리더 집단 전형성이 영속적인 것은 아니다. 앞 장에서 소개한 로젯과 레오나르델리리의 연구는 미국 비즈니스 리더 프로토타입에 '백인'이라는 특성이 포함되어 있음을 밝히며, 백인 리더가 비백인 리더보다 더 효과적이라고 평가되는 인종적 편향이 존재하며 이러한 편향이 리더가 조직의 성공에 기여했다고 인식될 때 더욱 두드러진다고 보고했다. 그러나 윌리엄 오베나우어(Obenauer)와 마이클 칼셔(Kalsher)가 2022년도에 발표한 후속 복제 연구에 따르면 이러한 주장에 대한 최소한의 통계적 지지만이 발견되었다. 이들은 또 백인 리더가 비백인 리더보다 더 호의적인 평가를 받는 조건이 전혀 발견되지 않았음을 연구를 통해 제시하기도 하였다. 이는 리더 전형과 평가 편향이 고정불변이 아니라 시간이 지남에 따라 사회적 맥락 속에서 진화할 수 있음을 시사한다.

이처럼 리더 집단 전형성이 리더십 평가에 핵심적인 영향을 미치지만, 그 외에도 여러 요인들이 복합적으로 작용하며 평가의 역동성을 형성한다. 조직의 성과와 그에 대한 귀인 역시 평가에 지대한 영향을 미치는데, 조직의 성공은 리더십 평가를 높이며, 특히 그 성공이 리더의 내부적 요인에 귀인될 때 더욱 그렇다. 반대로 조직 단위의 실패는 리더십 평가에 부정적인 영향을 줄 수 있다.

팔로워의 사회적 동일시 수준 또한 중요한 변수이다. 사회적 동일시 수준이 낮은 팔로워는 리더의 공정성이나 일반적인 리더 스테레오타입에 더 영향을 받는 반면, 사회적 동일시 수준이 높은 팔로워는 리더 집단 전형성과 집단 이익에 부합하는 행동에 더 강하게 반응한다. 마지막으로, 리더에 대한 전반적인 긍정적/부정적 평가, 즉 '평가적 라벨링(Evaluative Labeling)'은 특정 프로토타입을 활성화시켜 기억 기반의 행동 묘사에 편향을 일으킬 수 있다.

결론적으로, 리더십 평가는 단순히 리더의 객관적인 특성이나 행동에 대한 판단을 넘어, 평가자의 인지적 구조, 사회적 정체성, 그리고 리더와 집단 간의 전형성 등 복합적인 요인들이 상호작용하여 형성되는 역동적인 과정이다. 이러한 요인들을 심층적으로 이해하는 것은 효과적인 리더십 개발과 공정한 평가 시스템 구축에 필수적이다.

참고문헌

1. DeRue, D. S., & Ashford, S. J. (2010). Who will lead and who will follow? A social process of leadership identity construction in organizations. *The Academy of Management Review, 35*(4), 627-647.
2. Dvir, T., Eden, D., Avolio, B. J., & Shamir, B. (2002). Impact of transformational leadership on follower development and performance: A field experiment. *Academy of Management Journal, 45*(4), 735-744.
3. Dvir, T., & Shamir, B. (2003). Follower developmental characteristics as predicting transformational leadership: A longitudinal field study. *The Leadership Quarterly, 14*(3), 327-344.
4. Gardner, W. L., Avolio, B. J., Luthans, F., May, D. R., & Walumbwa, F. (2005). "Can you see the real me?" A self-based model of authentic leader and follower development. *The Leadership Quarterly, 16*(3), 343-372.
5. Lord, R. G., Epitropaki, O., Foti, R. J., & Keller Hansbrough, T. (2020). Implicit leadership theories, implicit followership theories, and dynamic processing of leadership information. *Annual Review of Organizational Psychology and* Organizational Behavior, 7, 49-74.
6. Obenauer, W. G., & Kalsher, M. J. (2023). Is white always the standard? Using replication to revisit and extend what we know about the leadership prototype. *The Leadership Quarterly, 34*(4), 101633.
7. Platow, M. J., & van Knippenberg, D. (2001). A social identity analysis of leadership endorsement: The effects of leader ingroup prototypicality and distributive intergroup fairness. *Personality and Social Psychology Bulletin, 27*(11), 1508-1519.
8. Rosette, A. S., Leonardelli, G. J., & Phillips, K. W. (2008). The White standard: Racial bias in leader categorization. *Journal of Applied Psychology, 93*(4), 758-777.
9. Rush, M. C., & Russell, J. E. A. (1988). Leader prototypes and prototype-contingent consensus in leader behavior descriptions. *Journal of Experimental Social Psychology, 24*(1), 88-104.
10. Uhl-Bien, M., & Pillai, R. (2007). The romance of leadership and the social construction of followership. In B. Shamir, R. Pillai, M. Bligh, & M. Uhl-Bien (Eds.), *Follower-centered perspectives on leadership: A tribute to the memory of James R. Meindl* (pp. 187-210). Information Age Publishers.
11. Valcea, S., Hamdani, M. R., Buckley, M. R., & Novicevic, M. M. (2011). Exploring

the developmental potential of leader-follower interactions: A constructive-developmental approach. *The Leadership Quarterly, 22*(3), 604-615.

12. Woolley, L., Caza, A., & Levy, L. (2011). Authentic Leadership and Follower Development: Psychological Capital, Positive Work Climate, and Gender. *Journal of Leadership & Organizational Studies, 18*(4), 438-448.

리더십 개발론

초판발행 2025년 9월 30일

지은이 이진 · 윤소겸
펴낸이 노 현

편 집 소다인
표지디자인 이은지
제 작 고철민 · 김원표

펴낸곳 ㈜ 피와이메이트
서울특별시 금천구 가산디지털2로 53, 210호(가산동, 한라시그마밸리)
등록 2014. 2. 12. 제2018-000080호
전 화 02)733-6771
f a x 02)736-4818
e-mail pys@pybook.co.kr
homepage www.pybook.co.kr
ISBN 979-11-7279-162-9 93320

정 가 17,000원

박영스토리는 박영사와 함께하는 브랜드입니다.